面向东盟的广西农产品物流发展研究

张立国　程国辉　何勇　著

北京
冶金工业出版社
2016

内 容 提 要

本书以广西农产品物流为研究对象，从面向东盟的视角，基于“发现问题、分析问题、解决问题”的思路对广西与东盟农产品物流进行了调查分析，运用定性和定量相结合的方法对广西农产品物流竞争力进行了评价，分析了造成广西农产品物流相对落后的原因，并借助协同理论，探讨了电子商务驱动下广西与东盟农产品物流的发展策略，最后还从航空物流的角度对广西与东盟农产品物流进行了探索性的研究。

本书可供科研机构、企事业单位和政府管理部门的相关人员阅读，也可供物流相关专业的师生参考。

图书在版编目(CIP)数据

面向东盟的广西农产品物流发展研究/张立国，程国辉，何勇著．
—北京：冶金工业出版社，2016. 3
ISBN 978-7-5024-7227-6

Ⅰ.①面…　Ⅱ.①张…　②程…　③何…　Ⅲ.①农产品—国际贸易—物流—研究—广西　Ⅳ.①F752. 652

中国版本图书馆 CIP 数据核字(2016) 第 056718 号

出 版 人　谭学余
地　　址　北京市东城区嵩祝院北巷 39 号　邮编　100009　电话　(010)64027926
网　　址　www. cnmip. com. cn　电子信箱　yjcbs@ cnmip. com. cn
责任编辑　陈慰萍　美术编辑　吕欣童　版式设计　彭子赫
责任校对　禹　蕊　责任印制　李玉山
ISBN 978-7-5024-7227-6
冶金工业出版社出版发行；各地新华书店经销；虎彩印艺股份有限公司印刷
2016 年 3 月第 1 版，2016 年 3 月第 1 次印刷
169mm×239mm；16 印张；310 千字；242 页
66. 00 元
冶金工业出版社　投稿电话　(010)64027932　投稿信箱　tougao@cnmip. com. cn
冶金工业出版社营销中心　电话　(010)64044283　传真　(010)64027893
冶金书店　地址　北京市东四西大街 46 号(100010)　电话　(010)65289081(兼传真)
冶金工业出版社天猫旗舰店　yjgycbs. tmall. com
(本书如有印装质量问题，本社营销中心负责退换)

前　言

物流业是融合运输业、仓储业、货代业和信息业等的复合型服务产业，是国民经济的重要组成部分，涉及领域广，吸纳就业人数多，促进生产、拉动消费作用大，在促进产业结构调整、转变经济发展方式和增强国民经济竞争力等方面发挥着重要作用。2015 年，我国社会物流总额约为 220 万亿元，与五年前相比增长 70% 左右，五年间年均增幅约为 8.7%。

农产品物流是我国物流业的重要组成部分。由于农产品的生产和消费具有地域性和季节性的差异，因此绝大多数农产品都要进入流通环节才能实现自身的价值。为此，2007 年至今，每年党中央的 1 号文件都会关注农产品的流通问题，国务院相继出台了《物流业调整和振兴规划》、《关于加快农产品流通设施建设的若干意见》等系列政策文件，指导农产品物流的发展。

农产品物流在广西与东盟合作中居于重要地位。2013 年，习近平总书记提出了“一带一路”战略，广西作为“21 世纪海上丝绸之路”与“丝绸之路经济带”有机衔接的重要门户，努力发挥广西与东盟国家相邻的独特优势，构建面向东盟区域的国际通道，是振兴广西经济的重要举措。早在 2002 年，中国与东盟 10 国就签署了《农业合作谅解备忘录》，为中国和东盟的农业合作做出了制度化的安排，农产品物流是促进农业合作的重要手段。

基于“互联网 +”的农产品物流发展是广西农产品物流走向东盟的重要保障。2015 年，李克强总理提出了“互联网 +”行动计划，将移动互联网、大数据、云计算、物联网与传统行业结合，大力发展电子商务。随着国务院《推进线上线下互动加快商贸流通创新发展转型升级的意见》和《促进农村电子商务加快发展的意见》等系列政策文件的颁布，广西农产品物流迎来了新的发展机遇。

本书正是基于以上背景，以广西农产品物流为研究对象，将“互联网+”与农产品物流发展相结合，探讨广西农产品物流面向东盟发展的策略问题，为广西农产品物流的发展提供借鉴。

本书共9章，按照“发现问题、分析问题、解决问题”的思路安排结构。

(1) 理论回顾。本部分包括第1~3章。第1章主要介绍研究的背景、意义，研究的目的和方法，研究内容和具体的研究思路。第2章主要介绍农产品物流的基础概念和供应链理论、物流园区理论、协同学理论和效率评价理论。第3章主要从供应链视角、物流效率视角、物流技术视角和绿色物流视角梳理了国内外农产品物流的研究现状，并指出取得的成绩和不足之处。

(2) 现状分析。本部分包括第4~6章。第4章主要介绍了广西与东盟国家农产品贸易的现状，通过分析广西与东盟农产品贸易的关系，展望了广西与东盟农产品贸易的前景。第5章主要从农产品物流的物流模式、流通主体、流通客体、流通载体和信息化程度5个方面分析了广西农产品物流的现状，归纳了广西农产品物流的4个特征和存在的5个问题。第6章主要从竞争理论出发，构建了区域农产品物流竞争力测度模型，并使用因子分析、主成分分析等方法综合评价了广西14个主要地市的农产品物流竞争力水平，从政府、区位、环境、经济4个角度提出了提升农产品物流竞争力的思路。

(3) 策略优化。本部分包括第7~9章。第7章主要从物流园区、城乡协同两个视角对面向东盟的广西农产品物流发展提出了具体的策略。第8章主要从电子商务经济学的角度探讨了电子商务驱动农产品发展的内在机理，结合发达国家的经验，从广西与东盟农产品物流协同优化的主体构成要素、驱动力量、协同优化的流程等几个层次提出了电子商务驱动下广西与东盟农产品物流协同优化的策略，并从政策支持、基础建设、组织建设、技术联盟建设、人力资源建设、物流资源协同6个方向探讨了该协同优化体系的架构。最后还探讨了农产品物流协同信息平台的建设思路和实现的方法。第9章通过对航空物流研究现状的梳理和广西农产品航空物流竞争力的评价结果，运用轴辐理论对广西农产品航空物流结点进行了优化。

本书的主要研究工作获得了广西航空物流研究中心、广西管理科学与工程重点学科、国家社科基金（15BGL012）、广西教育厅科研项目（SK13YB119）和桂林航天工业学院科研项目（YJ1317）的资助。

本书在编写过程中借鉴和参考了大量国内外农产品物流研究领域的文献资料，以及国内外一些专家学者的理论和观点，桂林航天工业学院管理学院张一纯教授、葛莉教授、刘国巍博士等人对本书的编写提出了宝贵的意见，在此，一并表示衷心感谢。

由于编者水平有限，书中不足之处，敬请各位读者斧正，我们将会在今后的研究工作中不断加以完善。

著　者

2016年3月

[illegible]

本书的[illegible]广西管理科学与工程[illegible]（15[illegible]）、广西教育厅科研项目（SK13YB115）[illegible]桂林理工大学[illegible]（[illegible]）的资助。

本书在编写过程中借鉴和参考了大量国内外生产调度研究领域的文献资料，以及国内外一些专家学者的观点和成果。桂林理工大学管理学院[illegible]，[illegible]对本书的编写提出了宝贵的意见，在此一并表示衷心感谢。

由于编者水平有限，书中不足之处，恳请各位读者批评指正，我们将会在今后的研究工作中不断加以完善。

编 者

2016年2月

目　　录

1 绪　论

1.1 研究背景与意义

1.1.1 研究背景

(1) 发展物流业是我国在国际竞争中持续保持优势的需要。随着国家与国家之间经济竞争越来越激烈，利润的获取已经变得越来越困难，各国都在努力寻找新的利润增长点。被称为“黑暗大陆”的物流，是企业成本的重要组成部分，也被人们称为“第三利润源”。

21 世纪是物流产业快速发展的世纪，物流产业在社会经济发展中起着至关重要的作用，特别是伴随着信息技术的快速发展，物流产业进入了一个新的发展阶段。在当前社会经济环境下，研究物流产业的发展规律，制定和完善物流产业发展政策体系，充分服务国家或地区经济，已经成为各国政府和理论界非常关注的问题。

从当前的发展现状来看，我国物流产业主要呈现出如下特点：

1）物流业的成本居高不下。1991 年，我国物流成本占 GDP 的比重为 24%，到 2012 年，这一比值为 18%。21 年来，物流成本仅下降了 6%。而同期美国、德国和日本的比值保持在 10% 左右。2011 年，我国物流的管理成本占 GDP 的 2.3%，而美国、日本同期仅为 0.4%。

2）物流业运行效率偏低。我国的库存量占 GDP 的 6% ~7%，而欧美发达国家仅为 1% ~2%；年库存周转次数我国是 2 ~ 3 次，而日本是 14 ~ 15 次。物流运作效率低下，已经成为制约我国物流业发展的顽症之一。

3）物流业利润率不高。当前我国物流企业的毛利一般只有 10% ~15%，扣除工资、油费、过路过桥费等费用，剩下的利润不足 5%（中国经济时报，2013.11）。2012 年物流企业业务收入比上年同期增长 12.1%，而物流成本却增长 11.5%，行业业务利润额比上年增长仅为 4.4%，整个行业处于一种微利的经营态势。

可见，研究和解决我国当前的物流业发展问题已经成为一项重要的工作。

（2）农产品物流在我国物流体系中占据着重要地位。我国是农业大国，农产品的生产和流通是我国国民经济的重要组成部分。以2014年为例，我国共生产粮食60702.61万吨，谷类55740.72万吨，豆类1625.49万吨，薯类3336.40万吨，棉花617.83万吨，油料3507.43万吨，茶叶209.57万吨，水果26142.24万吨，蔬菜76005.48万吨。这些农产品除少量由农民自己消费外，绝大多数都要进入流通环节，满足其他地区人民生产和生活的需要。随着我国经济的快速发展，人们生活水平的不断提高，消费者对农产品的要求越来越高，安全、新鲜、健康已经成为社会的主流诉求。

农产品的生产具有长期性和季节性，需求却具有连续性的特点，再加上生鲜农产品保质期短、容易腐烂，因此，农产品物流对物流速度和物流环节都有许多特殊的要求，物流组织管理复杂，物流技术的需求较大，物流成本较高。然而，目前我国农产品物流效率不高，在采摘、运输和配送等环节损失的农产品达到了30%左右，超过1/4的农产品在物流环节中被白白损耗，而西方发达国家的损耗率控制在6%以下，美国的损耗率不足2%。

我国政府非常重视农产品物流的发展。中国共产党十六届三中全会《中共中央关于完善社会主义市场经济体制若干问题的决定》提出要“发展电子商务、连锁经营和物流配送等现代流通方式”，农产品物流已经成为社会主义市场经济的重要组成部分。《中华人民共和国国民经济和社会发展第十一个五年规划纲要》中提出要加强构建农产品物流服务体系，通过实施“万村千乡市场工程”，促进农产品（特别是鲜活农产品）的市场流通。《中共中央 国务院关于推进社会主义新农村建设的若干意见》和《国务院关于促进流通业发展的若干意见》等文件中明确提出，要加强农产品现代物流体系建设，特别提出要“加强农产品批发市场网络建设，加快建设现代粮食物流体系和鲜活农产品冷链物流系统”。2009年3月，国务院颁布《物流业调整和振兴规划》（国发［2009］8号），提出要“进一步加强农副产品批发市场建设，完善鲜活农产品储藏、加工、运输和配送等冷链物流设施，提高鲜活农产品冷藏运输比例”。2007~2009年中央1号文件均提出要加强农产品流通市场建设。2016年1月，中央1号文件提出要“加强农产品流通设施和市场建设。健全统一开放、布局合理、竞争有序的现代农产品市场体系，在搞活流通中促进农民增收。加快农产品批发市场升级改造，完善流通骨干网络，加强粮食等重要农产品仓储物流设施建设。完善跨区域农产品冷链物流体系，开展冷链标准化示范，实施特色农产品产区预冷工程。推动公益性农产品市场建设。支持农产品营销公共服务平台建设。开展降低农产品物流成本行动。促进农村电子商务加快发展，形成线上线下融合、农产品进城与农资和消费品下乡双向流通格局。加快实现行政村宽带全覆盖，创新电信普遍服务补偿机制，推进农村互联网提速降费。加强商贸流通、供销、邮政等系统物流服务网络和设施建设与衔接，加快完善县乡村物流体系。”

2002 年，农业部发布了《全国农产品批发市场发展规划纲要（2002—2005)》，随后国家计委、经贸委、农业部等联合下发《关于加快农产品流通设施建设的若干意见》，提出要通过建立农产品排放市场、发展连锁超市、农产品直销配送等方式加快农产品的流通。同时，提出要加快农产品各个物流环节的配套基础设施建设，尽快构建符合现代物流发展方向的现代农产品物流服务体系。2005 年，农业部发布了《农业部关于加强农产品市场流通工作的意见》，对加快农产品的流通工作做了具体部署。这一系列方针政策，不仅为我国新时期农产品流通产业发展指明了方向，而且也为农产品流通研究指明了重点。加强各地的农产品物流体系研究尤其是生鲜农产品物流研究已成为当前农产品流通领域研究的重点课题。

（3）农产品物流在广西与东盟合作中具有重要地位。2002 年 11 月 4 日，朱镕基总理和东盟 10 国领导人在柬埔寨首都金边共同签署了《中国-东盟全面经济合作框架协议》（以下简称《框架协议》），这标志着中国与东盟的经贸合作进入了一个新的历史阶段。《框架协议》是中国-东盟自贸区的法律基础。根据该协议，中国-东盟自贸区包括货物贸易、服务贸易、投资和经济合作等内容。其中货物贸易是自贸区的核心内容，除涉及国家安全、人类健康、公共道德、文化艺术保护等 WTO 允许例外的产品以及少数敏感产品外，其他全部产品的关税和贸易限制措施都应逐步取消。

2004 年 11 月，中国-东盟签署了《货物贸易协议》，规定自 2005 年 7 月起，除 2004 年已实施降税的早期收获产品和少量敏感产品外，双方将对其他约 7000 个税目的产品实施降税。2009 年 8 月 15 日，《中国-东盟自由贸易区投资协议》签署，标志主要谈判结束。2010 年 1 月 1 日，中国-东盟自由贸易区正式建立。中国-东盟自由贸易区涵盖 18 亿人口，GDP 接近 6 万亿美元，贸易额达 4.5 万亿美元，是世界上由发展中国家组成的最大的自由贸易区。

农产品贸易在中国和东盟的贸易中占据着重要位置。2002 年底，中国与东盟 10 国签署了《农业合作谅解备忘录》，为中国和东盟的农业合作做出了制度化的安排。

1.1.2 研究意义

“三农”问题一直是我国各级政府关注的首要问题，近年来每年的中央 1 号文件都是针对“三农”问题。农产品物流是解决“三农”问题的关键所在。本研究立足广西，面向东盟，研究广西农产品的物流问题，具有重要的理论价值和现实意义。

（1）理论意义。农产品物流涉及农产品从采摘地到消费者需求地的整个实体流动过程，包括采摘、运输、存储、配送、流通加工、包装、装卸搬运和信息处理等环节。目前，农产品物流的渠道有很多方式，每种方式具有不同的特点。本研究在现有流通策略的基础上，提出立足于电子商务视角的现有策略协同优化思路，对丰富农产品物流理论研究具有一定的理论价值。

（2）现实意义。广西对东盟的农产品出口近年来快速增长，2011 年达到 6.14 亿美元，同比增长 20.3%（人民网，2012）。广西统计年鉴显示，2010 年对东盟的农产品出口中，水果和蔬菜占了 85%。广西是农业大省，和东盟国家山水相连，对东盟的农产品出口具有举足轻重的地位。然而，广西农产品经常滞销，“爱心水果”几乎年年出现。农产品市场价格居高不下的同时，在农民地里的却无人问津，需要政府献“爱心”。这种现象的产生是由于农产品物流出了问题。因此研究广西农产品物流问题，协同优化流通渠道，对于提高农民收入、增强广西农产品在东盟市场的竞争力具有重要的现实意义。

1.2　研究目的与方法

1.2.1　研究目的

（1）提升流通渠道的信息服务功能。立足于农产品批发市场，通过加强其信息平台的建设，强化其信息枢纽功能，拓展无形市场形态，丰富交易方式。

（2）提高流通的组织化程度。以广西地区农产品供应链为研究重点，加强其不同层级节点间的协同运作管理水平，设计出不同流通模式间一体化协同组织管理的流通体系。

1.2.2　研究方法

本研究在研究过程中，在充分调研广西农产品流通体系的基础上，借鉴其他地区的农产品物流流通体系建设经验，建立一套面向东盟的广西农产品流通协同优化体系。其主要研究方法如下：

（1）文献研究法。通过查阅大量的国内外有关农产品物流方面的文献，对农产品物流的概念、特征、理论和学术观点等问题有一个较为全面的了解，为面向东盟的广西农产品物流发展提供理论基础。

（2）比较分析的研究方法。本研究在总结国内外农产品物流发展经验的基础上，结合广西农产品物流的发展实际需要和发展现状，分析广西农产品物流的竞争力，对面向东盟的广西农产品物流体系构建进行系统的研究，以使广西在构建农产品物流体系的过程中少走弯路。

（3）理论分析与实证分析相结合的方法。在相关理论和知识方法的指引下，结合广西农产品的调研数据材料，探讨立足于电子商务视角下，面向东盟的广西农产品物流体系构建问题。

（4）定量模型分析方法。通过引入层次分析模型（AHP），结合专家意见，对农产品物流体系的建设绩效进行分析，从而起到完善农产品物流评估理论的目的。

1.3 研究内容与思路

1.3.1 研究内容

面向东盟的广西农产品物流发展研究是一个复杂的系统性工程，本书主要从理论上对农产品物流相关概念进行梳理，调研分析广西面向东盟的农产品物流发展现状，并从策略上探讨面向东盟的广西农产品物流协同优化的思路，最后分析面向东盟的广西农产品航空物流的发展现状与前景。本书分为以下9章。

第1章：本研究的总体情况介绍。重点介绍本研究的研究背景和意义、研究目的和方法、研究内容和思路等方面。

第2章：农产品物流的基础概念和理论介绍。主要对农产品物流的概念、分类、特征和意义进行总结，并从供应链理论、物流园区理论、协同学理论和效率评价理论等角度分析农产品物流的理论基础，为面向东盟的广西农产品物流发展提供理论支撑。

第3章：国内外农产品物流的研究现状和研究述评。对国外农产品物流的研究现状进行总结，并从供应链视角、物流效率视角、物流技术视角、绿色物流视角分析国内农产品物流的发展现状，并对国内外农产品物流研究进行述评，指出已经取得的成绩和不足之处。

第4章：广西与东盟国家间农产品贸易的现状分析。从中国与东盟农产品贸易和广西与东盟农产品贸易两个层次分析农产品贸易的基本情况，并分析广西与东盟农产品贸易竞争的优势、广西与东盟农产品贸易的关系等内容，对广西与东盟农产品贸易的前景进行分析并提出政策性建议。

第5章：广西农产品物流现状分析。通过对广西农产品的生产现状和消费现状分析，从农产品物流的流通模式、流通主体、流通客体、流通载体和信息化程度几个方面介绍广西农产品物流的现状。通过对广西“南菜北运”试点工程进行研究，归纳出广西农产品物流的4个发展特征以及存在的5个主要问题。

第6章：广西农产品物流竞争力评价研究。从农产品物流竞争力评价的基础理论入手，分析区域物流竞争力的概念与内涵、评价的基础理论和方法、区域物流竞争力生命周期理论以及影响农产品物流竞争力的主要因素。按照农产品物流竞争力评价指标的选取原则、评价方法构建广西农产品物流竞争力测度模式。通过收集整理数据对广西农产品物流竞争力进行测度，并对14个主要地市的农产品物流竞争力进行排队，最后依据测度结果，对广西农产品物流竞争力进行评价，并从政府、区位、环境、经济四个角度提出农产品物流竞争力提升的策略。

第7章：面向东盟的广西农产品物流策略分析。主要从物流园区和城乡协同两个视角对广西农产品的物流发展提出具体的策略分析。

第8章：电子商务驱动下的广西与东盟农产品物流协同优化研究。首先从理论的角度探讨电子商务驱动农产品物流发展的内在机理，结合西方发达国家的经验启示，从广西与东盟物流协同优化的主体构成要素、驱动力量、协同优化的流程等几个角度提出农产品物流协同优化的思路。然后从政策支持、基础建设、组织建设、技术联盟建设、人力资源建设、物流资源协同6个方面探讨电子商务驱动下广西与东盟农产品物流协同优化体系的构建。最后详细地探讨电子商务驱动下的广西与东盟农产品物流协同信息平台的建设思路和实现的方法。

第9章：面向东盟的广西农产品航空物流发展研究。首先从理论上梳理近几年国内外航空物流的研究现状，并分析广西农产品航空物流的发展现状和存在的主要问题。然后通过层次分析法对广西现存的7个机场的农产品航空物流竞争力进行评价，并基于轴辐理论对广西农产品航空物流结点进行优化。最后根据评价结果从农产品信息化等7个方面提出面向东盟的广西农产品航空物流的发展策略。

1.3.2 研究思路

本研究的整体思路是：首先，收集资料，包括统计数据资料和实地调研资料。统计数据资料主要是通过对历年的《广西统计年鉴》以及相关部门的数据进行分析整理，了解行业的整体状况；实地调研资料主要是通过对广西农产品批发市场、运输企业、行业协会等的调研，了解行业的现行流通渠道。

然后，构建协同优化体系。引入供应链管理、电子商务和经济学等领域的相关理论，构建广西农产品的流通模式的协同优化体系，寻找到符合市场规律的流通体系框架。同时，以农产品物流园区为重点，实现现有批发市场的转型升级。

最后，形成政府政策指导资料。通过总结研究成果并召开专家研讨会，根据广西农产品流通的特点，并结合实地调研的资料形成政府相关部门的政策指导资料。

具体研究思路如图 1-1 所示。

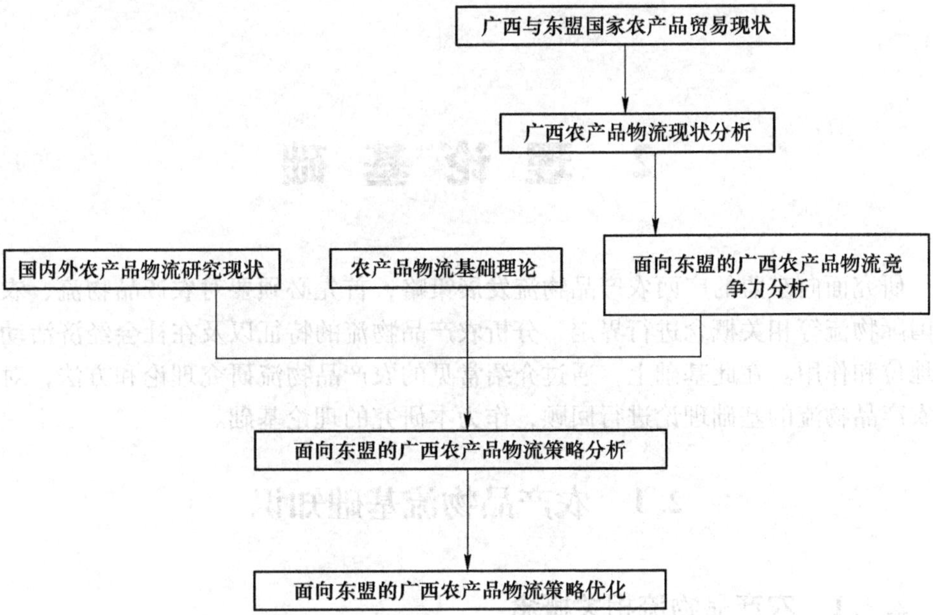

图 1-1 研究思路

2 理论基础

研究面向东盟的广西农产品物流发展策略，首先必须要对农产品物流、农产品国际物流等相关概念进行界定，分析农产品物流的特征以及在社会经济活动中的地位和作用。在此基础上，通过介绍常见的农产品物流研究理论和方法，对我国农产品物流的基础理论进行回顾，作为本研究的理论基础。

2.1 农产品物流基础知识

2.1.1 农产品物流相关概念

（1）农产品。农产品是农业活动中获得的植物、动物、微生物及其产品，是伴随着农业的出现而产生的概念。农产品的具体内容、范围和特点由农业来决定。

欧美国家是现代农业的起源地。1980 年，美国哈尔克劳在《农业经济学》中指出：农业是在生产和销售食物中对土地、肥料、资本、管理和劳动等资源进行组合管理的一种行业。在这一概念中，农业的核心是指作物的种植与牲畜的饲养。随着经济的发展，农业的概念逐步延伸，涵盖了农机制造、化肥生产等工业、农产品加工业和零售业。后来农业的概念进一步扩大，将政府中的农业管理部门、科研院所、农业信息分析部门、技术推广部门等机构也纳入进来。1985 年，法国让·雄巴尔-德洛夫指出，法国近代的发展使农业成为包括动植物生产和上下游环节的产业。以上认识代表了欧美关于农业范畴的流行观点。

我国传统的农业定义是：农业是人们利用太阳能，利用植物的生长成熟或动物的生长发育获得产品的部门。在一般意义上农业包含植物栽培业和动物养殖业。在我国，农业有广义和狭义之分。“广义农业包括农（种植业）、林、牧、渔业；狭义农业仅指种植业”，这是我国的一种习惯性划分。我国国民经济行业分类（见 GB/T 4754—2011）与代码和国家统计制度及解释中的农业定义基本采用了我国传统广义的定义，其范围包括农、林、牧、渔。本研究将沿用这一定义和范畴。

根据上述农业的定义，并结合国际通行和国内普遍认可的观点，农产品是指种植业（包括微生物）、林业、牧业、水产业生产的各种生物的初级产品和以上述产品为加工对象的加工制品。

（2）物流。对于物流的概念，目前在理论界和企业实践中有着诸多的说法，尚未达成一致。大多数物流教材中沿用的是《物流术语》（GB/T 18354—2006）中的定义，认为物流是“物品从供应地向接收地的实体流动过程。根据实际需要，将运输、储存、装卸、搬运、包装、流通加工、配送和信息处理等基本功能实施有机的结合。”在这个概念中，物流中的“物”仅指物品实体，物流是物品实体的流动过程。笔者认为这个概念属于比较狭义的物流概念。

从2007年开始，国家统计局出版的《中国第三产业统计年鉴》正式将物流业作为其统计的第三产业之一。从统计数据的角度认为物流业包括交通运输业、仓储业、邮政业、贸易业、流通加工业和包装业。这里对于物流的认识比GB/T 18354—2006中所涉及的面要广一些。

国务院在2009年印发的《物流业调整和振兴规划》中，认为“物流业是融合运输业、仓储业、货代业和信息业等的复合型服务产业”。这里将货代业、信息业也涵盖了进来，所包含的范围较广，属于广义的物流概念。

笔者认为，在现代物流的背景下，物流应该是一个广义的概念。现代物流的发展中，物流业和信息业已经有效地结合在了一起，很难将两者割裂开来。我们不能把从事与物流信息工作相关的人员（比如物流单证、物流信息平台维护或者物流培训服务等工作）排除在物流作业人员之外。因此，现代物流不能仅仅强调是实体流动过程，应该包含和实体流动相关的信息流、商流等。综上所述，这里将物流的概念定义为：物品从供应地向接收地的流动过程中，为了促进物品合理顺畅流动而进行的一切必要活动的综合。

（3）农产品物流。农产品物流作为农业发展的一部分，在农产品作为商品进行交易开始就已经客观存在了。随着近年来现代物流理念的引入，农产品物流不断被赋予新的内涵。许多学者从不同视角对农产品物流的概念进行了总结和归纳，具体见表2-1。

表2-1 部分国内学者提出的农产品物流概念

学 者	农产品物流概念	农产品物流环节
张倩（2003）	农产品物流是指为了满足客户需求，实现农产品价值而进行的农产品物质实体及相关信息从生产者到消费者之间的物理性经济活动	生产、收购、运输、储存、装卸、搬运、包装、配送、流通加工、分销、信息活动
王树祥（2005）	农产品物流是农业生产取得产品后，从产品到市场再到消费者手中的一系列物流及管理过程	生产、质检、分类、包装、仓储、运输、装卸、配送、流通加工、信息处理

续表 2-1

学　者	农产品物流概念	农产品物流环节
杨平（2008）	农产品物流是指以农产品消费者为中心，为了有效地实现和增加农产品价值、降低流通费用，将农产品从生产地（农田）送到消费者（餐桌）的物理性经济活动过程	运输、储存、包装、装卸、配送、流通加工和信息处理
许金立（2012）	农产品物流是指为了满足农产品供应链各个节点的需求，通过运输、储存、包装、流通加工、搬运、装卸、配送、分销、信息处理等环节、基本功能和管理过程，实现农产品从生产者向消费者的实体转移过程	运输、储存、包装、流通加工、搬运、装卸、配送、分销、信息处理

根据 GB/T 18354—2006 和相关研究成果对农产品物流的定义，这里将农产品物流的概念界定为：为了满足客户的需要，实现农产品的价值，农产品从供应地（农田）向消费地实体流动的过程。它包括为使农产品及其信息正向和反向高效率、高效益的流动及储存而进行的计划、实施与控制过程。具体来说，农产品物流就是农产品的运输、储存（常温、保鲜和冷藏）、装卸、搬运、包装、流通加工、配送和信息处理等环节的有机组合，包括一系列物质运动过程、相关的技术信息组织和处理过程以及各个环节上的物流管理活动。这一活动过程中创造了时间价值、场所价值和部分加工价值。因此，从概念上看农产品物流是农业物流的重要组成部分。

2.1.2　农产品物流分类

根据不同的分类标准，农产品物流可以分为不同的类别。按照农产品物流系统的性质，农产品物流可以分为农产品社会物流和农产品企业物流；按照农产品物流活动的空间范围，农产品物流可以分为农产品国内物流和农产品国际物流；按照农产品物流业务的经营主体，农产品物流可以分为农产品自营物流和农产品第三方物流；按照农产品物流对象，农产品物流可以分为粮食作物物流、经济作物物流、水产品物流、畜牧产品物流、畜牧产品物流、林材木及林产品物流和其他农产品物流。为了研究方便，这里采用农产品物流系统作用对象的分类方式。

（1）粮食产品物流。传统的粮食产品分类是根据人类可直接食用的特点将粮食产品分为谷物产品、豆类产品和薯类产品。谷物产品主要包括稻谷、小麦、玉米、大麦、高粱等；豆类产品主要包括大豆、豌豆、绿豆等；薯类产品主要包括甘薯、马铃薯、木薯、芋等。粮食产品在人们的生活中占绝对重要的位置。它不仅可以供人们食用，解决人们的温饱问题，而且还是食品加工业、饲料加工业的重要原料，有着比其他农产品更为重要的战略意义。从生产方面看，粮食产品属于大众作物，便于大面积耕作，生产成本较低，产能较高，生产与物流可实现规模效益。从消费方面看，粮食产品属于生活必需品，食用效能较高，需求弹性较小，消费数量比较大。从产品特点方面看，粮食产品相对于其他农产品来说生化性能较好，方便储存和运输，浪费较少，相对的物流效用成本较低。

影响我国粮食物流的重要因素是粮食供需区域分布和品种结构上的不平衡。从流向看，一般是东北的玉米、稻谷和大豆流向华东、华南和华北地区，黄淮海的小麦流向华东、华南和西南地区，长江中下游的稻谷流向华东、华南地区。从整体看，目前我国粮食运输的技术装备还较为落后，散粮运输装备不配套和自动化水平低的问题较为突出，我国粮食散装运输的比例仅为10%。从粮食储存看，我国已初步形成了以产粮区收纳库连接交通沿线中转库、销区供应库，港口集散库连接储备库、供应库，纵横交错、遍布城乡的粮食储运网络。但是普遍存在库房陈旧，仓容严重不足，布局不尽合理，机械化、现代化水平不高，仓储管理落后等问题。

（2）经济作物物流。经济作物物流包括生鲜蔬菜流、瓜果流、棉花流、糖料流、油料流、烟叶流、麻类流、茶桑果流、花卉流、药材流及其他农作物流。经济作物除了满足人们的食用需求外，还是轻纺、食品等工业的主要原材料来源，其商品化水平远远高于粮食作物，物流需求量也更大。尤其是生鲜蔬菜流、油料流、棉花流和瓜果流。从流向看，油菜子主要从西北油菜区、东北春油菜区、长江流域冬油菜区和华南冬油菜区四产区向外省市流出；棉花主要是从西北内陆棉区、黄河流域棉区和长江流域棉区流向其他棉纺织地区。生鲜蔬菜流、瓜果物流大多呈放射状由农村流向城市，其典型性物流特征是种类繁多，包装、储运、加工方式多样，存在一定的食品安全问题。

（3）林产品物流。林产品是指以林木、林地资源为基础而生产的木材和以木材为原料的各种产品，主要有原木、锯材、木质人造板、各种木质和以木材为原料的各种纸制品、林化产品等，同时还包括种苗、花卉、种子、林区土特产品、林果类产品，涵盖林产品生产、收购、运输、储存、装卸、搬运、包装、配送、流通加工、分销、信息活动等环节。林产品物流不仅能使林产品实现其价值，而且可以使林产品在物流过程中增值，节约物流费用，提高物流效率，降低林产品生产与流通的成本，提高林业的整体效益。其物流特点是：

1）范围较大，由小的区域扩展到国内和国际。

2）林产品的品种多而杂，数量大，产地也更加混乱复杂。

3）运输频次加剧，往往要经过多种运输方式、多种运输工具进行长距离运输。

4）物流环节多，难度大，技术要求高。

（4）畜牧水产品物流。畜牧水产品物流包括畜牧产品物流和水产品物流。畜牧产品除了向人们生活提供肉、蛋、奶等食物外，还向化工、轻工、制革以及制药工业提供原料，因此其对物流的需求量大。近些年来，我国城镇居民对肉、蛋、奶的消费量不断增长，畜牧产品物流发展迅速。从发展现状看，目前我国畜牧产品在屠宰、储藏、包装、运输、加工以及卫生检疫等方面的物流技术水平还较低，有待大力发展。

水产品需求主要来自居民家庭消费、水产品加工以及出口等三个方面。一般而言，淡水水产品比较分散，要求灵活性较强的短程物流；海洋水产品常常需要加工，对物流技术性要求比较高。从流向看，我国水产品主要是从山东、广东、辽宁、浙江、福建等省流向国内外市场，主要出口市场是日本、美国、韩国和欧盟。

2.1.3 农产品物流特征

相对于工业而言，农业是自然再生产和经济再生产交织在一起的再生产过程，农产品的生产、流通存在着非人力能控制的风险，再加上许多农产品是人们生活必需品，需求弹性小，这些特殊性使农产品物流表现出明显不同于工业品的特征：

（1）农产品物流运作的相对独立性。由于不同地区的气候、土壤、降水等存在差异，各地适宜种植作物品种不同，农产品生产呈现出明显的季节性和区域性特征，而农产品的消费则是全年性的，这就决定了农产品物流过程中需要较大量的库存和较大范围的调度或运输。农产品的营养性、容易感染微生物而腐败变质等性质，对物流设备和工作人员提出了较高的要求；安全卫生性，对其生产和储运提出了更高要求，如加工中要求无菌，产品配送过程中不能和有其他气味的商品混运，注意配送中微生物和重金属的交叉污染等问题，对温度和湿度做出严格的规定等。农产品的交货时间有非常严格的期限性，即前置期有严格的标准。鲜食品和冷链食品在食品消费中占有很大的比重，所以食品物流必须有合适的冷链、保鲜链，甚至是气调链。由于绿色食品、绿色消费的日渐盛行，因此对绿色物流提出了更高的要求。

（2）农产品物流量大。农产品的生产基地在农村，而广大的农产品消费者生活在远离乡村的城市之中。为满足农产品消费在不同时空上的需求，就必须将农产品从农村转移到城市，并准确、快捷地传送到消费者手中，以实现农产品的最终价值。因此，农产品物流面临数量和质量上的巨大挑战。

（3）农产品物流技术要求高、专业性强、难度大。农产品自身的生化特性和特殊重要性，使得其流通过程中保鲜、储存、加工等环节具有重要的地位并具有很强的生产性。而且，有些农产品为了方便运输和储存，在进入流通领域之后，还需要进行分类、加工、整理等活动。比如，粮食储存在仓库中，必须定期进行通风、烘干，以控制粮食水分，使粮食的使用价值得到保证；活猪、活牛、活鸡等进入流通，必须进行喂养、防疫，如果收购后进行屠宰，还需要进行冷冻、冷藏处理，这就要求有特殊的加工技术和相应的冷藏设施。可见，农产品在运输储存过程中，要求的输送设备、运输工具、装卸设备、质量控制标准各有不同，这使得农产品物流比工业品物流更具生产性，并且要求根据农产品各自的物理化学性质安排合适的运输工具，从而保证农产品的性质和状态稳定，以确保农产品品质、质量达到规定要求。

（4）加工增值是发展农产品物流的重要环节。农产品不同于工业品的最大特点是农产品的加工增值和副产品的综合利用。这部分价值是在农产品离开生产领域后，通过深加工和精加工，延长产品链而实现的增值，如粮食深加工和精加工、水果加工、畜牧产品加工及海洋水产品加工等等。一般来说，其增值环节主要包括以下几个方面：一是农产品的分类与包装增值服务；二是农产品适度加工增值服务，例如通过对粮食的研磨、色选、细分或者规格化等生产加工工序，以一定的商品组合开展农产品促销，能够促使农产品流通的顺利进行；三是农产品社区配送增值服务；四是特种农产品运输、仓储与管理增值服务。

（5）农产品物流风险大。农产品生产的分散性、季节性，使得农产品物流的风险增大。农产品生产点多面广，消费地点分散，市场信息更加分散，使得人们难以全面把握市场信息，容易造成供给不适应需求的状况；而且，由于农作物有生长过程，牲畜亦需经过发育成长期，故农产品生产受季节性限制明显，难以连续不断地生产，无法依农产品价格的高低短期内有所增减，供给难以在短时间内对供给进行有效的调节，导致市场价格波动大。过大的流通风险会降低物流经营者的预期利润，往往会使经营者更多地采取短期的机会主义行为，不利于形成有序的市场竞争和培育市场主体。

（6）分散—集中—分散的物流节点特征突出。我国农业生产中最为突出的矛盾之一是“小生产”和“大市场”的矛盾。“小生产”表现为农产品生产、经营、流通普遍零碎化，没有规模效益；农户主体众多，离散性强，缺少必要的联合，组织化程度低，从而导致生产盲目性，造成农产品买难和卖难的交替出现。“大市场”主要表现为农产品的实际需求量巨大。这种农产品的“小生产”和“大市场”的矛盾决定了农产品流通过程呈现出由分散到集中再由集中到分散的基本特点。一家一户就其农业生产的单体资源配置、生产能力、生产规模、农产品的产出量和商品量等而言其水平都是较低的。这就决定了农产品生产的“小生产”的基本特征。而农产品的消费却遍布全国城乡。这种“小生产”和“大市场”的矛盾还会存在一个时期。这种情况决定了农产品物流会在较长时期呈现出由分散到集中再由集中到分散的基本特点。

（7）政治含义的商品特征尤为明显。农产品作为附带着社会政治含义的商品，各国政府在其生产与流通中都有不同程度的介入。一是农产品的需求收入弹性通常小于1，这意味着随着经济增长和人均收入的提高，就占总消费的份额而言，农产品需求的增长趋于下降，不利于农民收入的增加；二是农产品需求价格弹性也小于1，农产品价格下降所产生的追加需求只能带来比以前更少的收入。这两个因素对发展中国家农民收入有突出的影响，因此，许多国家都不同程度地采取干预政策以保护农民的利益。三是从食品供给安全的角度考虑，政府的干预更是无可避免。

2.1.4 农产品物流的作用与意义

农产品物流为了完成农产品从生产环节到消费环节的流转，从以下三个方面发挥着重要作用：

（1）农产品物流可以形成空间效应，有效地解决农产品从生产到消费的空间差异。由于气候与地理条件不同，各地适合生产的农产品种类必然有限，因而大部分农产品的生产地和消费地不一致。特别是近年各国各地特色农业的发展，必然产生生产与消费空间的差异。农产品物流可以起到异地调剂的作用，平衡这一差异。

（2）农产品物流可以形成时间效应，有效地解决农产品从生产到消费的时间差异。由于农作物的特殊自然属性，农产品的生产存在季节性。而农产品是生活必需品，其消费是常年性的，这就形成了时间上的差异。虽然随着科技的发展，已经出现许多反季农产品，但是数量毕竟有限，难以满足消费需求。农产品物流可以通过保鲜技术和仓储活动解决平衡差异，达到供求平衡。

（3）农产品物流可以形成所有权转移，实现农产品价值，即实现农业生产者劳动价值。农产品是动物性、植物性产品，容易腐败变质。因此，许多农产品必须通过加工处理，才能达到消费者的消费需求。农产品物流通过保鲜、加工等一系列的活动，将农产品按消费者的要求到达市场，使其所有权从生产者转移到消费者手中，满足了生产者和消费者双方的需要。

正因为农产品物流的上述作用，因此，在我国发展农产品物流具有以下重要的意义：

（1）能够提高农产品流通速度，降低物流成本。大多数农产品对时间、新鲜程度的要求很高，发展农产品现代物流，减少流通环节，就能够充分运用专业化现代化的运输工具迅速及时地运往消费地，提高农产品流通速度，降低农产品积压在产地所占据的成本，同时通过大规模的作业降低作业成本，减少多次装卸搬运所产生的产品破损，有效地降低物流成本。

（2）提升农产品价值。农产品本身的价值并不高，但是可以通过发展专业的第三方农业物流组织，为农产品提供专业的物流增值服务，发掘农产品的内在价值。

（3）发展物流产业和降低物流成本，有利于大大提高农户的收入。农户自产自销，不仅成本高，而且容易由于不了解市场状况而失利。可以通过改善农产品物流的模式来增加农民收入。

（4）提高国际竞争力的需要。入世后，我国的物流企业与国际大型物流企业之间的竞争将会越来越激烈，农产品物流自然也是竞争的一个重要领域。为此，加快实现我国的农产品由传统物流向现代物流转变，也是适应国际竞争的需要。

2.2 农产品物流相关理论

2.2.1 供应链理论

供应链最早被认为是制造企业的内部过程，是企业把采购的原材料（零部件和半成品），通过生产经营活动生产出产成品，然后再将这些产成品传递给批发商、零售商和用户的过程。后来，供应链的概念不断延伸，将和产品采购、制造和销售相关的企业都纳入了进来。2007 年 5 月实施的《物流术语》（GB/T 18354—2006）中明确规定：供应链是指“生产及流通过程中，涉及将产品或服务提供给最终用户所形成的网链结构。”在生产实际中，供应链不仅仅是一条连接从供应商直到最终用户的物流链、信息链、资金链，而且还是一条可以产生价值增值的增值链，它使得供应链中的所有参与者均能够获得收益。物流在供应链上因加工、包装、运输、仓储和配送等活动增加了物品的价值，给相关企业带来了收益。

在供应链管理形成的过程中有许多经典的理论，这里主要介绍交易费用理论、企业核心能力理论和物流价值链理论。

2.2.1.1 交易费用理论

A 交易费用理论的产生

1937 年，著名的经济学家科斯（R. H. Coase）发表了其经典性的学术论文《企业的性质》，探讨了企业与市场的关系。科斯认为：企业和市场是两种不同而又相互取代的体制。市场上的交易由价格机制来协调，企业则是将许多原来属于市场的交易“内部化”了。企业不同于市场的特征就在于行政命令取代了价格机制成为资源配置的动力，决定企业替代市场还是市场替代企业的关键变量就是交易费用，交易费用是决定企业存在与否的唯一变量。

所谓交易费用，是指交易双方为达成契约所产生的成本，包括搜集信息、谈判、签约和履约所形成的费用。科斯认为企业和市场这两种资源配置方式的区别在于，企业通过强化内部管理来实现资源配置，市场通过价格机制来实现资源配置。根据这两种不同的交易体制所进行的交易都会产生交易费用，企业的交易费用就是管理成本，市场的交易费用就是寻找供应商所发生的相关费用。当企业再多增加一次内部交易所产生的管理费用与通过市场交易所产生的成本相等时，企业就会停止增长，从而在规模扩张上达到均衡点。从上面表述来看，当企业市场交易内部化的费用大于市场交易费用时，企业就会通过市场来完成资源的配置；当市场交易内部化的成本低于市场交易的成本时，企业就会倾向于在内部来完成所有的市场交易。交易费用理论提供了分析企业与市场相互替代关系的有效方法，解释了企业取代市场实现交易，有可能减少交易的费用，正是市场交易费用的存在决定了企业的存在。

B 交易费用理论的决定因素

美国经济学家奥利弗·威廉姆森（Oliver Williamson）在科斯的基础上深化了交易费用的研究，提出了交易费用产生的原因，并进一步分析了交易费用形成的决定因素。

(1) 交易因素。交易因素主要是指市场的不确定性、潜在的交易对手数量和交易物品的技术特性如资产专用性和交易频率等。

不确定性或复杂性是现实生活中一种常见的现象，对社会经济生活影响很大，就像下棋一样，存在着双方的博弈过程，而博弈的结果是胜利或者失败或者平局。交易因素的不确定性表明，从个人主观的视角去分析和判断事务的未来发展方向是不确定的。物流服务面临着不确定性，很难对未来的市场发展做出准确的判断，导致交易费用的增加。同时，由于物流服务的供需双方的信息不对称，往往会引发机会主义行为的产生，导致谈判费用增加。

资产专用性程度是指投资于某项行为的资产被用于另一种行为的可能性。专用性资产主要包括场地资产、物质资产、人力资产和其他资产。这些资产的使用使得企业行为产生依赖性，一方违约将使得另一方产生很大的交易风险。

交易频率或者交易量影响交易费用的大小。交易频率越高，交易量一般就会越大。工业企业会因为批量费率的原因以较低的物流运作成本与物流企业保持长期的合作关系，这样可以降低交易费用。

(2) 人的因素。人作为市场交易的主体，在经济学中被假设为有限理性和机会主义。所谓有限理性是指人的行为只能在其自身的感知和认知能力的限制下，对交易行为做出决策，从而达到自己能力范围内的理性判断。有限理性的概念最早由西蒙提出，他将有限理性的原因归纳为两个方面：一方面人存在感知和认知能力的限制，例如个人在无误地处理、接受、储存和使用信息的能力方面是有限度的；另一方面，人存在语言方面的限制，个人在以别人能够理解的方式通过语句、数字或图表来表达自己的知识和感情时是有限制的，有时不管人们多么努力，都会发现语言上的限制使得人们在行动上受到挫折。

物流环境的不确定性很难让人准确地把握未来可能产生的交易，这样在选择物流供应商和合同谈判的过程中会产生难以预计的意外性，从而产生沟通、谈判和协作等方面的费用。

机会主义是人的行为的一个重要假设。机会主义意味着交易主体在交易过程中有可能通过欺诈取得优势，或在签订合同时制造虚假、无价值的信息来获得交易中的优势地位。特别是在物流市场不完善的情况下，机会主义行为就更容易出现，使得物流企业的交易费用增加。

2.2.1.2 企业核心能力理论

A 企业核心能力概念界定

早在20世纪50年代，学者们就开始注重研究企业核心能力的打造，探讨企业如何通过提升自身的核心能力以获得市场上的竞争优势。1990年，普拉哈尔德（Prahalad）和加里·哈默（Gary Hamel）发表了《企业核心能力》一文，这标志着核心能力理论的诞生。企业核心能力理论认为，企业的核心能力是企业可持续竞争优势与新业务发展的源泉，它们应成为公司的战略焦点，企业只有具备核心能力、核心产品和市场导向这样的结构时，才能在全球竞争中取得持久的领先地位。核心能力是企业的特殊能力，一般具有如下特征：

（1）价值优越性。核心能力是企业独特的竞争能力，应当有利于企业效率的提高，能够使得企业在创造价值和降低成本方面比竞争对手更优秀。同时，它能给消费者带来独特的价值和利益。

（2）异质性。一个企业拥有的核心能力应该是独一无二的，即是其他企业所不具备的，是企业成功的关键因素。核心能力的异质性决定了企业之间的异质性和效率差异性。

（3）难模仿性。核心能力是在企业长期的生产经营活动中积累形成的，深深打下了企业特殊组成、特殊经历的烙印，其他企业难以模仿。

（4）不可交易性。核心能力与特定的企业相伴生，虽然可以为人们感受到，但无法像其他生产要素一样通过市场交易进行买卖。

（5）难替代性。由于核心能力具有难以模仿的特点，因而依靠这种能力生产出来的产品在市场上不会轻易被其他产品所替代。

B 企业核心能力的内容

（1）企业本质上是一种能力集合体。当企业的某些能力能够使企业获得竞争优势时，这些能力就构成企业的核心能力。企业核心能力可以多种形式存在，如研发、制造、营销、专利、品牌、资本运作、管理制度和企业文化都可以成为企业核心能力的存在形式。企业的核心竞争力表现在企业业务链、价值链某些特定的节点上，对竞争优势起决定性作用。核心能力具有基础性、功能性、根本性和长期性等特点，能使企业获得稳定持续的竞争力和超额利润。

（2）积累、保持和增强核心能力是企业维持长久竞争优势的关键。核心能力的培养和发展主要有三个阶段：一是开发核心竞争力的专长和技能；二是整合企业核心竞争力的各要素；三是开发核心市场产品。企业的竞争优势在市场上实现，但与最终产品的市场份额相比，企业核心产品的市场份额更有意义。核心能力目前常用的培育方法有演化法、孕育法和兼并法三种，企业可以根据自身实际选择培育方法。

（3）持续学习是企业获得核心能力的最有效途径。企业获得核心能力最根本、最有效的途径是持续学习。学习是企业得以扩展创造未来的能量。不管企业是通过自主开发或联合开发的方式获得关键技术和技能，还是通过技术、人才、结盟伙伴或知识产权市场获得那些可形成总的核心竞争能力的单项技能或技术，抑或是将可能形成核心竞争能力的各种技术、技能和专长整合成核心能力，持续学习都在企业扮演了重要的角色。

2.2.1.3　物流价值链理论

A　物流价值链概念界定

价值链理论是哈佛大学商学院教授迈克尔·波特于 1985 年提出的。波特认为，“每一个企业都是在设计、生产、销售、发送和辅助其产品的过程中进行种种活动的集合体。所有这些活动可以用一个价值链来表明。”企业的价值创造是通过一系列活动构成的。

随着专业分工不断细化，生产制造企业或销售流通企业需要把更多的精力集中于核心业务以形成核心竞争力，非核心业务通过外包的方式，由物流企业（第三方物流企业和第四方物流企业）来经营。物流企业根据客户的需求提供相应的物流服务，涉及物品从生产厂家到各级客户之间的全部过程，实现物品的空间价值和时间价值。物流活动是一个使物品使用价值不断增加的过程，对于物流企业而言，这个过程表现为一条物流价值链。

所谓物流价值链，是指在物流流程价值关系中，一系列物流环节依顺序相互连接、具有内在价值利益关系的网链。物流价值链是物流活动内在利益关系的本质反映，是物流的原动力。而通常意义上的物流合同则是价值链关系被具体化后的一种约束形式，也是博弈后的一种行为规范。

物流价值链存在于企业内以及企业间一系列相互作用和相关关联的物流活动中。在企业内，这些物流活动分布于运输/配送、仓储、装卸与搬运、流通加工、包装和信息处理等环节；在企业间，这些物流活动分布于采购/供应、生产、分销等环节。这些物流环节相互关联并相互影响，形成以物流价值为核心的链条结构。

B　物流价值链类型

根据物流价值链中物流环节组成的不同，物流价值链存在着两种类型：水平物流价值链和垂直物流价值链。前者由企业内物流环节组成，后者由企业间物流环节组成。

（1）水平物流价值链。水平物流价值链（Horizontal Logistics Value Chain,

HLVC）是企业内物流环节之间紧密关联、相互交叉与支持所形成的网链结构。在水平物流价值链中，第三方物流企业是主导者。它通过对运输、配送、仓储等资源的整合利用，满足了物品在供应方到需要方之间使用价值的增加。

（2）垂直物流价值链。垂直物流价值链（Vertical Logistics Value Chain，VLVC）是企业间物流环节之间形成相互联系、自上游到下游的网链结构。在垂直物流价值链中，第四方物流企业是主导者。一般而言，第四方物流是建立在第三方物流的基础上的，借助第三方物流的资源，通过专业化组织、管理优势、品牌力量、可靠的物流服务水平和完善的物流配送，将采购物流、生产物流、分销物流和退货物流进行整合，从而最大限度地解决了供应链“牛鞭效应”，释放了从供应链上游到下游的物流价值。

C 物流价值链特征

无论哪种类型的物流价值链，其特征是共同的，即物流价值链以物流价值为核心，在物流企业中，从战略层、策略层和作业层分别表现为增值链、协作链和作业链。

（1）物流价值链是增值链。从物流企业的战略层面看，物流活动的本质在于物流价值的增加，包括物流成本降低、物流服务水平提高或物流效益提升。企业在提供物流服务时，实质上是在提供该种物流服务所带来的物流价值。因此，物流价值链的本质就是增值链。物流价值链上每一物流环节增值与否、增值的大小都会成为影响物流企业竞争力的关键。

（2）物流价值链是协作链。从物流企业的策略层面看，物流活动可以采用自营或外包的方式完成，以实现物流价值的最大化。物流价值链上任何一个环节的效果和效率都会影响其他环节。物流价值链从“价值”出发，以对物流活动整体有无价值和价值大小来决定物流环节间的相互关系，或取消、精简，或替代、外包，以实现物流系统整体协调运作，在动态、有序、合作、协调的运行机制下实现物流价值链上各个环节间的多赢。

（3）物流价值链是作业链。从物流企业的作业层面看，物流活动表征为由一系列的物流作业组成。物流企业提供的物流服务可以看做是最终为满足客户需要而设定的“一系列物流作业的集合”，形成一个由此及彼、由内到外的“物流作业链”。物流作业的推移，同时表现为物流价值在企业内部逐步积累和转移，形成企业内部的“价值传递系统”。最后，通过将物流服务转移给企业外部的客户，企业凝聚在物流服务上的物流价值则转化为客户的使用价值，即客户对所取得的物流服务愿意支付的代价。

2.2.2 物流园区理论

1965年，日本建成了世界上第一个物流园区。由于物流园区在物流产业发展中呈现出诸多优势，因此很快便开始在全世界范围内得到推广。同时，物流园区的建设理论也成为理论界的研究热点。当前物流园区的建设理论可以归纳为物流园区选址理论、物流园区布局理论、物流园区与区域经济协调发展理论和物流园区组织生态理论等方面。这里对这些理论进行一个简要的归纳，为后续的研究提供理论借鉴。

2.2.2.1　物流园区选址理论

物流园区的选址理论是物流园区建设理论中发展较早，而且相对比较成熟的理论。在物流园区建设初期，如何选址才能更好地发挥其社会效益和经济效益成为社会各界关注的问题，因此许多学者将自然科学的诸多理论引入到了物流园区的选址当中，为物流园区的建设工作提供了很好的理论指导。下面介绍几种常见的物流园区选址方法。

A　重心法

重心法也被称为网格法，是物流园区选址当中最常用的一种方法，一般适用于影响因素较少的园区选址问题。重心法选址的思路是：假设已知物资的多个需求点以及相应的运输费用，我们要找到与这些需求点的运输费用之和最小的点，这个点就是物流园区建设的区域。具体可以用以下数学过程来分析。

假设现有 n 个物资需求点，每一个需求点的坐标定义为 $P_i(x_i, y_i)$（其中，$i = 1, 2, \cdots, n$）。现令物流园区选址点的坐标为 $P_0(x_0, y_0)$，则 P_0 与 P_i 之间的关系如图 2-1 所示。

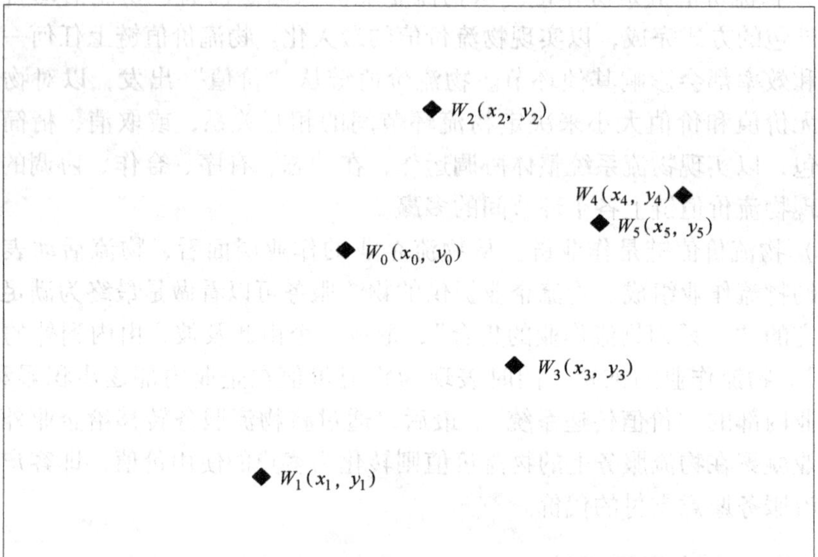

图 2-1　物流园区选址位置

图中，W_i 表示第 i 个物资需求点的物资需求量，若用 c_i 表示各个物资需求点的运输费率，c_0 表示新址的运输费率，则根据数学当中的重心法有以下的计算公式：

$$\begin{cases} \sum_{i=1}^{n} x_i W_i c_i = x_0 \sum_{i=1}^{n} W_i c_0 \\ \sum_{i=1}^{n} y_i W_i c_i = y_0 \sum_{i=1}^{n} W_i c_0 \end{cases} \tag{2-1}$$

由式（2-1）可以得到，物流园区的建设位置 $P_0(x_0, y_0)$ 的坐标值为：

$$\begin{cases} x_0 = \dfrac{\sum_{i=1}^{n} x_i W_i c_i}{\sum_{i=1}^{n} W_i c_0} \\ y_0 = \dfrac{\sum_{i=1}^{n} y_i W_i c_i}{\sum_{i=1}^{n} W_i c_0} \end{cases} \tag{2-2}$$

若各物资需求点和物流园区的运输费率相等，即 $c_i = c_0$，则有：

$$\begin{cases} x_0 = \dfrac{\sum_{i=1}^{n} x_i W_i}{\sum_{i=1}^{n} W_i} \\ y_0 = \dfrac{\sum_{i=1}^{n} y_i W_i}{\sum_{i=1}^{n} W_i} \end{cases} \tag{2-3}$$

在物流园区选址实践中，由于运输费率大多情况下是相等的，所以一般用式（2-3）来计算。

B 层次分析法

层次分析法（Analytic Hierarchy Process，AHP）是 20 世纪 70 年代由美国著名运筹学家、匹兹堡大学教授 L. Saaty 提出的。其基本思想是：首先根据多目标评价问题的性质和总的目标，把问题本身按层次进行分解，构成一个由下而上的递阶层次结构。最高层为解决问题的总目标，称为目标层；若干中间层为实践总目标所涉及的中间措施、准则，称为准则层；最底层为解决问题所选用的各种方案，称为方案层。相邻上下层元素之间存在着特定的逻辑关系，将上层次的每一个元素与同它有逻辑关系的下层元素用直线连接起来，就构成了递阶层次结构模型，如图 2-2 所示。

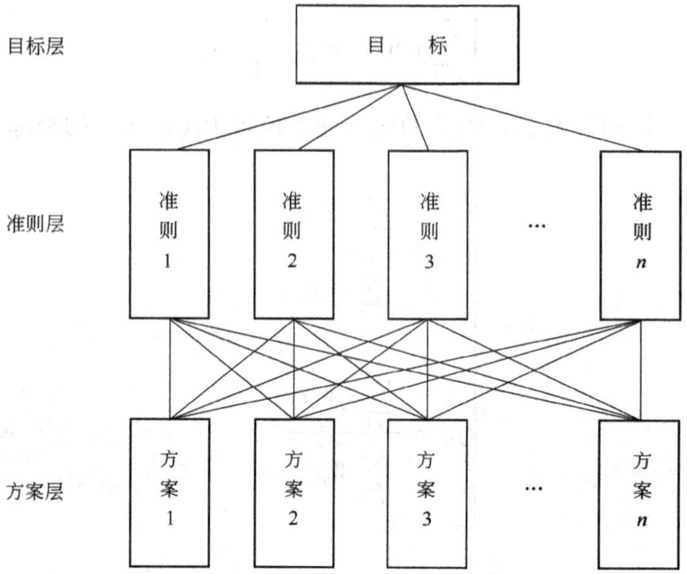

图 2-2　层次分析法结构模型

将一个评价问题分成有序的层次结构后，对每一个上层元素，考虑与其有逻辑关系的下层元素，并在它们之间进行两两比较的判断，判断的结果以定量数字给出，并表示在一个矩阵中，这样的矩阵称为“判断矩阵”。由判断矩阵的最大特征根及其特征向量，确定每一层次中各元素的相对重要性排序的权值。通过对各个层次的综合进而给出对目标层而言方案的总排序权重。层次分析法的具体计算步骤如下：

（1）画出物流园区选址的层次分析结构模型图。首先由专家意见法（Delphi 法）得出物流园区选址的判断标准（即构建物流园区选址指标体系），然后运用 AHP 来分析这些标准，从而得到对这些标准的关注程度，最终可以凭借这个结果来安排自己的人力和物力。

（2）构造 AHP 判断矩阵。将层次结构模型同一层次中各因素对于上一层中某准则的重要性进行两两比较，得出判断数值列表，形成判断矩阵。判断矩阵中各元素相对重要性取值可通过专家意见法等方法得到。准则层相对于目标层的判断矩阵见表 2-2。

表 2-2 判断矩阵

A_k	S_1	S_2	…	S_j
S_1	s_{11}	s_{12}	…	s_{1j}
S_2	s_{21}	s_{22}	…	s_{2j}
⋮	⋮	⋮	⋮	⋮
S_i	s_{i1}	s_{i2}	…	s_{in}

注：s_{ij}是对于 A_k 而言，S_i 对 S_j 的相对重要性的数值表示；s_{ij}是 s_i 与 s_j 的比值。

（3）计算权向量并做一致性检验。将表 2-2 中的矩阵进行列向量归一化处理，并利用和法计算出归一化后判断矩阵的最大特征值（$\lambda_{\max}$）以及特征向量 $w(w_1, w_2, w_3, \cdots, w_n)^{\mathrm{T}}$，然后对于计算结果进行一致性检验。

1）计算随机一致性指标 CI。

$$CI = \frac{\lambda_{\max} - n}{n - 1}$$

该指标用于估计矩阵偏离一致性程度。

2）计算随机一致性比率 CR。为了衡量 CI 的大小，Saaty 引入了随机一致性指标 RI，运用判断矩阵就可以计算出 CI，从而得到 RI，其计算赋值结果见表 2-3。

表 2-3 Saaty 的 *RI* 赋值表

n	1	2	3	4	5	6	7	8	9	10	11
RI	0	0	0.58	0.90	1.12	1.24	1.32	1.41	1.45	1.49	1.51

于是根据表 2-3，并且利用一致性比率公式：

$$CR = \frac{CI}{RI}$$

就可以计算出 CR 的数值。在 AHP 的模型中，主要运用了准则来判断目标，所以 CR 的计算公式又可以转化为：

$$CR = \frac{CI}{0.90}$$

于是，若 $CR < 0.10$，则认为判断矩阵具有一致性，可以接受；否则需要返回专家重新调整判断矩阵。

当 $CR < 0.10$ 时，就可以得到层次结构模型中准则层的各个准则对于策略的权重程度。

3）再次利用专家意见法构造各个方案对于各个准则的判断矩阵，对于构造出的矩阵分别进行权向量计算和一致性检验，最终分别得到各个合理的权重程度

向量 $\boldsymbol{r}$。

（4）计算指标因素的合成权重。自上而下将判断准则下的指标因素权重进行合成，计算方案层中各个指标因素相对于目标层的权重总排序，并逐层进行总的一致性检验，采用的合成权重模型为：

$$W_i = \sum_{i=1}^{n} w_i r_{ij}, j = 1,2,3,\cdots,n$$

经运算后，就可以得到各个选址方案对于选址的综合排序向量 $\boldsymbol{W}_i$，于是就有了各个选址方案对于目标层的权重程度。为了使选址决策的综合权重能够反映大多数专家的认识和判断，更好地反映客观实际，采用群组 AHP 的方法来确定综合权重效果会更佳。其做法是邀请 m 个专家，分别构造出判断矩阵，依据本章中的方法计算出各位专家的排序向量，然后再求出他们的算术平均综合排序向量（综合权值向量）。在这个基础上，有关部门可以根据对应的权重，再通过 ABC 法来判定各个选址方案在选址中的关注程度，从而合理地安排自己有限的人力和物力，最终达到优化社会或者企业资源，提高经济效益和效率的目的。

C　线性规划法

线性规划法是自然科学里运用非常广泛的一种优化方法，其由于具有不断选优的特点，近年来在社会科学中的应用也逐渐广泛起来，许多社会科学问题都可以用该方法来建模解决。同样，在物流园区的选址过程中，线性规划法也是一种较为基础的方法，由于篇幅所限，这里对该方法不做介绍，读者可以参看线性代数和运筹学等教材。

此外，非线性规划、神经网络、综合评价等方法也在物流园区的选址中得到了广泛的应用。

2.2.2.2　物流园区布局理论

物流园区的平面布局问题实质上是一个数学问题，是在现有各种约束条件下，优化各种现有资源的空间配置使得园区的经济效益达到最优。一般而言，物流园区的布局中，先是做园区的分区域设计，而后再对每一区域进行相应的细节设计。在分区域设计中，主要是确定物流园区的功能区以及相应的位置、形状和面积。细节设计主要是针对每个功能分区确定相应设施的建设位置、设备的摆放方式以及物资的流动性问题等较为具体的内容。从现有的布局理论来看，由于细节设计较为具体，需要紧密结合实际进行布局设计，因此相应的理论研究相对较少，大多数理论集中于物流园区的功能分区方面。目前，用得最多的是系统布置设计方法，现对该方法进行简要的介绍。

系统布置设计（System Layout Planning，SLP）方法是由 Richard Muther 于 20 世纪 60 年代初提出的，最初主要应用于对工厂设施的布局设计方面，是工业工程领域使用较广的一种方法。在 SLP 方法的物流园区布局设计中，园区的物品、物流量、流动路线、辅助服务部门以及物品的流动时间等因素都是事先确定的基本要素。设计者可以根据四个步骤（见图 2-3）和七个阶段（见图 2-4）运用 SLP 方法对物流园区的设施布局进行设计。

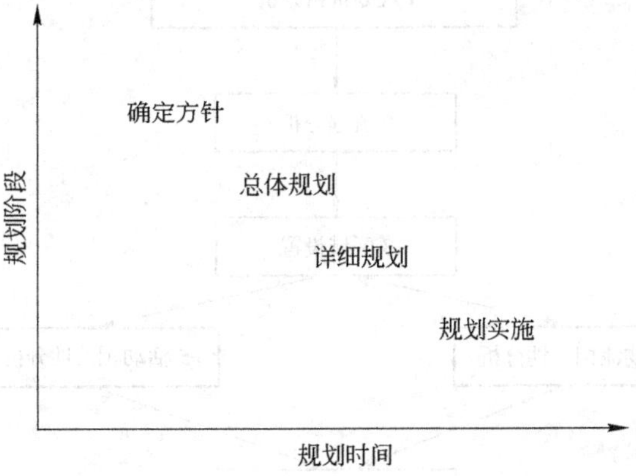

图 2-3　SLP 阶段结构

2.2.2.3　物流园区建设与区域经济协调发展理论

物流园区的建设如果不能和区域经济发展相适应，园区的建设就可能出现与地方实际需求相脱节的问题。这不仅不利于区域物流资源的有效整合，而且园区的利用率也不会很高，从而导致资源的浪费。因此，研究物流园区建设与区域经济发展之间的关系，有助于更好发挥物流园区的作用，进一步带动地方经济的发展，实现物流园区与地方经济的良性互动。结合区域经济学的相关理论，这里介绍几种物流园区建设与区域经济协调发展的理论。

A　梯度发展理论

梯度理论是由我国学者夏禹龙等在 20 世纪 80 年代初期根据国外“适应理论”演变而成的一个理论。该理论最早用于研究我国的东西部经济发展不协调问题，认为由于我国经济发展不平衡，由此而自然地在国内形成一种经济、技术力量的梯度。沿海地区拥有先进技术和雄厚的经济实力，边远地区仍处于传统技术和经济落后状态。国家应按照东、中、西部的顺序安排投资和建设项目的区域布局，这样花费少而获利多。

在物流园区建设与区域经济的协调发展中，需要考虑两个问题。首先，一个经济区建设的若干个物流园区是否适应于整个经济区的经济发展。多个城市构成的区域经济协调发展模式已经成为现代经济发展的一种主要形态，在区域经济中有发展条件相对较好的核心城市，也有为这些核心城市服务的卫星城市。因此，在区域经济带的各城市建设物流园区要充分考虑这些城市之间经济发展水平梯度特征，避免园区的重复建设和园区彼此之间的无序竞争。其次，在某个城市内部

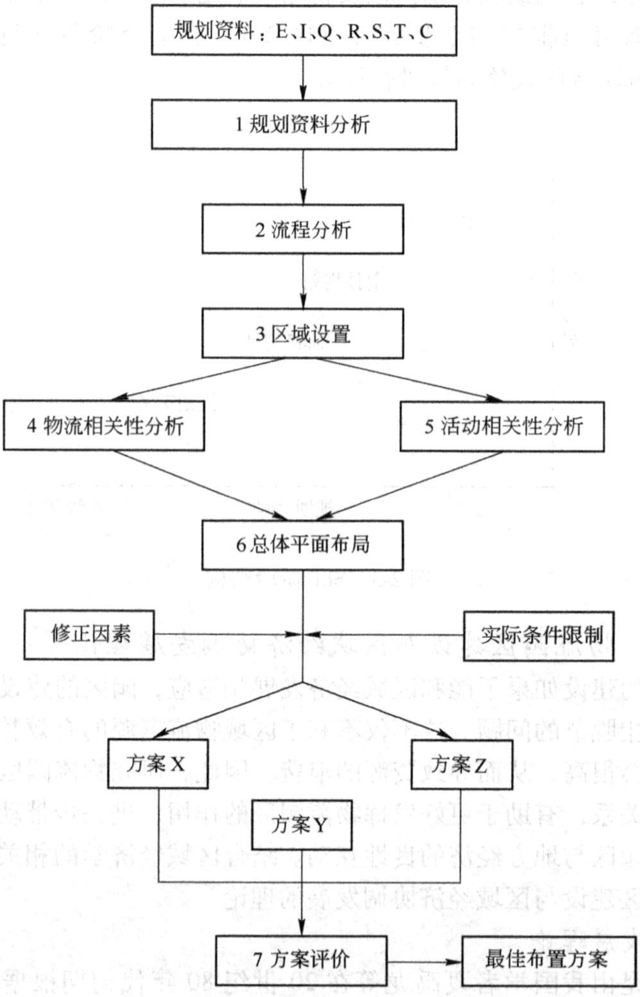

图 2-4　SLP 的一般流程

E—接收的订单；I—种类；Q—数量；R—流程；S—辅助部门和物流服务水平；T—时间安排；C—建造预算

的物流园区建设中，也要充分考虑物流园区的建设与城市经济带的关系，要做到结合城市经济的产业特点挖掘物流基础条件，从而有针对性地建立其彼此之间定位不同的物流园区。

B　点轴理论

点轴理论是我国地理学家陆大道在中心地理论、空间扩散理论和增长极理论的基础上，结合波兰经济学家萨伦巴和马利士的有关思想，提出的一个有关区域经济发展的一个新理论。点轴理论认为，随着社会经济的发展，经济中心的数量将会逐渐增加。各个经济中心之间，由于生产要素交换需要，交通线路以及动力供应线、水源供应线等相互连接起来，这就是轴线。这种轴线首先是为区域增长极服务的，但轴线一经形成，对人口、产业也具有吸引力，吸引人口、产业向轴线两侧集聚，并产生新的增长点。点轴贯通，就形成点轴系统。因此，点轴开发可以理解为从发达区域大大小小的经济中心（点）沿交通线路向不发达区域纵深地发展推移。

物流园区的建设既离不开具有经济基础的中心城市，同时也离不开交通线路。因此，在物流园区的建设过程中，首先要明确园区服务的"点"的数量和位置，然后要弄清楚连接这些"点"的"轴"（即交通线路）的分布和流量情况，进而实现应用点轴理论建设好物流园区。

2.2.2.4 物流园区建设的组织生态理论

A 低碳理论

物流业是我国能源消耗的重要领域之一，尤其是对成品油的消耗，稳居各行业首位，全国90%以上的汽油和60%以上的柴油均被物流业所消耗。同时，物流业还是我国目前唯一一个能源消耗占全行业比例持续上升的行业，其能源消耗量占五大行业（工业、农业、建筑业、商业和物流业）的比例由1995年的6%上升到2007年的14%。IPCC 2007的评估报告显示，如果保持当前的能源消耗方式，物流业的能源消耗量将以每年约2%的速度增长，到2030年将比现在高出80%。因此，运用低碳经济理论研究物流园区问题，对于节约能源消耗和减少碳排放都具有重要的社会意义。

目前，低碳理论在物流园区建设中的应用主要体现在如下几个方面：

（1）基于土地碳排放角度的物流园区生态建设。该视角主要是从物流园区功能分区的角度，基于园区不同的功能分区对土地的使用情况不同，从而碳排放的量也不同，研究如何对物流园区进行功能分区才能实现碳排放和经济效益的最优化问题。

（2）基于建筑碳排放角度的物流园区生态建设问题。该视角主要是从物流园区的建筑建造方面，考虑不同建筑物的碳排放不同，研究如何对物流园区进行功能分区才能实现碳排放和经济效益的最优化问题。

（3）基于物流园区内节点和线路设计的角度研究物流园区的碳排放问题。该视角主要是基于物流园区内的站场、仓库等节点与路网的设计的不同，会导致园区不同的碳排放量，研究如何优化节点布局和路网的规划建设问题。

B 生态学理论

生态理论是在生物学种群理论基础上发展起来的一种新理论。该理论将生物学、生态学、哲学和社会学等学科的思想结合起来，并融入制度经济学和产业经济学等学科的新思想来研究组织的演化问题，寻找符合自然界生物进化规律的系统构建方案。

物流园区同自然界中的生态系统一样，也是物质、能量和信息等的特定分布，园区内的各个组成要素对应于生态学中不同的种群。参考自然界的运行法则，如何使得物流园区内的各个组成要素实现良性互动和可持续发展是生态理论研究的目的。生态理论研究物流园区建设问题主要是从组织种群（包括个体、种群和群落三部分）和环境因子（包括地理环境、制度环境、科技环境和人文环境等）两个角度进行研究。

2.2.3 协同学理论

协同学理论是研究复杂系统的一门科学，主要分析系统从无序状态向有序状态转变的规律和特征。德国学者赫尔曼·哈肯（Hermann Haken）于20世纪70年代提出了协同学理论。该理论由于建立在普适的基本原理之上，融合了自然科学与社会科学等领域的知识，使得人们能够利用它理解极不协同的系统在宏观尺度上所经历的质变过程，因此近年来得到了广泛的应用。这里主要对协同学理论的概念、发展和常见模型进行简要介绍。

2.2.3.1 协同学概念

协同学理论认为在同一个环境中的各个系统之间存在着相互影响而又相互合作的关系，它们之间的这种关系被称为协同效应。所谓协同效应是指复杂系统中的要素存在非线性相互作用，当外界控制参量达到一定的阈值时，要素间的相互关联代替其相对独立与竞争而居主导地位，并产生较强的相干效应，从而使整体协同效应增强。在协同学理论中，常见的概念有以下几个：

（1）序参量和相变。序参量是一个宏观参量，用来描述系统的有序程度。在远离平衡状态的系统中，子系统总是存在着自发的无规则独立运动，同时又受到其他子系统对它的共同作用，即存在着子系统之间关联而形成的协同运动。在临界点前，子系统之间的关联弱到不能束缚子系统独立运动的程度，因此子系统本身无规则的独立运动起着主导作用，系统呈现无序状态。随着控制参量的不断变化，当系统靠近临界点时，子系统之间所形成的关联便逐渐增强，同时子系统无规则的独立运动在相对变弱，当控制参量达到“阈值”时，子系统之间的关联和独立运动从均势转变到关联起主导地位的作用，因此，在系统中便出现了由关联所决定的子系统之间的协同运动，出现了宏观结构或类型。一般的相变是子系统间具有不同聚集状态之间的转变，不同的相具有明显的有序和无序性。

（2）快弛豫变量（快变量）和慢弛豫变量（慢变量）。在系统中，针对临界行为，系统参量可分为两类。绝大多数参量仅在短时间内起作用，它们的临界阻尼大、衰减慢，对系统的演化过程、临界特征和发展前途不起明显的作用，这类参量称为快弛豫变量（快变量）。另一类参量只有一个或少数几个，它们出现临界无阻尼现象，在演化过程中从始至终都起作用，并且得到多数子系统的响应，起着支配子系统行为的主导作用，所以系统演化的速度和进程都由它决定，这就是慢弛豫变量（慢变量）。

（3）协同学方法论中的绝热消去法。对于由大量子系统构成的系统来说，要建立数目极多的偏微分方程组才能表示子系统之间耦合或关联关系。在方程中，为了体现演化过程中起支配作用的慢弛豫参量，而忽略快弛豫参量的变化对系统演化的影响，因此令快弛豫参量的时间微商等于零，然后将得到的关系式代入其他方程，由此便得到了只有一个或几个慢弛豫参量的演化方程——序参量方程。这种处理方法就是绝热消去。它可以把难以胜数的偏微分方程化为一个或几个序参量方程，使原来难以求解或者无法求解的问题变得简单明了。

（4）涨落。在系统处于有序状态时，其子系统还是有独立运动在进行的。子系统的独立运动以及它们各种可能产生的局部耦合，加上环境条件的随机波动，都反映在系统的宏观量的瞬时值会经常偏离其平均值而出现的起伏上。这种偏离平均值的起伏现象就称为涨落。

（5）自组织。从无序状态转变为具有一定结构的有序状态，或者从有序状态转变为新的有序状态，都首先需要环境提供能量流和物质流作保证，也就是说控制参量需要达到闭值时，这种转变才成为可能，这是必需的外部条件。然而，系统在相变前后的外部环境并未发生质的变化，也就是系统并未从环境中得到怎样组织起来形成什么样的结构以及如何来维持发展这种结构的信息，因此这是在一定的环境条件下由系统内部自身组织起来的，并通过各种形式的信息反馈来控制和强化着这种组织的结果。这种组织称为自组织。自组织理论是协同学的核心理论。

2.2.3.2 协同学发展历程

协同学理论的创始人赫尔曼·哈肯，原德国斯图加特大学理论物理学教授。哈肯教授于1960年开始研究激光理论，并发现激光是远离平衡态自组织系统的典型例子。研究中，他采用了与朗道理论不同的方法，把统计学和动力学结合起来，建立了一套与众不同的激光理论。哈肯认为，激光原子是自组织行动的。激光通过自组织产生一种有秩序的状态，于是无序的运动转为有秩序的运动。在激光器的光场中，优先发射的光波，迫使其他受激光电子按照自己的波长振荡以使自身得到增强。这样每个新的受激的光电子都在此光波的轨道上有节奏的共同振荡，由此而产生了激光。这个优先的光波决定着激光的秩序。1972年，哈肯教授运用突变论的成果，在序参量存在势函数的情况下，对序参量方程即对从无序到有序的演化进行了归类，由此形成了协同学的理论框架。

1977年，哈肯教授正式提出了协同的新概念，他吸取了平衡相变理论的序参量概念和绝热消去的原理，采用概率论、随机理论建立起序参量演化的主方程，以信息论、控制论为基础解决了驱使有序结构形成的自组织理论的问题。同年，《协同学》专著出版，标志着协同学作为一门学科正式建立起来。协同学最初只限于研究一个非平衡的开放系统在宏观尺度上是如何形成空间有序或时间有序的，但有些相变不仅仅是达到时空有序。哈肯教授于1978年发表《协同学：最新趋势与发展》一文，把协同学内容进一步扩大到功能有序，对远离平衡态的从无序到有序的转变做了更深入的探讨。1979年，哈肯教授又进一步研究了混沌现象。混沌是指由决定性方程所描述的不规则运动。一个远离平衡态的开放系统，当外参量的变化达到某一阈值时可以从无序达到有序、从有序达到新的有序，但是当外参量继续增大而达到某种限度时，系统便从无序走向混沌。对混沌现象的研究使协同学进入到一个纵深的阶段。1981年，哈肯教授在题为《20世纪80年代的物理思想》论文中，把协同学运用于宇宙学领域，指出在宇宙系统中也显现有序结构，也可以用协同学的理论加以解释。这一切表明，无论是宇观系统，还是宏观和微观系统，只要它们是开放系统，就可以在一定的条件下呈现出非平衡的有序结构。因而，它们都可以成为协同学的研究内容。

2.2.3.3 协同学原理及方程

协同学原理包括支配原理、广义演进原理、模式原理、涨落原理等，并以序参数原理概念、支配原理和广义演进原理为核心。协同学在描述系统在临界点附近的行为时，阐述了序参量概念和支配原理，系统演化受序参量的控制，演化的最终结构和有序程度取决于序参量。不同的系统序参量的物理意义也不同。例如，在激光系统中，光场强度就是序参量；在化学反应中，取浓度或粒子数为序参量；在社会学和管理学中，为了描述宏观量，采用“测验”、调研或投票表决等方式来反映对某项“意见”的反对或赞同，此时，反对或赞同的人数就可作为序参量。

序参量的大小可以用来标志宏观有序的程度，当系统是无序时，序参量为零。当外界条件变化时，序参量也变化；当到达临界点时，序参量增长到最大，此时出现了一种宏观有序的有组织的结构。这些为数不多的慢变化参量就完全确定了系统的宏观行为并表征系统的有序化程度，故称序参量。那些为数众多的变化快的状态参量就由序参量支配，并可绝热地将它们消去。这一结论称为支配原理，它是协同学的基本原理。

而序参量的合作竞争产生自组织，从而完成由无序向有序进化的过程。这种进化对无机界或者有机界同样适用，具有普遍性，因而是广义的，这就是“广义演进原理”。序参量随时间变化所遵从的非线性方程称为序参量的演化方程，是协同学的基本方程。演化方程的主要形式有主方程、有效朗之万方程、福克-普朗克方程和广义金兹堡-朗道方程等。

（1）主方程。主方程是从物理学一个可以随机向前或向后跳跃的粒子的运动，即布朗运动中推导出来的，它阐释了系统发展过程中的随机性和偶然性。具体表示形式如下：

$$\frac{\mathrm{d}p(m,t)}{\mathrm{d}t}=\overline{\omega}(m,m-1)p(m-1,t)+\overline{\omega}(m,m+1)p(m+1,t)-$$
$$[\overline{\omega}(m,m+1)+\overline{\omega}(m-1,m)p(m,t)]$$

式中，$\overline{\omega}(m,m-1)$ 为单位时间内粒子的跳跃频率；$p(m-1,t)$ 为概率测度。

（2）有效朗之万方程。有效朗之万方程是从足球场上足球的不规则运动中推导出来的。考虑草地产生的连续摩擦力和足球运动员所施加的随机冲力，足球总的运动方程为：

$$mv'=-\gamma v+\varphi(t)$$

除以 m 后，得：

$$v'=-\alpha v+F(t)$$

其中，

$$\alpha=\frac{\gamma}{m}$$

$$F(t)=\frac{1}{m}\varphi(t)=\frac{\varphi}{m}\Sigma_j\delta(t-t_j)(\pm 1)_j$$

式中，γ 为摩擦系数；$\varphi(t)$ 为对球施加的总的冲力。

有效朗之万方程是关于粒子运动的动力学分析，其阐述了系统发展变化的必然性，旧结构让位于新结构。当某些参量改变时，稳定的结构可能变成不稳定的，并出现完全新型的运动。一个系统的状态失稳时可能发生相当大的变化，原有状态的不稳定性导致了一个新的平衡位置，这种变化会引起宏观规模的新结构。

（3）福克-普朗克方程。将布朗运动的随机分析与粒子运动的动力学描述用概率方法结合起来，就导出了福克-普朗克方程，如下所示：

$$\frac{\mathrm{d}f}{\mathrm{d}t}=\frac{\mathrm{d}}{\mathrm{d}q}(\gamma qf)+\frac{1}{2}Q\frac{\mathrm{d}^2f}{\mathrm{d}q^2}$$

式中，γq 为漂移系数，Q 为扩散系数。

福克-普朗克方程描述了在时间过程中粒子概率分布的变化。它阐述了在系统状态变化时，内部组织结构的变化规律。

（4）广义金兹堡-朗道方程。

$$q'=aq-\beta q^3+\gamma\Delta q+F(x,t)$$

广义金兹堡-朗道方程描述了连续介质中的相变类比及与空间有关的序参量，以铁磁体为例，引入与空间有关的序参量 q，表示自由存在于系统中的所有位置值。它阐述了系统内部各子系统之间是怎样协调合作以产生宏观上的结构的。

2.2.4 效率评价理论

效率评价理论是当前理论界的研究热点。该理论从生产理论出发，较为直观地描述了企业的生产过程，有效解决了生产效率的测度问题。随着产业发展问题成为全社会关注的焦点，效率和生产率理论被有效地引入进来，产生了大量的研究成果。这些成果为衡量产业投入产出效率，评价行业发展质量提供了很大的帮助，同时对于寻找解决问题的政策措施做出了不小贡献。

2.2.4.1 效率评价基础

效率的测度，一般需要构建投入-产出模型。为了定量描述投入和产出之间的转化关系以及转化程度，这里对本节的主要理论基础生产技术及其测算方法——距离函数进行简要介绍。

A 生产技术

生产技术指的是从投入到产出的过程，分为单产出生产技术（即生产函数）和多产出生产技术。本节主要研究的是多产出生产技术。

对于决策单元（Decision Making Units，DMUs），假设其投入要素向量为 $\boldsymbol{x}$，产出要素向量为 $\boldsymbol{q}$，则生产技术就是将投入要素 $\boldsymbol{x}$ 转化为产出要素 $\boldsymbol{q}$ 的过程，可以使用技术集合 $\boldsymbol{S}$ 表示，具体定义如下：

$$\boldsymbol{S} = \{(\boldsymbol{x},\boldsymbol{q}): \boldsymbol{x} \text{ 能生产 } \boldsymbol{q}\} \tag{2-4}$$

式中，$\boldsymbol{x} = (x_1,\cdots,x_N) \in \boldsymbol{R}_+^N$，$\boldsymbol{q} = (q_1,\cdots,q_M) \in \boldsymbol{R}_+^M$。

生产技术 $\boldsymbol{S}$ 也可以用技术转移函数表示，同时还能用产出集合和投入集合来描述。根据研究的需要，这里主要介绍产出集合和投入集合。

（1）产出集合。假定产出集合为 $\boldsymbol{P}(\boldsymbol{x})$，表示由给定的投入向量 $\boldsymbol{x}$ 所能生产出来的所有可能产出向量 $\boldsymbol{q}$ 组成的集合。则 $\boldsymbol{P}(\boldsymbol{x})$ 可以定义为：

$$\boldsymbol{P}(\boldsymbol{x}) = \{\boldsymbol{q}: \boldsymbol{x} \text{ 能生产 } \boldsymbol{q}\} = \{\boldsymbol{q}: (\boldsymbol{x},\boldsymbol{q}) \in \boldsymbol{S}\} \tag{2-5}$$

对于任意 $\boldsymbol{x}$，产出集合 $\boldsymbol{P}(\boldsymbol{x})$ 满足如下条件：

1）$0 \in \boldsymbol{P}(\boldsymbol{x})$。即在给定的投入集合下，产出可能为零，存在产出惰性。

2）零投入不可能有非零产出。

3）$\boldsymbol{P}(\boldsymbol{x})$ 具有产出的强可处置性，若 $\boldsymbol{q} \in \boldsymbol{P}(\boldsymbol{x})$ 且 $\boldsymbol{q}' \leqslant \boldsymbol{q}$，则 $\boldsymbol{q}' \in \boldsymbol{P}(\boldsymbol{x})$。

4）$\boldsymbol{P}(\boldsymbol{x})$ 具有投入的强可处置性，若 $\boldsymbol{q}$ 可由 $\boldsymbol{x}$ 生产出来，则 $\boldsymbol{q}$ 可由任意 $\boldsymbol{x}' \geqslant \boldsymbol{x}$ 生产出来。

5）$\boldsymbol{P}(\boldsymbol{x})$ 为封闭的集合。

6）$\boldsymbol{P}(\boldsymbol{x})$ 有界。

7）$\boldsymbol{P}(\boldsymbol{x})$ 为凸函数。

（2）投入集合。生产技术 $\boldsymbol{S}$ 也可以用投入集合来表示。假定投入集合为

$\boldsymbol{L}(\boldsymbol{q})$，表示在生产出给定产出向量 $\boldsymbol{q}$ 的前提下，所有可能投入向量 $\boldsymbol{x}$ 组成的集合。$\boldsymbol{L}(\boldsymbol{q})$ 可以定义为：

$$\boldsymbol{L}(\boldsymbol{q}) = \{\boldsymbol{x}: \boldsymbol{x}\text{ 能生产 }\boldsymbol{q}\} = \{\boldsymbol{x}: (\boldsymbol{x},\boldsymbol{q}) \in \boldsymbol{S}\} \tag{2-6}$$

对于任意 $\boldsymbol{q}$，投入集合 $\boldsymbol{L}(\boldsymbol{q})$ 满足如下条件：

1）$\boldsymbol{L}(\boldsymbol{q})$ 对任意的 $\boldsymbol{q}$ 都是封闭的集合。

2）$\boldsymbol{L}(\boldsymbol{q})$ 对任意 $\boldsymbol{q}$ 都是凸函数。

3）投入向量可以被弱处置，若 $\boldsymbol{x} \in \boldsymbol{L}(\boldsymbol{q})$，则对于所有 $\lambda \geqslant 1$，有 $\lambda\boldsymbol{x} \in \boldsymbol{L}(\boldsymbol{q})$。

4）投入向量具有强可处置性，若 $\boldsymbol{x} \in \boldsymbol{L}(\boldsymbol{q})$，且 $\boldsymbol{x}' \geqslant \boldsymbol{x}$，则 $\boldsymbol{x}' \in \boldsymbol{L}(\boldsymbol{q})$。

为了对生产技术进行形象的描述，这里假定一个单投入双产出的生产单元，如图 2-5 所示。图中，SS' 曲线表示在投入不变的情况下，产出的最大可能性组合；AA' 表示等收益线。人们只能在 SS' 曲线与两个坐标轴构成的区域组织生产活动，此区域即为产出集合 $\boldsymbol{P}(\boldsymbol{x})$，其中在曲线 SS' 上生产时最有效。而 SS' 曲线与 AA' 的交点 Q' 是最优生产点，生产单元的收益最大。

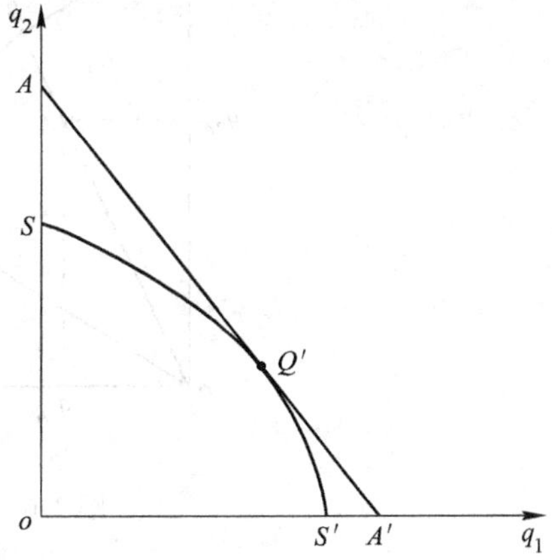

图 2-5 生产技术特性

B 距离函数

在对生产技术进行描述的时候，距离函数的引入使得效率的测度成为可能。Malmquist 和 Shephard 各自开始尝试引入距离函数对生产技术进行测算。由于距离函数不需要指定行为目的（如利润最大或成本最小）就可以描述多产出生产技术，近年来被广泛应用，产生了大量的研究成果。距离函数包括投入距离函数和产出距离函数。前者是在产出一定的前提下，研究投入的最小化问题；后者是在投入既定的前提下，研究产出的最大比例扩大问题。下面，分别对这两种距离函数进行介绍。

（1）产出距离函数。在产出集合 $\boldsymbol{P}(\boldsymbol{x})$ 的基础上，对产出距离函数定义如下：

$$d_o(\boldsymbol{x},\boldsymbol{q}) = \min\{\delta: (\boldsymbol{q}/\delta) \in \boldsymbol{P}(\boldsymbol{x})\} \tag{2-7}$$

根据 Färe 和 Primont 的研究，$d_o(\boldsymbol{x},\boldsymbol{q})$ 具有如下一些公理化的基本性质：

1）对于所有的 $\boldsymbol{x}$，$d_o(\boldsymbol{x},0) = 0$。

2）$d_o(\boldsymbol{x},\boldsymbol{q})$ 相对于产出向量 $\boldsymbol{q}$ 呈现出非递减的特性，相对于投入向量 $\boldsymbol{x}$ 呈现出非递增的特性。

3) $d_o(\boldsymbol{x},\boldsymbol{q})$ 相对于 $\boldsymbol{q}$ 呈现出线性齐次。

4) $d_o(\boldsymbol{x},\boldsymbol{q})$ 相对于 $\boldsymbol{x}$ 是准凸函数，在 $\boldsymbol{q}$ 中为凸函数。

5）若 $\boldsymbol{q}$ 属于 $\boldsymbol{x}$ 的生产可能集，即 $\boldsymbol{q} \in \boldsymbol{P}(\boldsymbol{x})$，则 $d_o(\boldsymbol{x},\boldsymbol{q}) \leqslant 1$。

6）若 $\boldsymbol{q}$ 位于生产可能集的前沿面上，则有 $d_o(\boldsymbol{x},\boldsymbol{q}) = 1$。

在单投入和双产出的情形下，产出距离函数可以用图 2-6 解释。假定在某种投入水平下，产出集合为 A 点，则此时 $\delta = OA/OB$ 即为产出距离函数值，当 $\delta = 1$ 时，生产单元的产出最优。

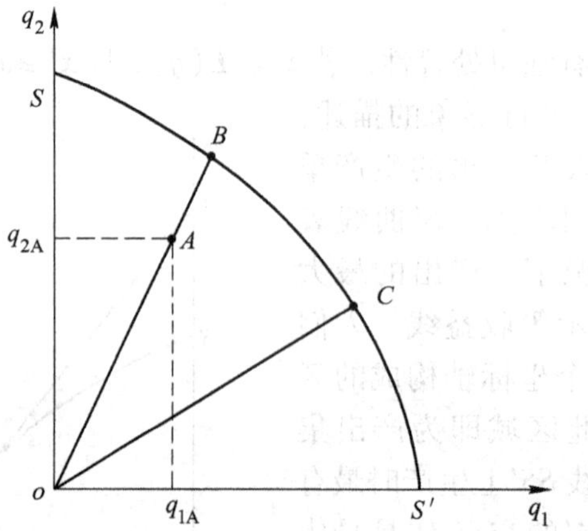

图 2-6 产出距离函数

（2）投入距离函数。投入距离函数可以在投入集合 $\boldsymbol{L}(\boldsymbol{q})$ 的基础上进行定义：

$$d_i(\boldsymbol{x},\boldsymbol{q}) = \min\{\rho : (\boldsymbol{x}/\rho) \in \boldsymbol{L}(\boldsymbol{q})\} \tag{2-8}$$

同样，根据 Färe 和 Primont 的研究，$d_i(\boldsymbol{x},\boldsymbol{q})$ 具有如下一些公理化的基本性质：

1）投入距离函数相对于 $\boldsymbol{x}$ 是非减函数，相对于 $\boldsymbol{q}$ 是非增函数。

2) $d_i(\boldsymbol{x},\boldsymbol{q})$ 相对于 $\boldsymbol{x}$ 呈现线性齐次。

3) $d_i(\boldsymbol{x},\boldsymbol{q})$ 相对于 $\boldsymbol{x}$ 是凹函数，在 $\boldsymbol{q}$ 中为准凹函数。

4）若 $\boldsymbol{x}$ 属于 $\boldsymbol{q}$ 的投入可能集，即 $\boldsymbol{x} \in \boldsymbol{L}(\boldsymbol{q})$，则 $d_i(\boldsymbol{x},\boldsymbol{q}) \geqslant 1$。

5）若 $\boldsymbol{x}$ 位于投入可能集的前沿面上，则有 $d_i(\boldsymbol{x},\boldsymbol{q}) = 1$。

这里用一个双投入和单产出的生产单元解释投入距离函数，如图 2-7 所示。

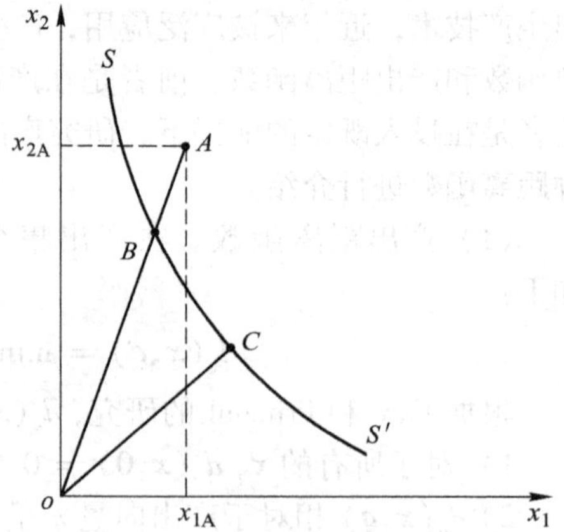

图 2-7 投入距离函数

SS'曲线为等产量线，表示单位产出所需要的最优投入组合。点 A 可以定义为生产单元用两个投入要素生产单位产出的投入组合，显然在这种情况下存在着投入浪费，AB 表示投入的浪费程度，即投入冗余。点 A 的投入距离函数值可以用 $\rho = OA/OB$ 来表示。当 $\rho = 1$ 时，生产单元的投入最优。

2.2.4.2 效率评价方法

A DEA 分析方法

DEA（Data Envelopment Analysis，数据包络分析）是一种非参数的评价方法，主要用于对生产前沿面的估计，是评价多投入、多产出决策单元相对效率的重要工具。1957 年，Farrell 在研究英国农业生产力时，最早提出了数据包络的思想。1978 年，Charnes、Cooper 和 Rhodes 首次构建了 DEA 分析模型，标志着 DEA 理论的正式诞生。随后，围绕该理论方法产生了大量的研究成果，并被广泛应用到学校、医院、企业和行业等各种系统的效率评价当中。要具体了解 DEA 分析方法，可以参看相关文献，这里仅简要介绍 DEA 的基本数学模型。

假设有 n 个决策单元 $\boldsymbol{DMU}_j$，$j = 1, 2, \cdots, n$。其中，$\boldsymbol{DMU}_j$ 有 m 种投入要素 $\boldsymbol{X}_j$ 和 S 种产出要素 $\boldsymbol{Y}_j$，即 $\boldsymbol{X}_j = (x_{1j}, x_{2j}, \cdots, x_{mj})^{\mathrm{T}}$，$\boldsymbol{Y}_j = (y_{1j}, y_{2j}, \cdots, y_{sj})^{\mathrm{T}}$。令投入要素对应权向量为 $\boldsymbol{v}$，产出要素对应权向量为 $\boldsymbol{u}$。则对于第 j_0 个决策单元 DMU_{j_0}，其最优效率可通过如下的线性规划得到：

$$\max h_0 = \frac{\sum_{r=1}^{s} u_r y_{rj_0}}{\sum_{i=1}^{m} v_i x_{ij_0}}$$

$$\text{s.t.} \quad \frac{\sum_{r=1}^{s} u_r y_{rj}}{\sum_{i=1}^{m} v_i x_{ij}} \leqslant 1, \; j = 1,2,\cdots,n \tag{2-9}$$

$$u_r \geqslant 0,\; v_i \geqslant 0,\; r = 1,2,\cdots,s,\; i = 1,2,\cdots,m$$

式（2-9）的对偶形式为：

$$\begin{aligned} &\min \theta \\ &\text{s.t.} \; -y_i + Y\boldsymbol{\lambda} \geqslant 0 \\ &\theta x_i - X\boldsymbol{\lambda} \geqslant 0 \\ &\boldsymbol{\lambda} \geqslant 0 \end{aligned} \tag{2-10}$$

式中，θ 为标量，表示投入相对于产出的有效利用率，是决策单元的效率值；$\boldsymbol{\lambda}$ 为 $N \times 1$ 维常数向量。

若 $0 \leqslant \theta \leqslant 1$，则式（2-10）表示规模不变的 DEA 模型，即 CCR-DEA 模型；

若为式（2-10）加入约束条件 $\boldsymbol{A\lambda}=1$（$\boldsymbol{A}$ 为 $N\times 1$ 维向量），则 CCR-DEA 模型就变为了规模报酬可变的 DEA 模型，即 BCC-DEA 模型。

B　Malmquist 指数分析方法

1953 年，瑞典经济学家和统计学家 Sten Malmquist 首次提出了 Malmquist 指数分析方法，用于分析不同时期的消费变化。在该分析方法中，Sten Malmquist 引入了缩放因子的概念，并利用缩放因子在不同时期的比值来衡量消费的变动情况，这个因子就是最初的 Malmquist 指数。由于当时主要是探讨消费变化问题，所以 Malmquist 指数也被称为 Malmquist 消费指数。这种分析方法与当时生产分析中的 Shephard 距离函数具有相同思路。

1978 年，DEA 分析方法出现，通过线性规划来测度技术效率之后，距离函数的概念才成为生产分析的一种重要方法，使得 1953 年提出的 Malmquist 消费指数的测算成为现实。1982 年，Caves 等将 Malmquist 消费指数与生产过程中的生产率分析思想相结合，并利用 Shephard 距离函数对其重新进行了定义，最终形成了生产率指数。为了纪念 Sten Malmquist，Caves 等将该指数定义为 Malmquist 生产率指数。但是，由于缺乏具体的求解方法对其进行测算，此时的 Malmquist 生产率指数仅仅只是一种理论指数。

1994 年，Fare 等将 Malmquist 指数分析方法从理论指数变成了实证指数，并进一步将其分解为技术效率变动、技术进步和规模效率变动。Malmquist 指数分析方法由于避免了主观赋权和没有残差项，近年来在生产率测度领域得到了广泛的应用。下面对 Malmquist 指数分析方法进行简要介绍。

根据 Shephard（1970）的思路和生产率和距离函数的相关定义，这里将第 s 期的生产行为（x^s，q^s）相对于第 t 期的生产行为（x^t，q^t）的产出距离函数定义为：

$$d_o^t(x^s,q^s) = \inf\{\theta \mid (x^s,q^s/\theta) \in \boldsymbol{P}(x)^t\} = (\sup\{z \mid (x^s,zq^s) \in \boldsymbol{P}(x)^t\})^{-1} \tag{2-11}$$

当 $(x^s,q^s) \in \boldsymbol{P}(x)^t$ 时，$d_o^t(x^s,q^s) \leqslant 1$。当 $d_o^t(x^s,q^s) = 1$ 时，表示企业的产出已经达到了生产的最大前沿面，企业处于最优的生产状态。

假设存在 $k=1$，…，K 个决策单元，每个决策单元在 $t=1$，…，T 期使用 $n=1$，…，N 种投入 $\boldsymbol{x}_n^{k,t}$，同时存在 $m=1$，…，M 种产出 $\boldsymbol{q}_m^{k,t}$。令 $\boldsymbol{P}(\boldsymbol{x}) = \boldsymbol{S}$，则在规模报酬不变（CRS）的情况下，决策单元的 t 期生产可能集为：

$$\boldsymbol{S}^t(C) = \{(\boldsymbol{x}^t,\boldsymbol{q}^t) \mid \boldsymbol{x}^t \geqslant \sum_{k=1}^{K}\lambda^{k,t}\boldsymbol{x}^{k,t};\ \boldsymbol{q}^t \leqslant \sum_{k=1}^{K}\lambda^{k,t}\boldsymbol{q}^{k,t};\ \lambda^{k,t} \geqslant 0,\ k = 1,\cdots,K\} \tag{2-12}$$

若有 $\sum_{k=1}^{K}\lambda^{k,t} = 1$，则可以得到 t 期规模报酬可变（VRS）的生产可能集为：

$$\boldsymbol{S}^t(V) = \{(\boldsymbol{x}^t,\boldsymbol{q}^t) \mid \boldsymbol{x}^t \geqslant \sum_{k=1}^{K}\lambda^{k,t}\boldsymbol{x}^{k,t};\ \boldsymbol{q}^t \leqslant \sum_{k=1}^{K}\lambda^{k,t}\boldsymbol{q}^{k,t};$$

$$\lambda^{k,t} \geqslant 0, \sum_{k=1}^{K}\lambda^{k,t} = 1, k = 1,\cdots,K\}$$

对于 $\boldsymbol{S}^t(C)$ 和 $\boldsymbol{S}^t(V)$，在三种不同的时期（$s=t-1$，$s=t$ 和 $s=t+1$），可以得到6组距离函数 $d_a^t(\boldsymbol{x}^s,\boldsymbol{q}^s)$，$a = C, V$。根据以上分析，两种情形下的距离函数均为 CCR- DEA 模型和 BCC- DEA 模型最优解的倒数。

$$(\mathrm{C^2R})\begin{cases} \max z_C = (D_C^t(x^{t,s},q^{t,s}))^{-1} \\ x_n^{k,s} \geqslant \sum_{k=1}^{K}\lambda^{k,t}x_n^{k,t}, n = 1,\cdots,N \\ z_C q_m^{k,s} \leqslant \sum_{k=1}^{K}\lambda^{k,t}q^{k,t}, m = 1,\cdots,M \\ \lambda^{k,t} \geqslant 0, k = 1,\cdots,K \end{cases} \tag{2-13}$$

$$(\mathrm{BC^2})\begin{cases} \max z_V = (D_V^t(x^{k,s},q^{k,s}))^{-1} \\ x_n^{k,s} \geqslant \sum_{k=1}^{K}\lambda^{k,t}x_n^{k,t}, n = 1,\cdots,N \\ z_V q_m^{k,s} \leqslant \sum_{k=1}^{K}\lambda^{k,t}q^{k,t}, m = 1,\cdots,M \\ \sum_{k=1}^{K}\lambda^{k,t} = 1; \lambda^{k,t} \geqslant 0, k = 1,\cdots,K \end{cases} \tag{2-14}$$

根据 Fare（1997），基于 t 期和 $t+1$ 期参照技术的 Malmquist 生产率指数可以分解为：

$$M_t(x^t,q^t,x^{t+1},q^{t+1}) = \frac{D_C^t(x^{t+1},q^{t+1})}{D_C^t(x^t,q^t)} \tag{2-15}$$

$$M_{t+1}(x^t,q^t,x^{t+1},q^{t+1}) = \frac{D_C^{t+1}(x^{t+1},q^{t+1})}{D_C^{t+1}(x^t,q^t)} \tag{2-16}$$

按照 Fisher（1922）的理想指数思路，则式（2-15）和式（2-16）的几何平均为综合生产率指数：

$$M(x^t,q^t,x^{t+1},q^{t+1}) = (M_t \cdot M_{t+1})^{1/2} = \left[\frac{D_C^t(x^{t+1},q^{t+1})}{D_C^t(x^t,q^t)} \cdot \frac{D_C^{t+1}(x^{t+1},q^{t+1})}{D_C^{t+1}(x^t,q^t)}\right]^{1/2} \tag{2-17}$$

式（2-17）可以进一步分解为：

$$M(x^t, q^t, x^{t+1}, q^{t+1}) = \left[\frac{D_C^t(x^t, q^t)}{D_C^{t+1}(x^t, q^t)} \cdot \frac{D_C^t(x^{t+1}, q^{t+1})}{D_C^{t+1}(x^{t+1}, q^{t+1})}\right]^{1/2} \times$$

$$\frac{D_C^{t+1}(x^{t+1}, q^{t+1})/D_V^{t+1}(x^{t+1}, q^{t+1})}{D_C^t(x^t, q^t)/D_V^t(x^{t+1}, q^{t+1})} \times \frac{D_V^{t+1}(x^{t+1}, q^{t+1})}{D_V^t(x^t, q^t)}$$

$$= \Delta T \times \Delta P \times \Delta S \tag{2-18}$$

式中，ΔT 为技术效率变动，ΔP 为纯技术效率变动，ΔS 为规模效率变动。

Malmquist 生产率指数主要反映的是资源（资本、劳动、能源等）在社会经济活动中利用效率动态变化的大小和趋势，是一种反映跨期效率变化的计算方法。该指数大于 1，说明效率上升；若等于 1，说明效率没有变化；若小于 1，则说明效率下降。

3 国内外研究现状

物流研究首先要解决物流领域的重大基础理论问题，这些理论是物流业发展的基础性问题，对物流业的发展至关重要。本章以农产品物流为研究对象，从现有涉及农产品物流方面的文献挖掘有效信息，梳理农产品物流文献研究的历史脉络，对现有农产品物流的研究视角和研究方向进行总结和展望，为广大研究者的进一步研究提供有效借鉴。

农产品物流一直是国内外学者研究的热点，产生了大量的学术成果。通过对美国 EI 数据库以及万方数据股份有限公司开发建设的万方数据库进行分析，2000～2016 年发表的文献情况如下。

利用 EI 数据库，使用“agricultural products & logistics”、“agricultural products & circulation”、“agricultural products & distribution”和“agricultural products & transportation”4 组检索词，检索选择项选择“Title”，所得到的具体检索结果见表 3-1。

表 3-1 EI 数据库检索结果统计表

检 索 词	检索选项	检索结果
agricultural products & logistics	Title	109 篇
agricultural products & circulation		12 篇
agricultural products & distribution		57 篇
agricultural products & transportation		20 篇

利用万方数据库，使用“农产品物流”、“农产品流通”、“农产品配送”和“农产品运输”4 个检索词，检索项选择“题名或关键词”，其检索结果见表 3-2。

表 3-2 万方数据库检索结果统计表

检 索 词	检索选项	检 索 结 果		
		期刊论文	学位论文	会议论文
农产品物流	题名或关键词	2808 篇	365 篇	93 篇
农产品流通		1770 篇	248 篇	70 篇
农产品配送		343 篇	82 篇	15 篇
农产品运输		119 篇	13 篇	9 篇

由表3-1和表3-2的统计结果可以看出，国内相关研究成果要多于国外，这主要与农产品物流在我国的地位较高以及我国的农产品物流水平较低、发展较慢有关。

3.1 国外农产品物流研究现状

国外对农产品物流的研究较早，最早可以追溯到物流概念的提出。1901年，格罗威尔在美国政府的《工业委员会关于农产品配送的报告》中，首次探讨了农产品物流中的配送成本控制问题，分析了控制农产品配送成本的各个因素。1916年，L. D. H. Weld在《农产品市场营销学》中首次研究了农产品销售过程中的物流渠道问题。

农产品物流是物流业与农业的结合，因此涉及较多的学科知识。关于农产品物流，近年来国外出现了大量的研究成果。分析这些研究成果，主要分为农产品物流供应链、农产品物流成本、农产品物流联盟和农产品物流模式4个方面。

其中，农产品物流供应链研究是学者们探讨最多的方面。Srimancee等（2012）分析了泰国蔬菜供应链的几种方式，发现农业合作社—超市对接是最有效的蔬菜供应链物流方式；Omar Ahumada（2009）从鲜活农产品和非鲜活农产品两个方面总结了农产品供应链的应用模型；Srivastava（2007）研究了农产品的物流活动组织问题，提出应当在绿色供应链的视角下组织农产品物流活动。

农产品物流成本控制方面主要侧重于通过优化物流环节，提升物流效率来降低成本。Stevens（1989）认识到物流成本的重要性，主张站在供应链最优的角度降低农产品物流成本。Anonymous（1998）认为农产品物流效率低是部分新兴市场国家物流效率低下、物流成本较高的主要原因。J. K. GigLer（2002）利用动态规划分析了农产品物流供应链的最小成本问题，并探讨了不同情境的发展策略。

农产品物流联盟主要涉及农产品流通过程中主体之间的关系。Meuwissen（2008）研究了农产品物流供应链联盟构建存在的责任风险问题；Leat等（2008）研究了英国的大麦供应链问题，认为建立供应链联盟、加强供应链整合有利于提升农产品物流效率。

农产品的物流模式研究方面，主要是对国外有代表性的农产品物流模式进行分析和归纳，目前代表性的模式有日本模式、西欧模式和北美模式。

3.2 国内农产品物流研究现状

在几千年的中国历史长河中，我国历代政府一直都将农业放在国民经济的首要位置。农产品流通是国家长治久安的重要保障。20世纪80年代末，随着物流概念在我国的兴起，物流逐渐演变成为一个重要的产业进入到我国市场经济体系当中。

对于农产品物流的研究，始于20世纪90年代，当时主要侧重于探讨农产品物流存在的问题，并分析可能的解决措施。例如，1992年，时任国家商业部顾问的刘海飞首次提到了加快农产品物流业发展的理念，认为基础设施不足和政策缺失是当时农产品物流发展存在的问题，政府可以通过将农产品物流作为独立行业、扩大农产品物流设施对外开放和加强宏观引导3个方面发展我国的农产品物流业；秦代红等（2002）以成都市为例，从市场主体发育程度低、物流信息服务薄弱、物流成本偏高、物流技术落后和投资结构不合理等5个方面分析了农产品物流业的问题，认为基础设施、市场信息服务体系、物流企业组织、物流技术水平和政府的宏观调控是促进农产品物流业发展应当注重加强的5个方面；丁俊发（2002）将农产品物流的问题归纳为6个方面，认为基础设施投入、第三方物流企业发展和农产品物流研究等是解决农产品物流发展问题的重要途径。

随着互联网的兴起，现代物流引入到物流业的发展当中，于是以现代物流理念发展农产品物流的文献开始不断出现。章胜勇等（2003）提出了发展现代物流促进农产品流通的6项措施；梁绍基（2003）以黑龙江省的农产品物流发展为例，提出依托现代物流，提升黑龙江省农产品竞争力的3个做法；夏文汇（2003）根据当时刚刚兴起的电子商务商业模式，提出了利用电子商务平台促进农产品物流向现代物流转变；孙剑等（2003）认为，在现代物流背景下，可以立足供应链的视角构建基于一体化战略的农产品物流系统。

分析当时的研究文献，相关研究成果还比较宏观，基本都是遵循提出问题、分析问题和解决问题的研究思路。随着我国物流业的迅速发展，大力发展农产品物流成为解决“三农”问题的一个重要抓手，许多学者开始逐渐关注农产品物流，大量的研究成果开始涌现出来。分析现有的国内研究文献，学者们的研究视角主要集中在以下4个方面。

3.2.1 基于供应链视角的农产品物流发展研究

物流是供应链管理的重要组成部分，对于保证供应链的绩效具有重要的作用，因此大量有关农产品物流的文献集中探讨供应链视角下的农产品物流发展问题。总结国内现有的研究主要分为农产品物流供应链发展研究、农产品物流供应链模型研究和农产品物流供应链成员合作研究3个方面。

（1）农产品物流供应链发展研究。本视角的文献主要侧重于从宏观视角探讨农产品物流在供应链背景下的发展问题，基本延续存在问题和提出解决措施的研究思路。现有的观点包括：丁华（2004）首次分析了农产品物流的供应链环节，总结了我国农产品物流企业供应链管理水平的制约因素，提出了提高我国农产品物流供应链管理的 6 项举措；喻晓燕等（2004）通过介绍美国的农产品物流发展方式，在分析我国农产品物流存在问题的基础上，提出了我国的农产品物流供应链发展战略；王艳等（2008）解释了农产品物流供应链的内涵，分析了我国农产品物流供应链存在的问题，在借鉴寿光农产品物流发展经验的基础上，提出了加强我国农产品物流供应链管理的 3 项措施；黄桂红等（2011）运用供应链一体化的思想，探讨了农产品物流的供应链一体化整合思路。

（2）农产品物流供应链模型研究。本视角的文献主要是从供应链建模的角度，探讨供应链视角下的农产品物流模型构建问题，并通过实证研究进行检验，以提升模型的可信赖度。王凯（2004）分析了在 WTO 背景下，我国农产品供应链物流模型两种主要体现方式，并以江苏为例进行了实证分析；王宁等（2005）从我国农产品物流的特性、现状和问题入手，提出了基于信息网络的农产品供应链 SCOR 模型，并以上海市淡水产品为例对模型进行了检验，证明了模型的有效性和实用性；黄福华等（2009）以绿色农产品为研究对象，构建了封闭供应链环境下的 4 种共同物流运作模式，并提出了相应的政策建议；李晓宇等（2009）分析了农产品物流供应链风险的生成机制和传导机理，构建了农产品物流供应链风险预警运作模型；韩松（2009）以河南省大宗农产品为例，构建了农产品物流与供应链系统模型；严余松（2010）构建了农产品物流封闭供应链网络优化模型；王静（2012）借鉴西方发达国家农产品物流电子商务供应链的发展经验，构建了我国农产品物流电子商务网络结构与运行机制；王浩徽（2014）构建了供应链背景下的 BSC-SCOR 联合模型，并用该模型对我国农产品的物流绩效进行了分析；马林等（2015）分析了供应链背景下的农产品物流模式，提出了基于第三方物流的农产品物流供应链重构模型；田刚等（2015）从集群供应链的视角，从中观层面提出了一种区域农产品加工业与物流业共生的系统结构模型，分析了其演化路径及规律，并以漯河为例进行了实证分析。

（3）农产品物流供应链成员合作研究。供应链涉及多种主体，不同主体成员中的良好合作是供应链能否持续的关键。本视角的文献主要是探讨农产品物流供应链条上各个主体之间的关系，并寻求其合作的方式。动态联盟和博弈论是本视角研究经常用到的两种思路。贺盛瑜等（2006）以四川省农产品物流为例，利用供应链思想探讨了农产品物流运作的三种模式，认为供应链成员之间的“信誉机制”是供应链良好持续运作的关键；贾平（2007）利用供应链动态联盟的思想，分析描述了农产品物流供应链联盟组织的特点和构成，提出了基于供应链动态联盟的农产品物流组织结构；张倩等（2008）分析了农产品供应链物流的模式，认为供应链成员之间的合作是提升农产品物流效率的首要策略；方威（2011）利用博弈论的分析方法，分析了供应链背景下的农产品物流联盟成员组织模式。

3.2.2 基于物流效率视角的农产品物流发展研究

由于当前我国农业的流通组织模式还远远落后于西方发达国家，因此整个农产品物流的效率还比较低下。国内很多学者都关注到这个问题，出现了不少的研究成果，这里主要从农产品物流效率测度、农产品物流效率影响因素和农产品物流效率提升策略3个方面对现有的国内文献进行综述。

(1) 农产品物流效率测度研究。自从效率和生产率理论出现以后，效率测度成为了理论界的研究热点，目前常用的效率测度方法是数据包络分析（DEA）和随机前沿（SFA）。在农产品物流效率测度方面，近年来也出现了一些成果。李创（2012）运用DEA方法对河南省部分农产品批发市场和第三方物流企业进行了测度，认为第三方物流模式对于提升农产品物流的效率更为有效；徐良培等（2013）利用随机前沿函数法对我国各地的农产品物流效率进行了测算，认为外生性环境因素对我国农产品的物流效率具有提升作用；陈玲（2014）运用改进的DEA-IDEA模型对我国31个省市2011年的农产品物流效率进行了测度，认为东部地区和中西部地区的农产品物流效率差距在进一步扩大。

(2) 农产品物流效率影响因素研究。在测度农产品物流效率的同时，学者们开始关注是哪些因素影响了效率的提升。因为只有找到了主要因素，才能节省成本，进一步提升政策效果。于是，有关农产品物流效率影响因素的文献开始出现，回归分析方法是定量实证研究中用到的最多方法。杨军等（2011）利用距离函数和非参数线性规划方法测算了我国主要省份1984~2009年的农产品物流效率，重点实证研究了城镇化对农产品物流效率的影响，认为前者对后者的提升具有明显的促进作用；杨馥榕（2013）分析了农产品的物流能力对其效率的影响，认为物流能力是促进农产品物流效率的重要因素；王家旭（2013）利用回归分析方法，从技术变化、技术效率、纯技术效率和规模效率4个方面，分析了影响农产品物流效率的因素；崔振洪等（2014）利用多元回归分析方法，从农村家庭农产品物流投资、农产品物流人数、农产品物流基础设施投入和居民消费支出等4个方面分析了影响我国农产品物流效率的因素，认为基础设施投资是最重要的因素；李耀华（2015）构建了基于绿色供应链的冷链物流效率评价指标体系，对农产品物流企业进行了测度。

(3) 农产品物流效率提升策略研究。分析研究农产品物流效率，关键在于提出针对性的提升策略，于是很多学者在现状研究或实证研究的基础上，提出了提升农产品物流效率的策略。陈卫洪（2007）分析了贵州农产品物流的效率问题，并提出了5条对策建议；韩云昊（2014）在分析美国高效农产品物流效率经验的基础上，研究了我国农产品物流体系存在的问题，提出了4条政策建议；仲昇（2015）在全要素框架下，探讨了我国农产品物流的技术效率问题，并提出了提升农产品物流技术效率的相应策略措施。

3.2.3　基于物流技术视角的农产品物流发展研究

物流产业的本质属性是技术属性，技术驱动是现代物流业发展的基本特征。由于农产品本身的季节性和分散性种植等特点，再加上大多数农产品是食品，是重点监控的商品，因此农产品物流的技术应用有着广泛的市场需求和前景。2004年，中国农业大学的李全宏在北京商品学会的一次会议上首次提到了技术与农产品物流和加工业的结合趋势。随后，丁麟（2005）通过对农产品物流业务逻辑、功能模块和电子商务的结构模型分析，探讨了现代信息技术在农产品物流中的应用；韩松（2008）分析了我国农产品物流技术面临的主要问题，提出了促进农产品物流技术发展的4项政策措施。

随着近年来我国信息技术的飞速发展，大量的学者开始关注农产品物流，探讨现代技术与农产品物流的结合。目前的研究主要分为农产品物流配送技术研究、农产品物流信息平台建设研究和农产品物流物联网技术研究3个方面。

（1）农产品物流配送技术研究。物流的概念最初来自于对农产品物流配送的探讨，由于农产品季节性强、保质期短和安全要求高等特点，应用技术推进农产品的配送效率是学者们最先关注的问题。屈晓辉等（2008）介绍了基于GIS的蔬菜水果农产品配送过程可追溯技术，并就其技术关键进行了分析；张旭东（2009）介绍了QRcode条码技术，并探讨了其在农产品可追溯物流配送过程中的具体应用；周向明等（2009）介绍了国内外物流配送过程中常用的8种信息技术，并综述了各种技术在农产品物流配送过程中的应用情况；付雄新等（2010）提出了一种基于无线传感器网络和无线数据传输技术的农产品物流运输配送智能监测和跟踪系统，并对其具体使用时的技术特点进行了分析；钟聪儿等（2011）利用免疫算法和GIS技术分析了农产品物流的配送中心选址问题，并运用VB编写了相应程序，提高了选址效率；邱荣祖等（2011）利用GIS技术和禁忌搜索集成技术，构建了农产品物流配送网络路径优化系统，并以福州市晋安区为例，对系统的农产品物流配送进行了应用研究；刘成华等（2012）针对农产品物流配送中存在的问题，提出了基于RFID技术的农产品物流配送模式，并对该模式的有效性进行了探讨；董君成（2014）对冷链物流信息追踪系统的需求进行了分析，构建了基于ZigBee技术的农产品冷链物流配送的可追溯系统，并对系统的功能和实现方式进行了探讨。

（2）农产品物流信息平台研究。由于我国农业目前大多采用分散性农户经营方式，农户和消费者之间存在着很大的信息不对称问题，农户售卖难和市场价格高的情况经常同时出现。学者们发现这个问题最大的原因是信息沟通不畅，因此围绕农产品物流信息平台的文献不断出现。龚宇平等（2009）在分析我国物流现状和信息化发展趋势的基础上，构建了基于 WEBGIS 的农产品物流云平台，探讨了该平台的主要研发内容及服务重点；李莉（2010）以新疆为例，分析了农产品外销云平台建设的必要性，提出了构建新疆农产品外销物流平台配套技术方案的研究内容；郑会龙等（2012）以广东省清远市为例，分析了云平台技术在高端农产品物流系统构建中的应用，并就其中的关键技术问题和内容模块进行了探讨；王晓思等（2013）将云计算技术与 RFID 技术相结合，以安徽舒城为例构建了农产品物流信息管理系统；孙宏岭（2013）提出了冷链云物流的理念，认为云计算运用到农产品物流中，能够提升物流效率，促进供应链优化升级。

（3）农产品物流物联网技术研究。物联网技术是在互联网技术的基础上，实现物物相连的一种技术。物联网的出现对于提升物流效率、促进商品流通具有重要的意义。因此，近年来有关物流网技术在农产品物流中的应用也逐渐多了起来。王绍卜（2012）以冷链物流为例，分析了物联网技术在物流监控系统中的系统设计，指明了其技术特点和要求；冯茹梅（2013）分析了物流网技术对农产品物流成本的优化情况，认为该技术能够大幅度地降低农产品物流成本；李海燕（2014）对冷链物流园区的信息平台需求进行了分析，探讨了物联网技术在农产品物流园区信息平台构建中的应用；朱先月（2015）分析了物联网技术在吉林省农产品冷链物流中的应用。

3.2.4 基于绿色物流视角的农产品物流发展研究

随着生活水平的提高，人们对环保问题越来越重视，围绕农产品物流绿色化的研究开始逐渐多了起来。现有的研究主要分为绿色农产品物流发展策略研究、绿色农产品供应链物流研究和绿色农产品物流金融研究 3 个方面。

（1）绿色农产品物流发展策略研究。农产品物流向绿色化方向发展是理论界的共识，于是很多学者集中研究其发展策略问题，产生了大量的研究成果。吴珂（2005）从江西特色农产品的生产和销售现状出发，首次探讨了促进农产品物流流通的“绿色通道”建设策略；郭海霞等（2006）从黑龙江省农产品绿色物流存在的障碍出发，提出了发展黑龙江农产品绿色物流的对策；叶伟媛（2008）分析了浙西南山区发展绿色农产品物流存在的问题及相应的发展策略；李春香（2009）从农产品绿色物流推广对建设新农村的意义入手，分析了农产品绿色物流推广存在的障碍，提出了推广绿色农产品物流的条件和策略；秦蓁（2009）分析了我国农产品绿色物流的现状，并指出了其发展对策；许红莲（2011）归纳了国外农产品绿色物流的相关理论，分析了其在发展过程中的经验，并总结了其对我国绿色农产品物流发展的启示；孙曦阐述了农产品绿色物流体系的内涵和重要性，分析了农产品物流活动对环境的负面影响因素，构建了农产品绿色物流体系，并指出了其实现路径。

(2) 绿色农产品供应链物流研究。由于农产品物流环节众多，在整个流通过程中会经过不同的流通主体，因而要实现农产品物流绿色化，立足于供应链的视角进行控制成了关键，于是有关绿色农产品供应链的物流研究开始出现。吴锋(2009)首次诠释了农产品绿色供应链的概念，探讨了基于绿色供应链的农产品物流发展策略；廖明山等(2012)分析了绿色农产品对供应链与物流的要求，指出了我国发展农产品绿色供应链物流存在的问题；孙小会(2013)分析了农产品绿色供应链的基本框架，提出了我国农产品物流在绿色供应链下的发展建议；刘玉等(2013)阐述了集成供应链的运作管理模式，提出了加强绿色农产品物流集成供应链管理创新的策略。

(3) 绿色农产品物流金融研究。发展绿色物流需要资金的投入，但是由于我国农业发展落后，基础设施薄弱，农产品的附加值较低，因此很难得到充分的资金支持。于是，近年来出现了有关农产品绿色物流金融问题的研究。在本领域研究较为深入的是湖南商学院的许红莲老师。近年来，许红莲发表了一系列的研究成果：2008 年她阐述了发展农产品物流金融的时代必然性，分析了农产品绿色物流金融的严重缺失问题，并分析了产生这些问题的原因；同年她还分析归纳了农产品绿色物流金融的内涵和价值取向，分析了其绩效和风险；2009 年她从我国现代农产品绿色金融运作模式现状的分析出发，构建设计了其基本运作模式；2010 年她引入博弈论的分析思路，分析了农产品绿色物流金融在运营过程中存在的各种状态，并对其帕累托最优状态进行了分析；2012 年她以长株潭试验区为例，分析了其在农产品绿色物流金融发展方面的优势，构建了该地区物流银行的模式，并指出了发展举措。此外，邓昂(2013)阐述了我国农产品绿色物流金融存在的风险，并提出了相应的控制策略。

3.3　国内外农产品物流研究述评

从以上国内外有关农产品物流的研究文献可以看出，近年来国内外学者们从农产品物流的许多角度开展了系统深入的研究，产生了大量的学术成果。这些成果既有理论、方法和模型的构建，也有结合具体地区或产业的思考，呈现出了多元化的研究态势，为指导我国农村的经济发展做出了很大的贡献，笔者认为，农产品的研究还可以从以下几个方面进一步展开：

(1) 结合物流节点建设进行研究。物流网络由点和线组成，点与线的有效对接是保证物品顺畅对接的前提条件。从当前的研究来看，研究农产品节点建设的文献还比较少见。

物流园区是物流业实现产业集聚、集约发展的重要手段，是园区经济在物流业发展中的重要体现。国家已经将物流园区建设作为物流业发展的重大工程，各地政府出台了许多促进物流园区建设政策。在农产品物流的流通过程中，集约化水平低、管理落后的农产品批发市场已经不能适应现代物流的要求。因此，需要将农产品批发市场进行升级，构建农产品物流园区。虽然目前很多地区对此进行了有益的尝试，并取得了初步的进展，但是相关理论研究还存在一定的滞后。

（2）结合城乡协同发展进行研究。农产品物流涉及城市和农村的衔接问题，良好的城乡协同发展是保障农产品物流顺畅流通的关键所在。从当前的研究来看，从城乡协同视角研究农产品物流的文献还相对比较少见。

所谓城乡协同，就是指在城乡和谐发展的基础上，探讨影响其共同发展的各个要素，最终建立起一个共同促进、协同发展的模式。我国物流业的发展，最初诞生于城市。随着近几年城乡依赖性逐渐增强，城乡物流逐渐开始成为一个新兴的领域。特别是随着我国农村土地流转制度的顺利推进以及国家对于农村的大规模支持，农村经济必将迎来新一轮的大发展时期，而伴随其产生的物流也将迅速增长。所以，有必要借助城乡协同理论研究农产品物流的发展。

（3）结合“互联网+”进行研究。互联网是21世纪促进社会经济发展的重要动力，“互联网+”是当前我国经济发展的新业态。互联网与农产品物流的结合，会给农村经济发展带来新的生命力，为“三农”问题的解决提供更为广阔的平台。从当前的研究来看，从“互联网+”视角研究农产品物流的文献还相对比较少见。

“互联网+”思想在农产品物流中的应用主要体现在两个方面。

（1）“互联网+农业”，即现代农业。农业信息的互联网化将有助于需求市场的对接，互联网时代的新农民不仅可以利用互联网获取先进的技术信息，也可以通过大数据掌握最新的农产品价格走势，从而决定农业生产重点。与此同时，农业电商将推动农业现代化进程，通过互联网交易平台减少农产品买卖中间环节，增加农民收益。面对万亿元以上的农资市场以及近七亿的农村用户人口，农业电商有着巨大的市场空间。

（2）“互联网+物流”，即高效物流。伴随着互联网、物流信息平台、大数据、云计算、智能仓储等在物流业中的推广使用，物流业的信息使用效率将进一步提升，物流成本将进一步下降。“互联网+农产品物流”是现代农业和高效物流的结合，必将为农村经济发展注入新的活力。

4 广西与东盟国家间农产品贸易现状分析

4.1 中国与东盟农产品贸易情况

2002年我国与东盟签署《中国与东盟全面经济合作框架》，深化双方之间的经济贸易方面的合作，减免600余种产品关税。2010年中国-东盟自由贸易区（CAFTA）建立。自由贸易区的建成进一步促进了我国与东盟之间的农产品发展。

2000年后我国与东盟之间的农产品贸易发展迅速。2000年，我国与东盟之间的贸易总额为25.99亿美元，其中，我国从东盟进口的农产品为12.56亿美元，出口到东盟的农产品为13.43亿美元。据新华网报道，截止到2011年，我国与东盟之间的农产品贸易总额增至250亿美元，其中，进口农产品额为150亿美元，出口约为100亿美元，分别占据我国农产品进出口贸易总额的15.1%和16.3%，年均增长22.8%。东盟成为继欧盟后的第二大贸易伙伴。

4.1.1 中国与东盟农产品贸易结构

东盟国家中大部分都以农业作为国家支柱产业，集约化程度总体不高，在与我国的农产品贸易中侧重发展本国具有优势的农产品种类。同时由于各国之间的禀赋资源的差异，因此各国农产品需求和供给存在不同。

4.1.1.1 中国与东盟农产品贸易种类

中国与东盟之间的农产品贸易历史悠久。在2002年双方加大了贸易合作，双方之间的农产品贸易种类逐渐增多，除传统农产品保持较高交易量之外，其他种类的农产品份额也有不同程度的增加。2004年我国对东盟出口的鸡肉和花卉分别仅为0.05亿美元和0.04亿美元，到2009年却分别增长至0.4亿美元和0.32亿美元，虽然占总贸易额的比例较小，但年均51%的增长率说明具备贸易潜力。如表4-1所示，目前我国对东盟的出口的农产品主要集中在蔬菜、水果等，约占进口总贸易额的45.48%，我国进口的农产品主要是植物油，约占进口贸易额的53.05%。

表4-1 2009年中国与东盟农产品贸易分类进出口值

东盟从我国进口农产品			东盟出口到我国农产品		
产品类别	金额/亿美元	进口数量/t	产品类别	金额/亿美元	出口数量/t
农产品	53.5	6515686	农产品	87.6	19164381
蔬　菜	13.5	1953122	植物油	46.5	7078297
水　果	10.8	1926408	水　果	9.2	1931712
水产品	7.71	356620	薯　类	8.87	6107207
粮食制品	2.23	401972	水产品	3.8	382656
畜产品	1.83	103663	粮食制品	2.7	845405
糖料及糖	1.83	240894	谷物	2.3	457431

数据来源：中华人民共和国商务部重要农产品出口月度报告（2006—2009）。

4.1.1.2 中国与东盟农产品贸易主要国家

东盟国家具有相对丰富的农业用地资源。从农产品的贸易流动方向来看，我国与东盟国家中的马来西亚、印度尼西亚和泰国贸易额最高，同时他们也是我国主要的农产品进口国家。2010年，马来西亚、印度尼西亚、泰国和越南四国占我国对东盟农产品出口的76.18%，马来西亚、印度尼西亚和泰国占我国进口东盟农产品总额的81.58%。

4.1.2 中国与东盟农产品贸易竞争与互补

从东盟与我国农产品贸易的结构可以获悉，双方之间的农产品贸易存在产业内贸易的形式。随着农产品贸易的不断扩大，双方之间的农产品品种逐渐增多，但是就目前的贸易结构来看还是以具有比较优势项目的农产品贸易为主，这是双方基于自身优势的一种竞争垄断和互补。

4.1.2.1 中国与东盟农产品贸易的竞争性

（1）农产品贸易种类存在竞争。我国与东盟农产品贸易的竞争主要是表现水果的相关贸易上。东盟出口到我国的水果主要是荔枝、龙眼、杧果和香蕉等，这些农产品在我国广西等地区同样在生产，因此造成东盟与我国局部地区在水果贸易方面的相似度较高。但广西的生产周期和收获时间都要长于泰国，处于劣势。2008年我国农产品主要贸易市场前10个地区，有8个地区与泰国在农产品贸易市场方面相似度高达61.81%，农产品相似度高达63.34%。

（2）农产品贸易竞争力。我国广西2009年农产品贸易竞争力指数为0.7，而泰国为1.01，马来西亚为0.7，越南为0.9，在国际竞争中处于劣势。这势必会对我国热带、亚热带水果的生产和出口销售造成影响。除去特定的水果外，我国与东盟在某些农产品贸易的竞争力上相对较弱。以广西为例，其水产品和糖类的贸易竞争力指数为0.23和0.9，泰国为1.98和0.98，仅具备一定的竞争力。

4.1.2.2 中国与东盟农产品贸易的互补性

我国与东盟农产品贸易的互补性主要是因为资源禀赋的差异形成的。东盟与我国在水果方面的贸易竞争，仅为局部方面的竞争。双方之间的互补性是贸易快速发展的基础。我国农业生产区大部分都温带地区，雨量较为充沛，气候温和，非常适合生产温带水果和蔬菜，但是由于处于热带的地区较少，热带作物匮乏。东盟国家大部分都是地处于热带和亚热带，热带水果产量丰富，但是在旱季和雨季产量变化较大，很多蔬菜种植成本较高。这就是我国农产品与东盟存在互补的主要原因。正是我国地跨温带和亚热带等气候条件，我国在农产品贸易多样性上存在优势，东盟各国也会大量从我国进口农产品，从这个角度上讲，双方存在较大的贸易互补性。

4.1.3 中国与东盟农产品贸易发展

中国-东盟自由贸易区是双方在全球经济化和区域一体化的趋势为背景下的经济性合作组织，覆盖11个国家和19亿人口，是发展中国家之间最大的商品贸易交易区。2001开始初步的合作尝试，2010年1月1日正式成立。我国与东盟之间近年来农产品贸易的快速发展得益于自由贸易区的建立与发展，其中最重要的是双方农产品关税和投资等问题的磋商与合作。

4.1.3.1 中国与东盟农产品贸易降税

我国与东盟之间的关税降低分三个阶段进行。第一阶段（2003-10-1至2006-1-1）内，我国和东盟的6个老成员国参与“早期收获计划”，600余种农产品在2004年、2005年和2006年关税水平分别降至10%、5%和0。其中在2004年我国单方面对东盟中发达的国家实行关税优惠政策，缅甸的110种、老挝202种、柬埔寨292种农产品主要是畜牧产品和水产品。第二阶段（2006-1-1至2010-1-1）中，参与“早期收获计划”的东盟国家农产品均实现农产品零关税。第三阶段（2010-1-1至2020-1-1）对于所有不影响国家农业发展的产品关税均降至0，敏感产品降至5%～50%。

4.1.3.2 中国与东盟农业投资

中国-东盟自由贸易区的推进为农业贸易的蓬勃发展打下了坚实的基础。在此基础上，扩大双方在农业投资方面的合作有利于双方加深互信，有助于提升双方在农产品贸易方面的深度与广度。东盟国家在热带水果和大米等农业生产资源上具备优势，但是在农产品种植培养和加工工艺上却存在欠缺，而我国在此方面有着较为丰富的经验和技术积累，帮助东盟国家提高农产品出口品质，使我国可以进口更为优质的产品。2003～2008年，我国对泰国农产品项目的投资为23个，投资金额约为14.24亿泰铢，约为投资额的47.64%；2007年与菲律宾签署17个农业投资协定，约为1967亿比索，共有120万公顷的生产用地得到投资与开发。但同时我国对东盟农业的投资较少，2008年总投资为24.84亿美元，农业领域仅为3.7%，农业投资对农产品贸易的提升还不明显，这也充分说明中国与东盟之间的农业合作潜力巨大。

4.1.3.3 中国与东盟农产品贸易壁垒

我国与东盟农产品贸易壁垒成为双方贸易的隐忧，在我国农产品大量进入东盟消费市场时与贸易壁垒之间的冲突逐渐凸显。根据2010年我国商务部发布的《国别贸易投资环境报告》，印度尼西亚2010年向WTO通报并强制实施可可粉国家标准，要求进口可可粉必须满足SNI的规定，同时印度尼西亚政府禁止进口特定的虾类和大米，进口的所有食品必须要向食品药物监督局申请注册，食品加工的原料和加工工艺要有非常详细的说明，而且食品在检验过程中以行政区域为有害生物划分基础，以非关税手段阻碍农产品之间的政策贸易。贸易壁垒的存在，必然会造成某一类农产品进出口贸易的阻塞，这不仅加重了企业在出口生产、通关检测等方面的负担，而且可能还会造成农产品生产企业商业泄密等一系列可以避免的贸易摩擦。

4.1.4 中国与东盟农产品贸易经济学分析

中国与东盟农产品贸易经济可以从静态效率和动态效应两个方面进行分析，如图4-1所示。

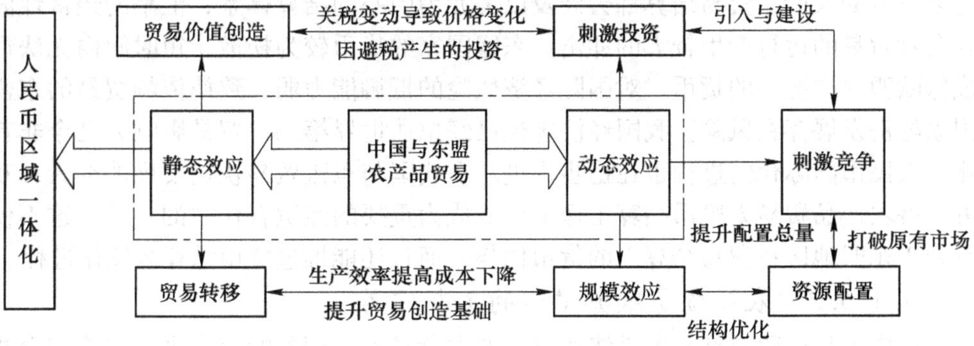

图4-1 中国与东盟农产品贸易经济分析

4.1.4.1 静态效应

静态效应中包含两种基本的贸易影响，即贸易价值创造和贸易转移。贸易价值创造主要是指一个国家或者地区因为土地资源、人力资源等问题导致的农产品生产成本过高，致使农业生产变为具有价格优势的国家或者地区生产再进行出口贸易，从而创造新的贸易增长点。但是这必须建立在低关税或者是零关税基础上，因为高关税必定会致使农产品售价接近或者高于原有价格，贸易价值创造效应将不复存在。贸易转移与贸易价值创造相似，唯一的区别是贸易转移主要针对非自由贸易区的第三方国家或者地区，因关税等问题导致的农产品生产转移。中国和东盟之间农产品出口结构存在相似性，进口产品均为具有高附加产值的技术密集型产品，因此双方在此类农产品的贸易上均无法全部满足对第三方的交易，贸易转移的影响还微乎其微。但在未来，贸易转移的影响可能会越来越大。

4.1.4.2　动态效应

动态效应主要作用于整体国民经济的发展、资源配置和农民收入的再分配等。其基础是中国与东盟之间的农产品结构性互补，具有明显的经济效应。贸易价值创造效应必定会刺激一国对另外的国家或者地区产生投资，以适应产业转移，其在转移过程中必然会与当地的相关产业产生竞争，竞争的状态从产业转移开始直至转移完成始终存在。这必定会打破原有的市场模式，加速本地区的生产和销售的资源配置情况，最终提升本地区的农业生产水平。无论哪种效应产生，都会提升双方农产品的贸易总额，加大规模效应的对经济增长的影响，形成良性的发展循环。

4.1.5　中国与东盟农产品贸易未来发展趋势

4.1.5.1　以农产品贸易为基础的货币结算区域化

我国与东盟的农业发展对贸易都有较高的依赖程度，无论是双方之间的还是与第三方的农产品贸易结算都会涉及以美元为中心的结算体系，汇率的经常性波动会对贸易的运行产生较大的冲击。东盟国家的货币较为松散，短时间内无法形成像欧盟一样统一的货币，对国际经济风险的抵御能力弱，致使依赖贸易的东盟国家经济发展存在风险。我国经济规模已经位居世界第二，贸易影响力已今非昔比，人民币国际化的进程也在稳步推进。在我国与东盟贸易快速发展的今天，双方开展农产品贸易人民币结算工作很可能成为重要的经贸合作中的一环。这不仅有利于东盟地区在贸易结算上的货币优势，而且还能推进货币结算区域化进程。

4.1.5.2　农业贸易服务措施的不断完善

在中国与东盟农产品贸易快速发展的大背景下，相关的贸易服务措施配套相对滞后。笔者所说的贸易服务主要是指农产品通关流程、检测检疫标准、农产品生产标准化和贸易纠纷解决机制等。这些问题都是贸易快速发展过程中急需解决的问题，也是关税后最为重要的问题。只有在这些问题解决后，我国与东盟之间的农产品贸易生产方面的合作才能稳步推进，才能切实有效地推进双方优势互补。这是共同提高产品竞争力的重要手段。因此，笔者预计农业贸易服务措施将是我国与东盟在下一阶段的谈判与合作的重点，是双方农产品生产企业走出国门实现全球化经营的重要一环。

我国与东盟之间的农产品贸易从最初的小规模贸易发展至今，已经取得瞩目的成绩。但未来仍然充满挑战和变数，双方只有求同存异、通力合作才能克服艰难险阻，在激流中奋勇向前，为双方的经济发展注入动力。

4.2 广西与东盟农产品贸易情况

广西壮族自治区是一个农业大省，拥有丰富的耕地、林地和其他农业自然资源。全省5002万人口中有4117万为农业人口，超过总人口数的80%。长期以来，在广西经济发展中农业生产和农产品贸易具有重要意义。广西独特的“沿边、沿海”的区位优势决定了广西在与东盟农产品贸易中的重要地位。广西与东盟农产品贸易是双方货物贸易的重要组成部分。2004～2007年，广西与东盟农产品贸易额分别为2.82亿美元、3.07亿美元、3.83亿美元和4.3亿美元，年均增长率为15.1%。2008年广西与东盟农产品贸易获得了快速发展，1～4月份贸易额为2.6亿美元，比2007年同期增长91.7%以上。一方面，广西与东盟主要农产品出口国在地理位置、自然条件、生产传统、技术水平、基础设施、市场半径等方面都有相似之处，农产品生产表现出较为相似的比较优势，其出口的贸易结构可能反映出较大的相似性，从而导致贸易上出现竞争性。但另一方面，广西亚热带农产品与东南亚热带海洋性农产品之间，以及中国的消费导向、园艺等劳动密集型产品和东盟的某些资源型及原料型中间产品之间，都存在着较强的互补性。

4.2.1 广西与东盟农产品贸易发展态势

CAFTA“早期收获”计划和《中泰蔬菜水果零关税协议》的实施，使广西与东盟农产品贸易额出现逐年的递增态势，同时也给广西农业的发展带来了新挑战，其中越南和泰国农业的发展影响最大，总体来说（见表4-2和图4-2），随着广西工业化建设进程提速，广西农业在广西GDP和对外贸易中的比重逐年减小，其中在对外贸易比重减小尤为明显，广西对东盟农产品进出口贸易占广西对东盟进出口比重、出口比重、进口比重分别有由2002年的39%、57%、31%降为2006年的21%、16%、25%，出口的变动比例达到41%。这说明广西对东盟出口原来农产品贸易为主变为机电产品为主，从侧面印证了广西工业化建设的成果。广西对东盟进出口额、出口额、进口额分别由2002年的4.45亿美元、1.06亿美元、1.39亿美元上升到2006年的4.83亿美元、1.33亿美元、4.50亿美元。不难发现，广西与东盟的农产品贸易额仍然出现逐年递增的态势。

表 4-2　2002 ~ 2008 年广西与东盟农产品进出口增长情况比较

年份	广西对东盟农产品的出口总额/亿美元	广西对东盟的出口总额/亿美元	出口比重	广西对东盟的进口总额/亿美元	广西对东盟农产品进口总额/亿美元	进口比重	广西对东盟的进出口总额/亿美元	广西对东盟农产品进出口总额/亿美元	进出口比重
2002	1.06	1.85	0.57	4.42	1.39	0.31	6.27	4.45	0.39
2003	1.23	4.74	0.45	5.52	1.19	0.22	8.26	4.42	0.29
2004	1.32	4.65	0.36	6.36	1.5	0.24	10.01	4.82	0.28
2005	1.47	4.93	0.37	8.31	1.6	0.19	14.24	4.07	0.25
2006	1.33	8.42	0.16	9.85	4.5	0.25	18.27	4.83	0.21
2007	1.76	17.3		11.3	4.54		29.1	4.3	
2008	1.85	27.2		14.7	4.95		49.9	4.8	

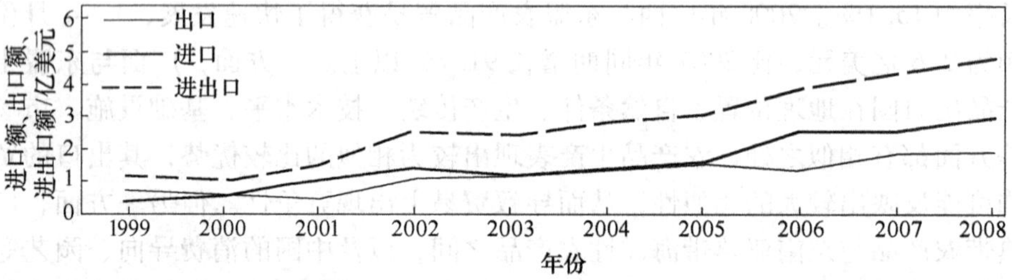

图 4-2　1999 ~ 2008 年广西对东盟农产品进出口增长情况

广西与东盟农产品贸易迅速增长的原因为:

(1) 二者开展农产品贸易具备地缘交通优势。广西具有“面向东南亚、背靠大西南，沟通东西中”的沿海、沿江、沿边的区位优势，是建设中国-东盟自由贸易区的交汇点，是连接中国与东盟两大市场的枢纽。广西与东盟国家既有陆地相连又有海上通道：陆路有 20 个边境口岸与东盟联通，其中东兴、凭祥、友谊关、水口、龙邦 5 个口岸为国家一类口岸，另外还有边民互市贸易点 25 个。广西地方政府正在加紧构建连接中国与东盟的现代化立体交通网络：铁路方面，湘桂铁路与越南铁路连接，火车可直达河内市，广西铁路网将成为连通中国与东盟泛亚铁路的重要通道；公路方面，广西境内已经开通中国通往东盟的第一条高速公路——南宁至友谊关高速公路，缩短了南宁和河内的时间距离；航空方面，广西已建成 6 个民航机场，开通国内外航线 120 余条，最近新开至河内、胡志明市、吉隆坡、新加坡市、曼谷等东盟国家城市航线；港口航运方面，广西濒临北部湾，拥有 1595km 海岸线，通过北部湾与 6 个东盟国家相连，广西沿海港口被列为中国 25 个主枢纽港之一，正在打造面向东盟的现代化组合港口群。由于地缘上相近，广西与东盟在人文方面也有很多共通之处：壮语与泰语在语言上有近七成以上可以互通；桂越边境边民的语言和风俗习惯相似，非常有利于沟通。这种由地缘因素派生的优势对于双方交流的正面影响具有无法替代性。

（2）中国与东盟自由贸易区建立，区域和次区域合作不断深化的背景下，广西与东盟经贸合作制度安排和降税模式形成交流优势。2004 年 11 月，中国与东盟 10 国共同签署《中国-东盟全面经济合作框架协议货物贸易协议》。协议将除已有降税安排的早期收获产品外的其余产品分为正常产品和敏感产品两大类（见表 4-3）。正常产品又分为一轨正常产品和二轨正常产品两类。两类产品最终税率均为 0，二轨产品在取消关税的时间上享有一定的灵活性：一轨产品（税率大于 5%）税率在 2009 年降为 5%，在 2010 年取消关税，税率降为 0；二轨产品（税率不大于 5%）税率在 2009 年前保持不变，2009 年取消关税，税率为 0。敏感产品又细分为一般敏感产品和高度敏感产品两类。两者的共同点是最终税率均为零，区别是前者要在一段时间内把关税降到相对较低的水平，而高度敏感产品最终可保留相对较高的关税。根据协议规定，中国与文莱等东盟 6 国在一般敏感产品税率上，2005 年降至 5% ~10%，2007 年降至 5% ~8%，2010 年降至 0；高度敏感产品 2005 年降至 15% ~20%，2007 年降至 8% ~12%，2010 年降至 0。

表 4-3 中国-东盟自贸区的产品分类

最终税率	降税期限长短		
	短期	中期	长期
为零	早期收获产品	一轨正常产品	二轨正常产品
为零	—	一般敏感产品	高度敏感产品

资料来源：南博网。

从表 4-4 可以看出，在中国与东盟农产品关税降低过程中，存在两个关键年度：其一为 2005 年，敏感产品开始大幅度降税；其二为 2009 年，正常关税降税幅度最大的一年，整体降税幅度约为 5%。

表 4-4 中国和东盟六国正常降税模式 （%）

税率 X	2005 年	2007 年	2009 年	2010 年
$X\geqslant 20$	20	12	5	0
$15\leqslant X<20$	15	8	5	0
$10\leqslant X<15$	10	8	5	0
$5<X<10$	5	5	0	0
$X\leqslant 5$	不变		0	0

资料来源：南博网。

表4-5所列为中国（广西）与马来西亚、菲律宾、泰国、印度尼西亚4国关税减让制度安排。泰国此前对农产品征收的关税最高为26.3%，这反映了泰国作为世界农产品出口大国对农产品的保护程度很高。2004年中国（广西）、马来西亚、菲律宾、泰国、印度尼西亚正常农产品平均税率分别为15.2%、4.6%、8.3%、26.3%、11.2%，处在一个较高的水平上，2010年农产品关税统一降为0，广西与东盟农产品贸易将会有更好的空间，必定会促进广西与东盟农产品贸易迅速增长。

表4-5　中国（广西）、马来西亚、菲律宾、泰国、印度尼西亚正常农产品平均税率的降税情况　（%）

年　份	2004	2005	2007	2009	2010
中国（广西）	15.2	14.4	8	4.2	0
马来西亚	4.6	4.2	4.8	1.1	0
菲律宾	8.3	5.9	5	1.1	0
泰　国	26.3	14.1	9	4.5	0
印度尼西亚	11.2	4.5	4.4	0.2	0

资料来源：南博网。

4.2.2　广西农产品贸易的贸易方式和贸易主体

广西农产品贸易的方式以一般贸易为主，加工贸易发展迅速；美国和东盟继续保持前两大贸易伙伴地位。2010年1月份，广西一般贸易进出口农产品1.7亿美元，增长37.9%，边境小额贸易进出口6560.1万美元，下降4.9%；加工贸易进出口664.3万美元，增长95.8倍。农产品进口来源地主要也是美国和东盟，分别进口1.2亿美元和4314.3万美元，合计占同期广西农产品进口总值的99.2%。出口主要市场是东盟和美国，分别出口4934.4万美元和1276.3万美元。外商投资企业与民营企业分别领军进口和出口；主要农产品贸易额实现快速增长。到2010年，广西外商投资企业进出口农产品1.4亿美元，其中进口1.3亿美元，增长34.8%，占同期广西农产品进口总额的81.3%；民营企业进出口8689.3万美元，其中出口5584.6万美元，下降10.4%，占同期广西农产品出口总值的68.2%。

广西与越南、老挝、缅甸等国的进出口以边境贸易为主，与新加坡、马来西亚、菲律宾、泰国、印度尼西亚以一般贸易为主。随着钦州港保税区和物流园区的建设，广西-东盟农产品加工贸易的所占比重将逐步上升。广西对东盟各国主要的贸易方式如图4-3所示。

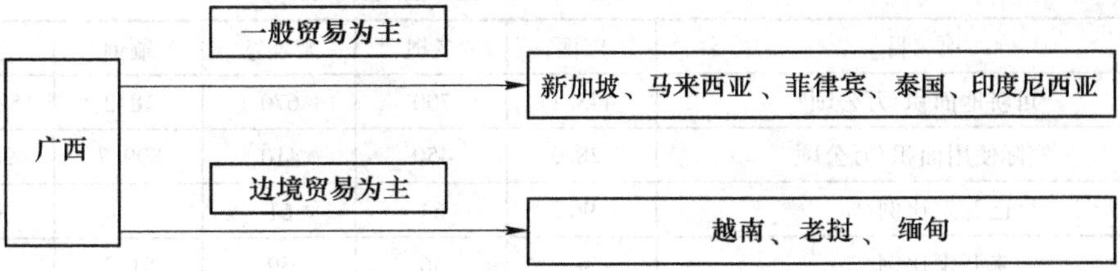

图 4-3 广西对东盟各国主要贸易方式示意图

4.2.3 广西与东盟农产品贸易的特征

1994～2008 年期间，广西与东盟的农产品贸易总量经历了一个两头高中间低的“U”形走势（见表 4-6）。1994、1995 年贸易总额比较高，分别达到 3.3 亿美元、3.77 亿美元，但到了 1998 年降至 1.01 亿美元，直到 2002 年才恢复到 2.4 亿美元以上。2004～2008 年，广西与东盟农产品贸易额年均增长均超过 15%，分别为 4.82 亿美元、4.07 亿美元、4.83 亿美元、4.3 亿美元和 4.8 亿美元。广西与东盟农产品贸易出现波谷在 1998 年，主要原因是 1996 年我国发生严重通货膨胀造成我国外贸进出口市场极度疲软，引发广西对东盟农产品进出口贸易迅速下降。1998 年后广西与东盟的农产品贸易才缓慢回升，这除了因为我国经济发展形势的好转之外，还因为东盟自由贸易区在 1996 年接纳了越南作为它的新成员（广西与越南贸易量约占广西与东盟贸易量的 80%，因此极大提高了广西与东盟的贸易量）。2004 年以来，广西与东盟农产品进出口贸易增长很快，主要因为这段时期，中国与东盟间有很多有利于农产品贸易的制度安排和区域合作协议，这为广西与东盟农产品贸易跳跃性发展提供了制度基础。

表 4-6 1994～2008 年广西与东盟农产品贸易进出口情况 （亿美元）

年份	1994	1995	1996	1997	1998	1999	2000	2001	2002	2003	2004	2005	2006	2007	2008
出口	0.31	0.81	0.88	0.73	0.58	0.7	0.45	0.43	1.06	1.23	1.32	1.47	1.53	1.76	1.85
进口	4.99	4.96	0.6	0.45	0.43	0.43	0.53	1.01	1.39	1.19	1.5	1.6	4.22	4.54	4.95
进出口	4.3	4.77	1.48	1.18	1.01	1.13	1.01	1.44	4.45	4.42	4.82	4.07	4.83	4.3	4.8

资料来源：广西商务厅（2009），部分数据由作者计算得出。

4.2.4 广西与东盟的农产品贸易逆差

广西与东盟农产品贸易逆差的原因有：（1）由于纬度和地形的关系，东盟的农业生产的水热条件明显较好，农业生产要素相对丰富，广西与东盟国家相比具有先天的弱质性，见表 4-7。

表 4-7　广西与东盟农业生产要素比较

项　目	广西	老挝	柬埔寨	缅甸	东盟
可耕地面积/万公顷	443.1	700	670	1842	15285.5
实际使用面积/万公顷	428.3	450	410	899.7	9869
已开发比例/%	96	64	61	48.8	64
未开发比例/%	4	36	39	51.2	36

数据来源：张建中的《广西与东盟农业弱质性对比分析》。

（2）广西农业经济效益明显低于东盟农业经济效益。广西在与东盟农业生产和农产品贸易合作中把广西和东盟的两地资源、把中国和东盟的两个市场有机结合在一起，拓展两地优势农业和特色农业，发展高效农业和创汇农业，推动双方农业生产技术和农产品贸易的交流，实现农业整体经济效益提高，增加农民收入，达到富民兴桂的目标。但从 2006 年广西和东盟主要水果的生产状况来看（见表 4-8），广西具有收获季节短、生产效率较低而单位价格偏高的特征，广西农业经济效益明显低于东盟农业经济效益。

表 4-8　2006 年广西与泰国、越南主要水果生产状况

国家和地区	品种	年产量/万吨	收获月份	生产效率/kg · ha^{-1}	价格/元 · kg^{-1}	减税后价格/元 · kg^{-1}
广　西	龙　眼	15.70	8	4500	4.00	—
	荔　枝	14.55	5 ~ 7	—	4.00	—
	香　蕉	107.34	10 ~ 12	21180.00	0.80	—
	杧　果	14.39	6 ~ 8	4800.00	1.60	—
	菠　萝	7.07	7 ~ 8，11 ~ 12	—	0.80	—
泰　国	龙　眼	24.90	7 ~ 10	15000	4.00	3.39
	荔　枝	6.10	1 ~ 4	—	1.25	1.15
	香　蕉	175.00	1 ~ 12	—	4.49	4.41
	杧　果	170.00	3 ~ 5	—	8.00	7.40
	菠　萝	197.88	1 ~ 12	6070	4.07	1.57
越　南	龙　眼	36.50	1 ~ 12	—	4.00	3.97
	荔　枝	5.00	5 ~ 7	—	1.25	1.13
	香　蕉	104.44	1 ~ 12	—	—	—
	杧　果	20.94	4 ~ 6	3880	6.00	5.50
	菠　萝	34.84	1 ~ 12	—	4.07	1.67

数据来源：张建中的《广西与东盟农业弱质性对比分析》。

广西与东盟贸易逆差迅速扩大分为两个阶段：第一阶段是 1994 ~ 1995 年，

本期间广西对东盟农产品进出口贸易呈快速增长态势，但同时对东盟农产品贸易出现严重逆差现象，特别是在1995年，进口是出口的4.65倍，其主要原因是由于广西对东盟国家农产品出口贸易结构所处水平较低且不合理；第二阶段是2004年至今，2004年以来，中国与东盟农产品税率大幅度降低，输入中国境内的东盟热带水果价格下降幅度很大引起中国消费者对热带水果的需求迅速增加，广西与东盟农产品进出口贸易再次呈现出快速增长的态势，这主要是东盟的热带水果出口到中国，大都从广西进入，而广西与东盟的贸易的苹果、梨等大多为北方产品经广西出口东盟。

4.2.5 广西与东盟出口主要产品及市场

在农产品贸易主要商品中，广西互为双方进出口的主要市场的（按照HS商品编码分类）是第1、7、8、11和12章农产品。进出口贸易量较大的农产品主要是活动物；食用蔬菜、根及块茎；食用水果及坚果、柑橘属水果或甜瓜的果皮；咖啡、茶、马黛茶及调味香料；含油子仁及果实、工业用或药用植物、稻草秸秆等。

以2006年统计数据为例，广西出口东盟的农产品主要是食用蔬菜（HS07）；食用水果、坚果及柑橘属水果（HS08）；含油子仁及果实、工业用或药用植物、稻草秸秆及饲料（HS12）；蔬菜、水果、坚果或植物其他部分的制品（HS20）；饮料、酒及醋（HS22），分别占主要农产品出口贸易量的12%、15%、13%、12%、13%（见表4-9）。广西进口东盟的商品主要是食用水果、柑橘属水果或甜瓜的果皮（HS08）；咖啡、茶、马黛茶和香料（HS11）；含油子仁及果实、工业用或药用植物、稻草秸秆及饲料（HS12），分别占主要商品进口贸易量的23%、23%、19%，说明广西从东盟进口了大量的热带水果作物及制品（见表4-10和图4-4）。

表4-9 2006年广西出口东盟的主要农产品

HS编码 商品 名称	HS01 活动物	HS03 鱼、甲壳 动物等	HS07 食用蔬菜、 根及块茎	HS08 食用水果、 坚果及 柑橘属 水果	HS11 咖啡、 茶、马黛茶 及调味 香料	HS12 含油子仁 及果实	HS16 肉、鱼、 甲壳、 软体动物 的制品	HS20 蔬菜、 水果或 植物其他 部分的 制品	HS22 饮料、 烟酒 制品等
金额 /万美元	4626	2728	4310	5456	2452	4712	2733	4245	4822
占比/%	13	8	12	15	7	13	8	12	13

表 4-10　1999～2006 年广西进口东盟主要农产品比重

HS 编码 商品名称	HS01 活动物	HS02 肉 及杂碎	HS03 食用蔬菜	HS08 食用水果	HS11 咖啡、 茶、马黛茶 及香料	HS12 含油子仁 及果实、 工业用或 药用植物	HS15 动、 植物油、 脂及其 分解产品	HS17 糖
进口额 /万美元	3044	2828	2805	8525	7897	6760	2668	603
占比/%	9	8	8	23	23	19	8	2

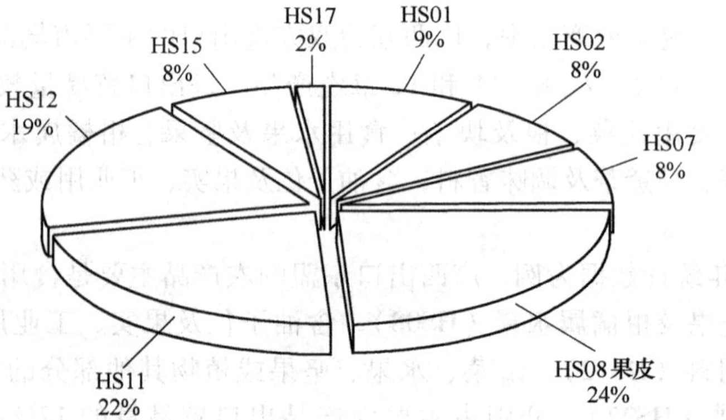

图 4-4　2006 年广西进口东盟主要农产品及其占比

4.3　广西与东盟农产品贸易竞争优势分析

4.3.1　贸易竞争力指数分析

贸易竞争力指数（Trade Competitiveness，TC），作为国际竞争力分析时比较常用的测度指标之一，表示一国进出口贸易的差额占该国进出口贸易总额的比重，即

$$TC 指数 = (出口额 - 进口额)/(出口额 + 进口额)$$

该指标作为一个与贸易总额的相对值，使用时一般剔除了经济膨胀、通货膨胀等因素，消除波动的影响。这样，无论进出口的绝对量是多少，该指标值均在［-1，1］区间：值越接近于0，贸易竞争力越趋向平均水平；该指数为-1时表示该产业只有进口没有出口，越接近于-1，表示竞争力越弱。一般认为，［0.15，1］区间代表产业或产品的竞争力很强，［0，0.15］区间为较强，

[-0.15, 0]区间为较弱, [-1, -0.15] 表示竞争力很弱。整理可以得表4-11。

表 4-11 贸易竞争力指数标准

序 号	TC 指数范围	对应意义
1	[0.15, 1]	出口竞争力极强
2	[0, 0.15]	出口竞争力次强
3	[-0.15, 0]	出口竞争力中等
4	[-1, -0.15]	出口竞争力弱

分析表4-12可知，广西农产品贸易的整体竞争力明显弱于东盟。从竞争力变化趋势来看，广西的竞争力指数曲线呈向下趋势。横向比较来看，广西农产品竞争力一直处于底端，广西的四类农产品中竞争指数值最高为0.46（2005年的第1类产品：活动物、其他动物产品），但是此后竞争力逐年迅速降低。与此相反，东盟农产品竞争力指数曲线基本走向都是向上的趋势（见图4-5和图4-6），竞争力上升很快，TC指数峰值达到0.63（2007年的第3类产品：动植物油脂）。究其原因，一方面，东盟国家农产品生产成本低，品质较好，具有规模经济效应，且水果等产品的成熟期也略早于广西。以泰国为例，蔗糖的生产成本远低于广西（见表4-13）；龙眼、荔枝等水果比广西先成熟1~2个月，香蕉则可以全年都成熟。另一方面，在“早期收获”计划的影响下，东盟地区各个国家重视发挥地区资源禀赋优势，对农产品内部进行产业结构调整，农产品竞争力得以持续增强。从分类计算的结果来看：广西第1类农产品的竞争优势下降速度极快，短短两年时间该类产品竞争力就由很强退化为很弱。部分原因可归结为国内猪肉价格的上涨，以及对其他肉类产品价格的拉动，致使广西肉类制品贸易竞争力下降。在第2、3类产品植物和动植物产品贸易中，由于广西椰子油、热带水果、棕榄油等产品产量很少，几乎为零，不具备任何竞争力，而东盟国家大量生产。另外，广西水稻虽然在生产技术方面有杂交水稻的比较优势，但是由于国家粮食大环境的影响，广西只是出口水稻种子，进口大量谷物产品。这样，东盟国家在第2、3类产品竞争优势明显。而广西在第4类产品前景良好，是2007年农产品贸易中唯一顺差的类别。泰国、越南等东盟国家在四类农产品贸易都具有较强的竞争实力，特别是2、3类优势渐强，正好与广西的弱势形成互补，双方在第4类产品中竞争激烈。

表 4-12 广西与东盟农产品竞争力指数

产品分类	广西			东盟		
	2005年	2006年	2007年	2005年	2006年	2007年
第1类：活动物、其他动物产品	0.46	0.15	-0.28	0.08	0.10	0.09
第2类：植物产品	-0.42	-0.48	-0.65	0.51	0.58	0.56

续表 4-12

产品分类	广西			东盟		
	2005 年	2006 年	2007 年	2005 年	2006 年	2007 年
第 3 类：动植物油脂	-0.76	-0.87	-0.94	0.22	0.31	0.50
第 4 类：食品烟草	0.43	0.44	0.43	0.62	0.63	0.63
总　体	-0.19	-0.10	-0.26	0.46	0.50	0.50

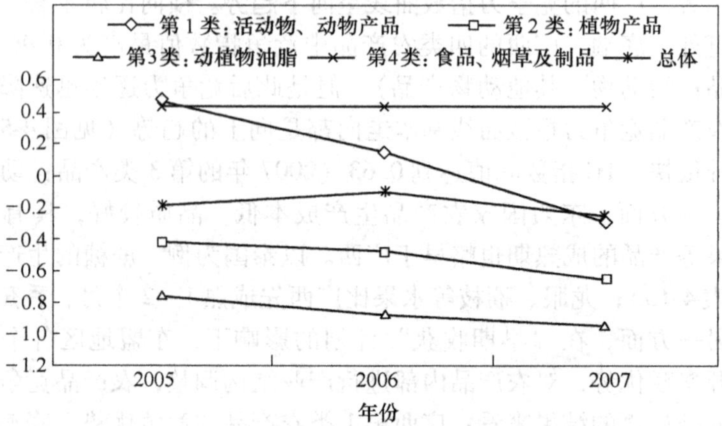

图 4-5　2005～2007 年广西对东盟农产品贸易竞争力指数

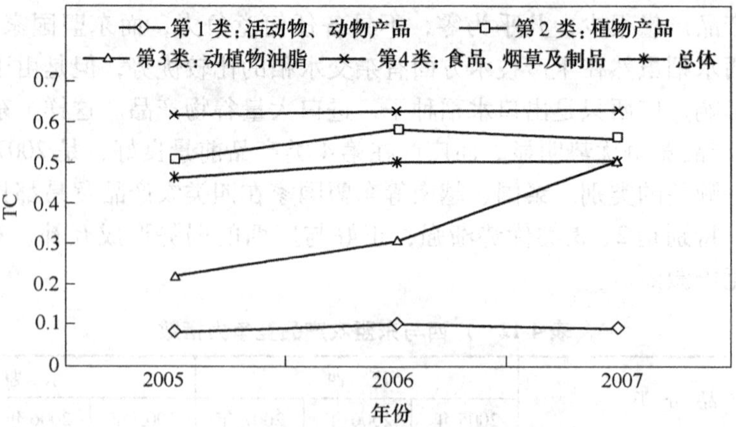

图 4-6　2005～2007 年东盟对广西农产品贸易竞争力指数

表 4-13 广西与泰国蔗糖生产成本比较（2002～2003 榨季）

国家或地区	甘蔗成本 /元·t^{-1}	甘蔗产量 /万吨	蔗糖成本 /元·t^{-1}	蔗糖产量 /万吨
广 西	185	51.7	1850	5.63
泰 国	113	72.53	1530	6.67

数据来源：薛亮等的《规模化发展：广西蔗糖发展的必由之路》。

4.3.2 贸易竞争优势指数分析

4.3.2.1 RCA 指数与 RCAX 指数

1965 年美国经济学家巴拉萨（Balassa）提出了显示性比较优势指数（Revealed Comparative Advantage Index，RCA 指数）。该指标提出后被认为是衡量一个国家的某个产品或产业在国际市场竞争力的最具说服力的指标。

显性比较优势指数又称出口效绩效指数，是分析一个国家或地区的某种产品是否具有比较优势时经常使用的一个测度指标。该指数的含义是：一个国家某种出口商品占其出口总值的比重与世界该类商品占世界出口总值的比重二者之间的比率。RCA >1，表示该国此种商品具有显性比较优势；RCA <1，则说明该国商品没有显性比较优势。

RCA 计算公式为：

$$\mathrm{RCA} = \frac{X_{\mathrm{a}}/X_{\mathrm{t}}}{W_{\mathrm{a}}/W_{\mathrm{t}}} \tag{4-1}$$

式中，X_{a} 为一国某商品出口值；X_{t} 为一国商品出口总值；W_{a} 为世界某商品的出口值；W_{t} 为世界商品出口总值。

双边显示性比较利益指数为一国各产业相对于另一国的显示性比较利益，其计算公式为：

$$\mathrm{RCAX_S} = \frac{X_{\mathrm{ab}}^{k}/X_{\mathrm{ab}}}{X_{w\mathrm{b}}^{k}/X_{w\mathrm{b}}} \tag{4-2}$$

式中，X_{ab}^{k} 为 a 国 k 产业出口到 b 国的值；X_{ab} 为 a 国出口到 b 国的总值；$X_{w\mathrm{b}}^{k}$ 为世界各国 k 产业出口到 b 国的出口值；$X_{w\mathrm{b}}$ 为世界各国出口到 b 国总值。

根据显示性比较利益指数（RCAX）的大小，参考日本振兴协会的所定的标准，出口显示性利益可分为极强、次强、中等、较弱四个等级，详细分类原则见表 4-14。

表 4-14　日本振兴协会对 RCAX 所定标准

出口竞争力等级	代　号	RCAX 范围	对 应 意 义
极强	S	>4.5	产品出口竞争力极强
次强	R	1.25～4.5	产品出口竞争力次强
中等	M	0.8～1.25	产品出口竞争力中等
较弱	W	<0.8	产品出口竞争力弱

资料来源：日本振兴协会。

4.3.2.2　显性比较优势指数分析

分析表 4-15 和表 4-16，与东盟总体比较，广西并不占有优势，并且广西与东盟国家的农产品和竞争性和互补性并存。部分产品具有互补性：广西出口具有较强竞争力的产品如活动物（HS01）、温带水果（HS08 从广西出口过境）饮料、酒、醋（HS22）、烟草制品（HS24）等是东盟国家不具竞争力的产品；东盟国家具有较强竞争力的产品如天然橡胶（HS13）、谷物（HS10）、植物油（HS15）等是广西不具竞争力的产品。部分产品呈较强烈的竞争关系：食用蔬菜（HS07）、家禽肉（HS02）、鱼类（HS03）等都具有一定比较优势，在世界市场上竞争激烈。但从国别分析看，中国与越南、泰国比较处于劣势，主要是双方在肉及肉制品（HS02）、鱼及其制品（HS02）、谷物及其制品（HS02）、蔬菜水果（HS02）的竞争较激烈，广西与这两国构成比较强烈的竞争关系，但是谷物方面由于广西不出口而从越南、泰国大量进口，双方构成互补。中国与印度尼西亚、马来西亚、新加坡各占有一定的优势，与印度尼西亚除鱼及其制品（HS02）的竞争激烈外，其他产品都呈现出较强的互补性，而与马来西亚的互补性最强。对照图 4-7 可以发现，一个总的趋势是广西和东盟地区 10 个国家每个国家的显示性比较优势指数都出现了不同程度的下降，和国际贸易发展的基本规律相吻合。相对来说，泰国和新加坡农产品比较优势曲线下降较为缓慢，而菲律宾农产品比较优势下降很快，降幅最大，自 2003 年之后一直小于 1，说明其在出口中总体一直不占比较优势。有一点值得注意的是：除了文莱和新加坡以外，2006 年后农产品及相关产品的总体比较优势的下降趋势减缓甚至出现上升的趋势。从总体上看如果按照广西与东盟国家是否占比较优势进行划分，广西与东盟的越南、马来西亚、泰国、印度尼西亚这类初级产品的比较优势相逐渐消失，RCA 曲线基本都在上述几个国家的下方，而广西农产品占据比较优势的几个国家如文莱、新加坡、老挝、柬埔寨等与广西农产品贸易的数量和所占据的比重都比较小。

表 4-15 广西-东盟农产品双边显示性比较利益指数

HS 编码商品名称	广西对新加坡	新加坡对广西	广西对马来西亚	马来西亚对广西	广西对泰国	泰国对广西	广西对越南	越南对广西
HS01 活动物	1.54	0.03	0.96	0.19	0.39	1.20	0.03	1.79
HS03 鱼、甲壳动物、软体动物及其他水生无脊椎动物	1.22	0.67	0.85	0.16	0.27	1.07	0.03	4.12
HS07 食用蔬菜、根及块茎	1.34	0.17	1.30	0.31	1.13	1.30	1.82	1.99
HS08 食用水果及坚果、柑橘属水果或甜瓜的果皮	1.61	0.08	0.53	0.61	0.00	0.32	0.42	1.18
HS11 咖啡、茶、马黛茶及调味香料	1.73	0.53	0.54	0.31	0.22	0.99	0.30	1.63
HS12 含油子仁及果实、工业用或药用植物、稻草秸秆及饲料	4.84	0.06	4.20	0.05	0.20	1.94	0.50	5.68
HS16 肉、鱼、甲壳动物、软体动物及其他水生无脊椎动物的制品	4.84	0.58	1.51	0.04	0.75	4.13	0.13	0.83
HS20 蔬菜、水果、坚果或植物其他部分的制品	1.04	0.05	0.05	0.59	0.19	1.25	0.56	1.05
HS22 饮料、酒及醋	0.92	0.32	0.42	0.02	0.75	0.463	0.79	0.58

表 4-16 1995～2007 年广西与东盟 10 国农产品显示性比较优势指数

年 份	1995	1998	2000	2002	2003	2004	2005	2006	2007
广 西	1.06	0.95	0.85	0.605	0.75	0.785	0.75	0.605	0.585
泰 国	1.75	4.41	4.21	1.75	1.70	1.78	1.76	1.70	1.68
印度尼西亚	1.484	4.1	1.904	1.812	1.704	1.68	1.66	1.62	1.46
马来西亚	1.42	1.52	1.47	1.36	1.324	1.285	1.232	1.13	1.11
越 南	1.455	1.432	1.652	1.325	1.233	1.225	1.201	1.017	1.013
老 挝	0.868	0.843	0.852	0.8321	0.798	0.788	0.795	0.786	0.695
菲律宾	1.325	1.25	1.214	1.113	1.012	0.982	0.753	0.522	0.512
缅 甸	0.458	0.425	0.451	0.396	0.387	0.396	0.385	0.357	0.321
柬埔寨	0.622	0.545	0.456	0.312	0.421	0.413	0.378	0.312	0.302
新加坡	0.892	0.605	0.456	0.423	0.412	0.395	0.376	0.307	0.312
文 莱	0.125	0.103	0.103	0.109	0.125	0.010	0.009	0.007	0.008

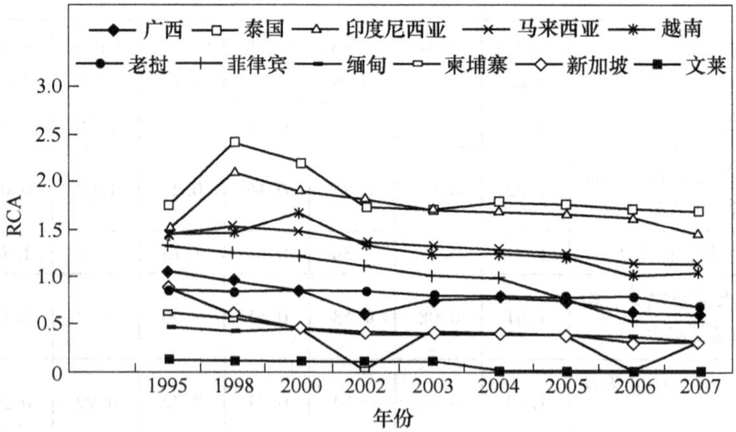

图 4-7　1995～2007 年广西与东盟 10 国农产品显性比较优势指数曲线

以 2006 年为例，通过对比分析 2006 年广西与东盟 10 国农产品显性比较优势指数可知，泰国、印度尼西亚、马来西亚和越南等国的 RCA 值均大于 1，分别为 1.704、1.615、1.130 和 1.017。这说明这些国家在农产品贸易上相对于广西来说更具有比较优势，更具市场竞争力。分析原因，主要是其拥有相对丰富的农业资源，农业生产条件和基础较好。广西 RCA 值为 0.605，比 1 小，这说明与上述 4 国相比，广西农产品出口从整体上已经不再具备比较优势，处于明显劣势。而农业在国内生产中占主导地位缅甸、柬埔寨和老挝 3 个传统农业国，由于农业生产效率不高，农产品出口也不具备比较优势。有一点需指出的是：自 2003 年起菲律宾农产品的 RCA 一直小于 1，且在不断下降，说明其农产品出口比较优势不断丧失；新加坡和文莱本身极其缺乏农业资源，农产品生活资料均长期依靠进口，农产品出口毫无优势。总体来说，与东盟的比较，广西的农产品不占比较优势，但是在某些农产品小类上，广西还有一定优势。这对广西农产品出口提出相当严峻挑战，需要广西审时度势、认清形势、把握优势、趋利避害，促进广西与东盟农产品贸易健康发展。

4.4　广西与东盟农产品贸易关系分析

4.4.1　贸易结合度指数分析

贸易结合度指数（TI）是由经济学家布朗（A. J. Brown，1947）提出的，后小岛清（1958）等人对其加以完善，明确其在统计学和经济学上的意义。

贸易结合度指数是衡量两国在贸易方面相互依存程度的一个比较综合性的指

标。贸易结合度是指一国对某一贸易伙伴国的出口占该国出口总额的比重，与该贸易伙伴国进口总额占世界进口总额的比重之比。其数值越大，表明两国在贸易方面的联系越紧密。贸易结合度的计算公式如下：

$$T_{\mathrm{CDab}} = \frac{X_{\mathrm{ab}}/X_{\mathrm{a}}}{M_{\mathrm{b}}/M_{\mathrm{w}}} \tag{4-3}$$

式中，T_{CDab}为 a 国对 b 国的贸易结合度，X_{ab}为 a 国对 b 国的出口额，X_{a} 为 a 国出口总额；M_{b} 为 b 国进口总额；M_{w} 为世界进口总额。$T_{\mathrm{CDab}} > 1$，表明 a、b 两国在贸易方面的联系紧密；$T_{\mathrm{CDab}} < 1$，表明 a、b 两国在贸易方面的联系松散。

从广西与东盟农产品贸易结合度计算结果可以发现：东盟对广西农产品的贸易联系很密切，反过来，广西对东盟农产品贸易联系也很紧密，2003 ~ 2007 年，东盟对广西的平均贸易结合度指数高达6.09，而广西对东盟农产品贸易结合度平均指数值为4.41，见表4-17。从贸易结合度的趋势图（见图4-8）来看，结合度曲线形状先升后降，东盟对广西的结合度指数最高点出现在 2005 年，为8.37，广西对东盟的农产品贸易结合度最高点出现在 2004 年，为4.81。这主要是由于自 2004 年起开始实施“早期收获计划”，两个地区农产品贸易关税大幅度降低，二者间贸易合作空间被大大拓宽，促使广西和东盟农产品贸易量迅速增长。从图4-8 可以发现，东盟对广西农产品贸易的结合度波幅较大，广西对东盟的贸易结合度曲线则相对平稳。最近两年，双方农产品贸易密切程度有所减弱，广西和东盟的贸易与合作更多集中在机电产品和其他工业制成品上。

表 4-17 广西与东盟农产品贸易结合度

T_{CDab}	2003 年	2004 年	2005 年	2006 年	2007 年	平均值
广西-东盟	4.25	4.85	4.51	4.04	2.61	4.4125
东盟-广西	4.43	5.6	8.37	7.23	5.82	6.09

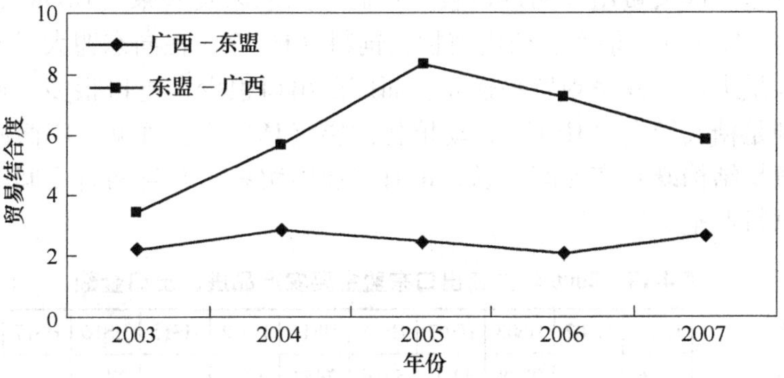

图 4-8 广西与东盟农产品贸易结合度曲线

4.4.2 产业贸易内指数分析

4.4.2.1 产业内贸易指数的含义

格鲁拜尔和劳埃德（1975）指出具有相似生产要素的国家间进行的贸易为产业内贸易，并提出迄今为止使用最多的衡量产业内贸易水平高低的方法，其表达式为：

$$\mathrm{Ti} = 1 - \frac{|X - M|}{X + M} \tag{4-4}$$

式中，X 和 M 分别表示某一特定产业或某一类商品的出口额和进口额。Ti 的值变动在［0，1］区间。当 Ti = 0 时，该类农产品贸易均为产业间贸易；当 Ti = 1 时，该类农产品贸易均为产业内贸易。

衡量农产品总体产业内贸易指数时，以加权平均每一类农产品在进出口总额当中所占的比率来表示，公式为：

$$\mathrm{Ti} = 1 - \frac{\sum_i X_i \text{-} M_i}{\sum_i X_i + M_i} \tag{4-5}$$

此时，当 Ti > 0.5，表明农产品产业内贸易占优势，反之，则不具有优势。

4.4.2.2 广西与东盟农产品产业内贸易指数情况及分析

参见表 4-18，广西对东盟农产品贸易中实现净出口的产品类别包括活动物（HS01），食用蔬菜（HS07），肉及水、海产品制品（HS16），蔬菜、水果及坚果制品（HS20），杂项食品（HS21），饮料（HS22），烟草（HS24）。其中净出口额较大的产品类别有食用蔬菜，肉及水海产品制品，蔬菜、水果及坚果制品等。广西出口比重较大的农产品中只有食用蔬菜（HS07），肉及水、海产品制品（HS16），蔬菜、水果及坚果制品（HS20），饮料（HS22），烟草（HS24）仍然保持贸易顺差，即大量出口而进口较少；而食用水果及坚果（HS08），咖啡、茶及调味香料（HS11），果实、药用植物、饲料（HS12）在向东盟大量出口的同时也从东盟大量进口，并呈现贸易逆差。而广西出口很少，进口很多，逆差较大的农产品类别是糖及糖食（HS17）、动植物油脂（HS15）。可见，广西同东盟之间的农产品贸易结构既有产业间贸易，也有产业内贸易，并且两者之间的贸易结构正在不断进行调整。

表 4-18 2006 年广西出口东盟主要农产品进、出口金额 （万美元）

HS 编码	HS01	HS02	HS03	HS07	HS08	HS11	HS12	HS15	HS16	HS17	HS20	HS22
出口额	4626		2728	4310	5456	2452	4712		2733		4245	4822
进口额	3044	2828		2805	8525	7897	6760	2668		603		

参见表4-19，对比分析广西与东盟农产品产业内贸易指数计算结果，从两者间农产品贸易整体来分析可以发现：

（1）农产品整体产业内贸易指数是不可以按各类农产品产业内贸易指数简单加权平均叠加。

（2）2003～2007年间（除2003年）各年度农产品整体产业内贸易指数较高，说明该段时期内双方农产品同质性较强，产品结构趋同，贸易以产业内贸易为主，而2004年刚好开始实施"早期收获"计划，两地区关税降低提升了两地的产业内贸易指数。

（3）2005年后农产品产业内贸易指数呈下降趋势，说明"早期收获"计划的降税短期效应过后，由于产品结构的相似性广西与东盟农产品贸易遇到困难，竞争激烈，双方都开始集中优势资源生产各自具有比较优势的农产品。

表4-19　2006年广西与东盟农产品产业内贸易指数

产品分类	2003年	2004年	2005年	2006年	2007年
第1类：活动物、动物产品	0.21	0.649	0.617	0.89	0.088
第2类：植物产品	0.107	0.008	0.05	0.78	0.07
第3类：动植物油脂	0.13	0.12	0.12	0.01	0.009
第4类：食品、烟草及制品	0.16	0.29	0.25	0.09	0.01
总　体	0.0165	0.9362	0.958	0.695	0.645

如果按照农产品类别归类进行分析的话，四类农产品产业内贸易程度相差悬殊，变化趋势差异很大：

（1）第1类农产品的产业内贸易指数由2003年的0.21降为2007年的0.088，表明广西与东盟在此类农产品贸易形式产业间贸易的趋势越来越强，主要是由于泰国和越南对该类农产品通过结构调整，集约化生产，竞争力提升很快。

（2）第2类农产品指数变化不大，产业间贸易占主导，以谷物为例，广西很少出口粮食，但是从泰国、越南等进口大量稻米。

（3）第3类、第4类农产品的指数曲线呈下降特征，而且，指数值都趋向低于0.2，处于划分最低水平的产业内贸易指数0～0.2范围，以产业间贸易为主，主要是由于在广西缺少类似棕榄油、天然橡胶等产品的生产。

由此可见，广西与东盟国家的主要农产品贸易如果从农产品大类来看以产业间贸易为主，仅在少数农产品种类（如糖、动植物油脂）上的产业内贸易指数比较大。但是，如果对农产品种类继续细分，广西与东盟的大量农产品种类显示现产业内贸易为主的特征。

4.4.3 贸易的竞争性与互补性分析

两地区间贸易竞争性和互补性指的是比较区域间生产要素及进出口产品范围的相似程度。两地区贸易呈现竞争性是指区域间生产要素及其产品范围差别小；如果差别大，则两地区贸易为互补类型。广西与东盟地区国家气候条件相似，农产品生产不可避免会存在相似性。同时，由于在资源禀赋及农业技术上存在差异性，两地区间农产品贸易也具有互补性而在世界市场上，广西和东盟存在着激烈的竞争关系，从时间序列来看，最近几年竞争程度有所减弱。

4.4.3.1 广西与东盟农产品贸易竞争性分析

在自然条件、地理位置、传统农业产品、生产技术水平和市场辐射等方面，广西与东盟国家存在颇多相似之处。因此，广西与东盟国家在农产品贸易贸易结构上很可能表现出较大相似性，也就是说，广西与东盟农产品贸易可能存在较强的竞争关系。选取国际贸易中最能反映竞争力强弱程度的指标指数：相对竞争指数、出口产品相似度指数等指标，对广西与东盟农产品贸易竞争关系加以系统分析。

A 相对竞争指数比较

相对竞争指数由显性比较优势指数推演而来。

在第1类动物产品方面，见表4-20和图4-9，广西对东盟四国的相对竞争指数一直呈下降态势。其中，对马来西亚的相对竞争指数下降，最快下降了10.55，从1997年的14.55降到2003年的4.0；对泰国和印度尼西亚的竞争指数也在不断降低，只是降低幅度稍小。造成这一现象的一个主要原因是以家庭小规模经营为主广西养殖业在目前遭遇饲料等主要成本的价格不断上涨压力导致养殖业比较优势不断下降，另外，广西肉类产品生产中劳动力资源的相对优势下降也很明显。恰恰相反，泰国及时调整产业结构进行集约化经营，肉类产品主要产于集约化农场，在养猪业中，中小型农场和大型农场生猪出栏数占农场生猪出栏总数的80%，专业化生产、集约化规模经营带来的低成本经营大大增强了泰国肉类产品的国际竞争力。

表4-20 广西与东盟四国四类农产品相对竞争力指数

年份		1997	1998	1999	2000	2001	2002	2003	2004	2005	2006	2007	2008
动物产品	广西-泰国	0.42	0.53	0.52	0.50	0.45	0.47	0.43	0.66	0.41	0.40	0.39	0.41
	广西-马来西亚	14.55	5.18	4.53	4.93	4.08	4.61	4.52	4.18	4.66	4.00	1.95	1.89
	广西-印度尼西亚	0.77	0.831	0.84	0.79	0.66	0.62	0.66	0.60	0.54	0.52	0.51	0.50
	广西-越南	0.62	0.55	0.62	0.54	0.65	0.47	0.53	0.86	0.41	0.50	0.50	0.51

续表 4-20

年 份		1997	1998	1999	2000	2001	2002	2003	2004	2005	2006	2007	2008
植物产品	广西-泰国	0.74	0.51	0.449	0.45	0.6	0.46	0.59	0.54	0.48	0.47	0.46	0.47
	广西-马来西亚	21.09	9.46	7.20	6.01	6.51	5.30	5.73	5.26	4.97	5.27	5.22	5.34
	广西-印度尼西亚	1.34	1.03	1.14	1.30	1.02	0.97	1.25	1.41	1.24	1.21	1.12	1.19
	广西-越南	0.84	0.67	0.55	0.59	0.58	0.56	0.55	0.54	0.52	0.46	0.42	0.45
动植物油脂	广西-泰国	7.32	7.68	7.87	4.39	4.49	0.56	0.48	0.27	0.26	0.15	0.12	0.13
	广西-马来西亚	0.06	0.04	0.06	0.06	0.03	0.01	0.02	0.01	0.01	0.01	0.01	0.01
	广西-印度尼西亚	0.11	0.10	0.09	0.10	0.07	0.02	0.02	0.02	0.01	0.01	0.01	0.01
	广西-越南	6.32	6.28	5.87	4.39	4.55	1.56	0.68	0.33	0.46	0.25	0.22	0.23
食物制品	广西-泰国	0.38	0.43	0.38	0.31	0.31	0.29	0.33	0.30	0.27	0.26	0.25	0.32
	广西-马来西亚	1.84	4.09	4.60	1.76	1.79	1.78	1.85	1.57	1.39	1.07	1.02	0.13
	广西-印度尼西亚	1.46	1.42	1.36	1.18	0.99	0.93	1.19	1.03	0.77	0.75	0.78	0.72
	广西-越南	0.48	0.53	0.58	0.421	0.45	0.39	0.33	0.37	0.25	0.26	0.25	0.23

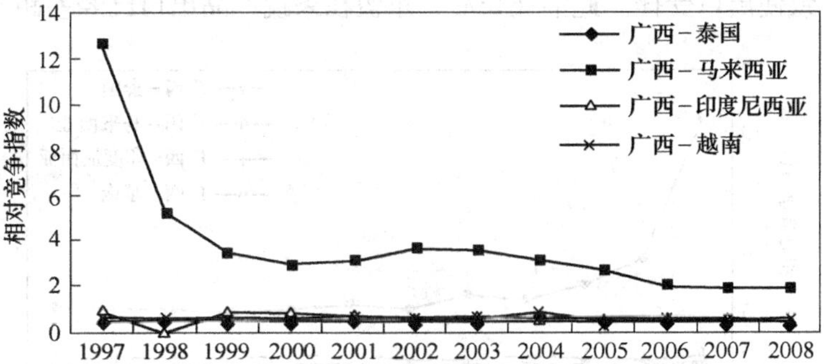

图 4-9 1997～2008 年广西与东盟动物产品相对竞争指数

在第 2 类植物产品方面，广西对马来西亚和印度尼西亚有一定比较优势，广西与这两个国家的相对竞争指数均大于 1。这是因为该类产品中如水果、蔬菜等，大多是刚好适合发挥广西劳动力要素丰富的优势劳动力密集型产品。另外，广西与东盟地区气候还是存在一定的差异性：东盟国家自然气候带单一；广西境内桂北亚热带区和桂西北的山区具有大片适宜温带蔬菜、水果生长的自然条件，因此，广西在温带植物农产品的生产上具有优势。但是长期以来，这种优势没有得到充分利用，广西出口东盟植物品种主要是柑橘、大蒜、中草药、苹果、绿豆、梨等几种传统附加值低的农产品。另外，东盟大量进口的苹果、大蒜、辣椒、胡萝卜、玉米和小麦等都是从广西过境的，并非广西本地农产品。最不利的是越南、老挝、柬埔寨等国家将广西的优势农产品禽蛋、柚子、柑橘属水果和多种果蔬列入“例外清单”使之无法享受降税优惠，大大削弱了广西该类具有竞争优势农产品在上述地区的竞争力。数据也显示了广西与泰国和越南的相对竞争劣势。泰国和越南本身水热条件优越，具有发展农业的良好基础，再加上两国政府积极调整产品结构，大力发展出口导向型农业，泰国、越南两国不仅稻米出口稳居世界前列，龙眼、香蕉、荔枝、杧果等热带水果出口增速也很快，对广西农产品在国际市场出口造成很大影响。例如，广西和泰国均生产龙眼，与广西相比，泰国在产品质量、生产规模、运输成本、包装保鲜技术方面和收获季节上都要优于广西，致使广西龙眼出口出现量价齐降的局面。

从图4-10中可以发现，广西植物产品对东盟四国的竞争优势都在下降，只是降低幅度有所不同。特别是对马来西亚，相对竞争指数在1997年为最高，为21.09，到2006年却降到了5.27。竞争力下降的原因是多方面的：以谷物为例，谷物是土地资源密集型产品，广西地少人多，在这方面的要素禀赋相对稀缺，竞争力没有优势；而对于拥有要素禀赋优势的果蔬产品，由于前期生产技术、后期储存、加工技术较差，物流运输模式落后，信息闭塞，出口渠道不畅，又屡遭技术性贸易壁垒掣肘，致使出口受挫。此消彼长后，东盟在果蔬产品出口已经差距不大。

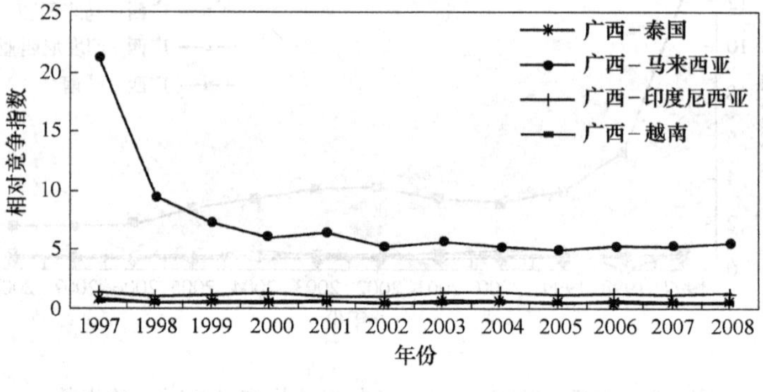

图4-10　1997～2008年广西与东盟农产品贸易植物产品相对竞争指数

在第3类动植物油脂方面，广西多为比较劣势（见图4-11）。分析原因主要是两方面：一方面广西的水热条件相对东盟地区差，热带地区面积比东盟小，缺乏棕榈油、椰子油这类热带油料作物的种植条件；另一方面，广西现有动植物产品的产油率较低，同时广西油料作物产量呈逐年下降趋势（见表4-21）。另外，广西农业油脂产品加工技术落后，规模也很小，所以造成了动植物油脂的缺乏竞争优势，整个产业出现萎缩。

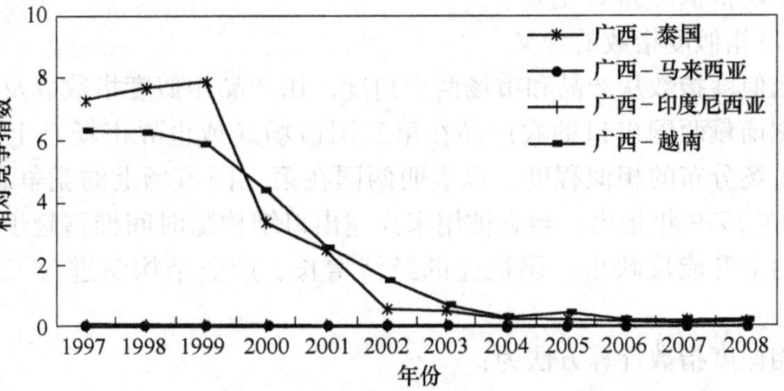

图 4-11 1997～2008 年广西与东盟动植物油脂产品相对竞争指数

表 4-21 广西油料作物产量表 （万吨）

年 份	1995	2000	2005	2007	2008
油 料	45. 35	58. 61	64. 18	34. 82	37. 55
花 生	39. 17	49. 55	55. 13	34. 04	35. 38
油菜籽	5. 34	8. 16	6. 33	1. 26	1. 03
芝 麻	0. 52	0. 57	0. 46	0. 52	0. 54

资料来源：2008 年《广西统计年鉴》。

从图 4-12 可见，第四大类各类食品、饮料、烟草及制品方面，广西是以出口果蔬汁等饮料为主，都有较大顺差。东盟对广西出口很少。由于该类产品都需要进行深加工才能产生高附加值，因此广西应该加大行业的扶持力度，支持果蔬产业发展，防止广西在该行业的相对竞争优势减弱，这对广西农业改变发展方式，增加农民收入都有帮助。

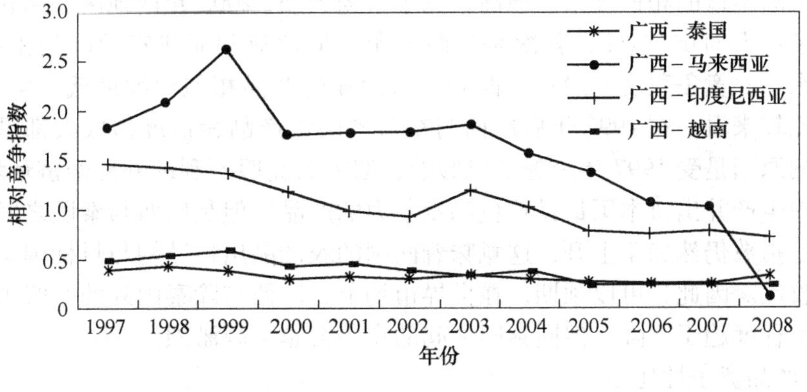

图 4-12 1997～2008 年广西与东盟食品、烟草及制品产品相对竞争指数

B　出口相似度指数比较

a　出口相似度指数的含义

出口相似度指数从产品和市场两个角度，用产品相似度指数以及市场相似度指数来分别衡量两国出口的农产品在第三国市场（或世界市场）上的相似程度以及出口市场分布的相似程度，以表明两国在第三国市场上的竞争态势。Finger 和 Kreinin 在 1979 年指出：当它被用来描述出口结构随时间推移趋于收敛的特性时，指数的上升能反映出一国快速的经济增长、产业结构演进与工业化进程等特性。

产品相似度指数计算方法为：

$$S^{p}(ab,w) = \Sigma \min \frac{X_{kaw}/X_{aw}}{X_{kbw}/X_{bw}} \tag{4-6}$$

式中，$S^{p}(ab,w)$为 a 国和 b 国出口到市场 w 的产品相似度指数；a、b 为所要比较的任意两国；w 为第三国市场或世界市场；X 表示出口，k 表示产品。

产品相似度指数变动范围为［0，1］。如果两国（地区）商品的出口在第三市场（或世界市场）分布完全一致，该指数为 100；反之，完全不一致，该指数为 0。

市场相似度指数计算公式是：

$$S^{m}(ab,l) = \Sigma\left\{\frac{X_{ak}+X_{bk}}{X_{a}+X_{b}}\left[1-\left|\frac{X_{ak}(X_{a}-X_{bk})X_{b}}{X_{ak}(X_{a}+X_{bk})X_{b}}\right|\right]\right\} \tag{4-7}$$

式中，X_{ak}/X_{a}为 a 国出口到 k 国的商品占 a 国出口总额的份额；X_{bk}/X_{b} 为 b 国出口到 k 国的商品占 b 国出口总额的份额。

从市场分布来看，在世界市场上广西与东盟地区农产品的产品相似度指数比较高，竞争关系明显；从时间序列来看，相似度指数呈现下降趋势，表明最近几年竞争程度有所减弱。与东盟主要农产品生产国家横向比较情况来看，广西与泰国的农产品出口的相似度指数最高，竞争最为激烈，2005 年两地区产品相似度指数达到了惊人的 66.21%；其次是广西与印度尼西亚和菲律宾的产品相似程度，为中等水平，竞争程度一般；广西和马来西亚的产品相似程度最低，竞争最弱。从纵向比较来看，在 1997 年后广西与东盟各国农产品相似度指数大都呈下降趋势，推测原因是受 1997 年金融危机影响，双方为克服不利的外部经济环境影响，转而集中生产并出口本国最具特色和竞争力的产品，但是广西与泰国之间的农产品相似度指数仍然趋于上升，这意味着两国的农产品出口结构与目标国家市场结构趋于收敛。因此，可以预期，在世界市场上，广西与除泰国外的东盟国家的农产品竞争程度趋于下降，但同泰国之间的竞争会越来越激烈。

b　产品竞争性比较

产品相似度指数和市场相似度指数，是出口相似度指数在产品和市场上的两种表现形式。从动态发展的角度来看，出口相似度指数随着时间的推移而上升，则表明 a 国的出口结构与目标国的市场结构趋于收敛，同时也意味着这两个国家在市场上的竞争会变得越来越激烈；出口相似度指数如随时间的推移而下降，则意味着 a 国在目标市场上的专业化分工程度正在上升，两个国家间的商品贸易关系可能具有互补性。

广西与东盟产品出口结构具有相似性，2008 年广西与泰国和越南的出口结构接近，排名靠前的农产品出口中，二者分别有水产品、谷物及谷物粉、蔬菜、大豆、鲜、干水果及坚果、食用油籽等六类产品。

下面运用产品相似度指数对广西与东盟农产品出口结构的相似水平进行量化分析。从表 4-22、表 4-23 和图 4-13 可知，总体上广西与东盟的出口产品相似度指数普遍较高。广西与越南、泰国、菲律宾在 1996 ~ 2008 年的相似度指数分别达到了 58. 71%、54. 83% 和 60. 38% 的高水平，并且 1996 ~ 1999 年这三国表现出很高的趋同速度，虽然在 1999 ~ 2005 年趋同趋势不再明显，甚至有竞争相似度下降的趋势，但是在相似度指数的绝对数上仍然保持在 50% 以上的高相似度，说明广西与这三个国家在世界市场上的竞争比较激烈。有一个值得注意的趋势，在 2005 年后，广西与上述三国的贸易相似度指数有上升的趋势，说明广西与东盟农产品竞争关系有加强的趋势。广西与新加坡、印度尼西亚、缅甸、马来西亚产品相似度较弱，平均相似度指数分别为 4. 94 %、41. 81%、10. 10% 和 31%，均低于 50%，尤其是与印度尼西亚和马来西亚，自 1995 年以来相似度指数下降，这意味着中国与印度尼西亚及马来西亚在世界市场上的专业分工程度正在上升。

表 4-22　1996 ~ 2008 年广西与东盟 7 国农产出口品相似度指数　（%）

年　份	泰　国	印度尼西亚	马来西亚	越　南	菲律宾	缅　甸	新加坡
1996	61. 42	44. 21	28. 41	61. 56	64. 12	10. 45	4. 12
1997	64. 37	45. 36	35. 12	61. 223	58. 47	14. 25	4. 612
1998	64. 12	44. 45	39. 57	64. 45	60. 41	14. 89	4. 13
1999	66. 45	47. 6	30. 42	67. 45	54. 95	14. 25	5. 45
2000	59. 45	44. 1	28. 94	60. 42	65. 12	10. 63	4. 84
2001	58. 72	40. 56	35. 23	59. 78	57. 12	9. 47	4. 45
2002	57. 61	40. 23	35. 31	58. 42	55. 13	8. 56	4. 76
2003	56. 42	39. 75	28. 99	58. 63	48. 45	8. 42	1. 98
2004	55. 42	39. 42	27. 56	58. 42	47. 356	7. 68	1. 84
2005	54. 12	38. 78	26. 89	57. 85	45. 178	7. 32	1. 64
2006	51. 72	38. 42	24. 59	57. 01	46. 88	7. 13	1. 48
2007	50. 96	38. 45	24. 85	57. 56	44. 96	7. 043	1. 46
2008	50. 55	37. 889	24. 72	55. 87	44. 79	7. 02	1. 43
平均值	57. 49	41. 25	30. 05	59. 82	54. 30	9. 62	4. 71

表 4-23　1996～2008 年广西与东盟 7 国农产出口品相似度指数及变动趋势（%）

国别		泰国	印度尼西亚	马来西亚	越南	菲律宾	缅甸	新加坡
相似度指数	1996 年	61.42	44.21	28.41	61.56	64.12	10.45	4.12
	1999 年	66.45	47.6	30.42	67.45	54.95	14.25	5.45
	2008 年	50.55	37.889	24.72	55.87	44.79	7.02	1.43
变动趋势	1996～1999 年	趋同	趋同	趋同	趋同	不趋同	趋同	趋同
	1996～2008 年	不趋同	不趋同	不趋同	不趋同	不趋同	不趋同	不趋同

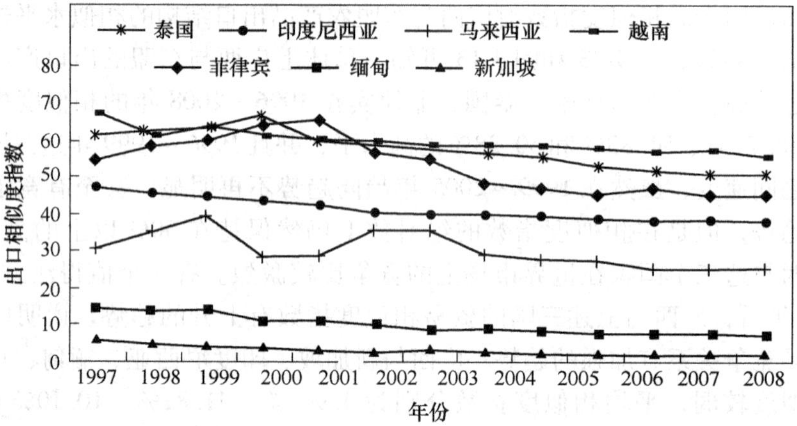

图 4-13　1996～2008 年广西与东盟 7 国农产品出口相似度指数变化曲线

c　市场竞争性比较

市场分布的差异主要来自于地缘关系、传统的贸易交往以及某些历史文化上的联系。广西与东盟国家在地缘上相近、在资源禀赋上相似决定了两者可能存在相似的市场分布结构，在出口市场上两地商品上可能存在激烈竞争。统计发现，广西和东盟农产品出口市场相似，均以欧盟、美国、日本等为主要市场，两地间商品的产品质量、技术水平趋同，因此在出口市场上具有竞争性。贸易数据显示，广西与东盟各个主要的农业国农产品出口市场分布相当接近，单一的市场格局导致了在目标国市场上存在激烈竞争。

下面用出口市场相似度指数来分析广西与东盟农产品出口市场的竞争关系。

参见表 4-24，广西与越南、泰国、菲律宾、印度尼西亚在出口市场相似度非常高，在 1996～2008 年期间，出口市场相似度指数分布最高点出现在 2001 年，分别达到了 64.48%、64.78%、54.12% 和 51.26% 的高水平，并且 1996～2001 年这四国表现出很高的趋同速度，虽然在 1999～2008 年趋同趋势不再明显，甚至有相似度下降的趋势，但是在出口市场相似度指数的绝对数上保持高相似度，特别是泰国和越南，仍然存在 59.7% 和 61.33% 的高位，说明广西与越南和泰国在世界市场上的竞争比较激烈。广西与新加坡出口市场相似度较弱，保持在4.5%以下，但是由于新加坡对外农产品出口量很少，没有太多参考意义。

表4-24 1996～2008年广西与东盟6国农产品在世界出口市场相似度指数及变动趋势 (%)

国别	泰国	印度尼西亚	马来西亚	越南	菲律宾	新加坡
1996年	51.99	47.6	30.42	59.45	44.95	1.45
变动趋势	趋同	趋同	趋同	不趋同	趋同	趋同
2001年	64.78	51.26	35.23	64.48	54.12	4.45
变动趋势	不趋同	不趋同	不趋同	不趋同	不趋同	不趋同
2006年	59.7	44.16	30.24	61.33	37.19	4.02

从表4-25可以发现，在第1类农产品中，广西与东盟肉类产品除了活动物的市场结构相似度指数较低外，其他肉类产品（HS02肉及食用杂碎，HS03鱼及水生动物，HS04乳品、蛋类、天然蜂蜜，HS05其他动物产品）出口的市场结构相似度指数都比较高，这表明广西与东盟除活动物外的其他肉类产品具有很强的竞争性。其中，鱼及水生动物由8.5%上升到18.98%，说明广西与东盟在水产品在第三国的竞争激烈程度正在逐步上升。双方乳品、蛋类、天然蜂蜜的相似度指数呈现显著下降趋势，说明双方这三种产品的竞争减缓，专业化分工程度上升。

表4-25 广西与东盟农产品在世界市场的相似度变化 (%)

年份	1998	1999	2000	2001	2002	2003	2004	2005	2006	2007	2008
HS01 活动物	0.7	0.98	0.85	0.75	0.67	0.55	0.51	0.56	0.46	0.36	0.33
HS02 肉及食用杂碎	4.59	4.65	4.35	4.37	1.54	1.68	1.79	4.49	4.86	4.07	4.19
HS03 鱼及水生动物	8.3	11.33	15.77	16.9	17.89	14.6	18.9	21.5	18.82	18.24	18.98
HS04 乳品、蛋类、天然蜂蜜	14.3	14.25	14.89	10.45	10.63	9.47	8.56	8.42	7.68	7.32	7.13
HS05 其他动物产品	14.3	1508	15.64	21.45	25.31	26.5	25.2	20.24	17.68	24.4	19.78
HS06 活植物	0.24	0.34	0.32	0.51	0.35	0.31	0.32	0.14	0.29	0.56	0.36
HS07 食用蔬菜	27.7	25.6	26.64	27.5	31.59	35.4	34.5	34.7	44.58	45.24	49.86
HS08 水果及坚果	4.53	4.35	4.69	4.43	4.64	4.34	4.46	4.36	4.24	4.54	4.23
HS09 咖啡、茶及调味香料	4.41	4.04	4.25	3045	4.21	4.02	4.45	4.57	4.46	4.34	4.31
HS10 谷物	0.16	0.18	0.16	0.22	0.13	0.09	0.08	0.07	0.05	0.06	0.05
HS11 制粉产品料	0.52	0.85	0.79	0.95	0.87	1.02	1.06	1.26	0.95	0.88	0.86
HS12 果实	0.78	0.85	0.75	0.76	0.86	0.75	0.76	0.86	0.73	0.74	0.72

续表 4-25

年　份	1998	1999	2000	2001	2002	2003	2004	2005	2006	2007	2008
HS13 虫胶、树胶	0.45	0.36	0.35	0.27	0.39	0.38	0.28	0.29	0.25	0.26	0.23
HS14 编结植物料	0.16	0.18	0.19	0.22	0.21	0.2	0.24	0.17	0.23	0.25	0.19
HS15 动植物油脂	10.5	7.8	6.86	6.24	6.25	4.52	4.68	4.54	4.06	1.25	1.03
HS16 肉的制品	44.5	44.3	55.4	58.34	57.45	64.5	64.1	60.44	67.88	68.12	69.45
HS17 糖及糖食	5.45	4.99	4.58	4.39	4.65	4.45	4.03	4.67	4.23	4.56	4.89
HS18 可可及制品	0.06	0.12	0.16	0.22	0.11	0.12	0.16	0.17	0.21	0.13	0.14
HS19 谷物等制品	4.65	4.42	4.51	4.88	4.84	4.45	4.12	1.45	1.85	1.65	1.02
HS20 果蔬制品	65.4	56.89	61.75	67.42	74.53	66.7	64.5	61.59	78.45	68.45	74.46
HS21 杂项食品	4.04	4.29	4.63	4.1	4.45	4.96	4.35	4.34	4.68	4.75	4.98
HS22 饮料、酒及醋	4.42	4.63	4.48	4.24	4.68	4.75	4.34	4.15	4.16	4.45	4.47
HS23 食品残渣	1.05	1.53	1.35	1.55	1.63	1.45	1.23	1.32	0.85	0.76	0.72
HS24 烟草及制品	4.48	4.53	4.43	4.63	4.12	1.25	1.34	1.39	1.28	1.42	1.42

在第 2 类农产品中，广西与东盟食用蔬菜的市场相似度指数在 20 世纪 90 年代就不断上升，双方食用蔬菜的相似度指数极高，2008 年的出口市场相似度指数高达 49.86%，这表明食用蔬菜竞争日渐激烈。谷物的市场相似度指数逐渐趋向于 0，在 2008 年下降为 0.05%，这说明在谷物方面，竞争性极小，为互补关系。

在第 3 类农产品中，广西与东盟的市场相似度指数从 20 世纪 90 年代起不断下降，由 1996 年的 10.5% 降为 2008 年的 1.05%，这说明双方的动植物油脂贸易互补关系逐渐增强。

4.4.3.2　广西与东盟农产品贸易的互补性分析

从前面可以得出结论：广西与东盟整体农产品相似程度高，但是由于资源禀赋的差异以及传统农产品生产、技术水平上的差异，从双边农产品贸易的角度来看，双方农产品存在一定的差异性，双边农产品贸易还是存在互补性的。

A　贸易互补性指数含义

贸易互补性指数可以用来衡量各主要出口国的出口结构与目标市场进口结构的相关程度，以考查各国出口结构具有比较优势的水平（于津平，2003；孙林等，2003）。贸易互补性指数 C_{ab} 是衡量贸易双方贸易关系的另一重要指标。当一国出口的主要产品与另一国进口的主要产品一致性较好时，两国的互补性指数大，反之则小。也就是说，C_{ab} 的数值越大，相应的两国（地区）之间贸易的互补性越强；C_{ab} 的数值越小，相应的两地之间贸易的互补性越弱。一般以1作为衡量的分界：当$C_{ab}>1$时，说明两国的贸易互补性强，且C_{ab}值越大，互补性越强；当$C_{ab}\leqslant 1$时，说明两国的贸易互补性弱，且C_{ab}越小，互补性越不明显。

B 贸易互补性比较

分析表4-26和表4-27以及1996～2008年相关数据，可以发现广西农产品出口与东盟主要国家进口的贸易互补指数呈上升态势。广西在与东盟国家的农产品贸易出口压力较小。可以发现，广西出口与东盟进口的农产品贸易互补指数均低于全国水平，这说明广西对东盟主要国家农产品出口的压力要低于全国平均水平。究其原因，广西与东盟山水相连，物流运输成本较低，出口具有价格优势。横向比较可知，在东盟主要国家中，出口压力相对较小、互补性较好的原来是印度尼西亚，在2006年全国贸易互补指数为1.35，广西为0.56；后是泰国，1996年为1.3，2006年为0.95，出口压力相对较大、互补性较差的是印度尼西亚，2006年指数为0.54。通过比较分析，可看出广西进口与东盟5国出口的贸易互补性较大，尤其是对印度尼西亚、泰国、马来西亚三国，指数水平均超过1，表明中国在农产品进口方面比较依赖东盟市场，依存关系较明显；广西进口与东盟主要国家出口农产品贸易互补指数要低很多，但同少数几个国家该指数仍接近1，如和越南、泰国，表明广西农产品进口对部分东盟国家也存在较强的依赖性。纵向比较发现，该指数有上升的趋势，尤其是最近几年，由于相关贸易自由化政策实施，广西农产品进口越来越多依赖于东盟市场，与东盟国家的出口互补性在不断增强，广西在进口方面对东盟显现出较大的依赖关系（见表4-28和表4-29）。

表4-26 2006年广西出口东盟主要农产品金额及比重

类 别	HS01	HS03	HS07	HS08	HS11	HS12	HS16	HS20	HS22
金额/万美元	4626	2728	4310	5456	2452	4712	2733	4245	4822
比 重	0.13	0.08	0.12	0.15	0.07	0.13	0.08	0.12	0.13

资料来源：南博网。

表4-27 广西-东盟和中国-东盟农产品互补指数比较

年 份	2004	2005	2006	2007
广西-东盟	0.78	0.83	0.87	0.84
东盟-广西	0.56	0.61	0.69	0.63
中国-东盟	1.23	1.27	0.95	0.79
东盟-中国	0.69	0.76	0.53	0.52

表 4-28　广西-东盟和中国-东盟农产品贸进口贸易互补性指数

年份	中国					广西		
	越南	印度尼西亚	马来西亚	泰国	新加坡	越南	泰国	印度尼西亚
1996	1.23	1.96	0.8	1.37	0.71	0.93	1.3	0.83
1997	1.19	0.36	0.98	1.49	0.75	0.83	1.19	0.65
1998	1.06	1.72	0.87	1.17	0.63	0.75	1.14	0.51
1999	1.17	4.07	0.87	1.22	0.59	0.67	1	0.48
2000	1.26	4.01	0.92	1.31	0.59	0.59	1.12	0.46
2001	1.09	4.68	0.9	1.44	0.57	0.64	1.01	0.55
2002	1.85	4.39	0.93	1.36	0.56	0.76	0.91	0.53
2003	0.78	4.04	0.78	1.04	0.49	0.56	0.87	0.45
2004	0.65	1.7	0.64	0.82	0.38	0.56	0.89	0.43
2005	0.7	1.28	0.56	0.59	0.27	0.63	0.88	0.31
2006	0.73	1.35	0.52	0.65	0.28	0.68	0.95	0.34
2007	0.72	1.33	0.53	0.64	0.27	0.67	0.93	0.32
2008	0.74	1.36	0.49	0.66	0.28	0.66	0.97	0.33

表 4-29　广西-东盟和中国-东盟农产品出口贸易互补指数

年份	中国					广西		
	越南	印度尼西亚	马来西亚	泰国	新加坡	越南	泰国	印度尼西亚
1996	1.28	4.88	4.5	4.27	0.8	1.45	0.56	0.75
1997	1.13	4.78	4.27	1.84	0.73	1.36	0.52	0.69
1998	1.06	4.46	1.99	1.43	0.65	1.24	0.46	0.63
1999	1.17	4.24	1.83	1.06	0.58	1.21	0.45	0.41
2000	1.26	4.38	1.66	0.78	0.51	1.09	0.39	0.26
2001	1.09	4.62	1.7	1.11	0.56	1.11	0.42	0.36
2002	1.85	4.34	1.5	1.12	0.5	0.95	0.37	0.42
2003	0.78	4.48	1.52	0.89	0.34	0.89	0.46	0.27
2004	0.65	4.44	1.65	0.99	0.37	0.78	0.35	0.24
2005	0.72	4.95	1.6	0.98	0.33	0.84	0.28	0.32
2006	0.63	4.62	1.73	0.94	0.37	0.93	0.31	0.54
2007	0.65	4.53	1.68	0.87	0.34	0.96	0.31	0.53
2008	0.56	4.76	1.85	0.83	0.25	0.95	0.29	0.49

综上所述，广西与东盟农产品贸易是竞争关系与互补关系共存，即广西与泰国、越南、印度尼西亚、马来西亚和菲律宾在出口贸易方竞争关系明显，而在进

口贸易方面是具备较大的互补依存关系，而与老挝、缅甸、柬埔寨、新加坡和文莱的贸易关系是互补的。总体来说广西与东盟的互补关系逐渐增强，竞争关系逐渐减弱，但是竞争仍然很激烈。

4.5 广西与东盟农产品产业内影响因素分析

2010 年中国-东盟自由贸易区建成，这是世界上由发展中国家组成的最大的自由贸易区，它涵盖 18 亿人口，GDP 接近 6 万亿美元，贸易额达 4.5 万亿美元。1991 ~ 2011 年，中国与东盟贸易额从 79.6 亿美元增至 3629 亿美元，2011 年东盟超过日本成为中国的第三大贸易伙伴，中国连续 3 年成为东盟第一大贸易伙伴。由于对外贸易对我国的经济增长的作用越来越大，中国与东盟国家之间的产业内贸易也逐渐发展为对外贸易的支柱力量。而农产品产业内贸易是中国与东盟国家的产业内贸易中的重要组成部分，因此研究两大经济体之间的农产品产业内贸易尤为重要。

4.5.1 产业内贸易研究历程

意大利经济学家凡尔登在观察比荷卢经济联盟内部所发生的贸易形式变化时，于 1960 年首先发现了产业内贸易。巴拉萨比较了欧共体形成后各成员国贸易现状分析后，首次提出了产业内贸易的概念。格鲁贝尔和劳埃德于 1975 年进一步解释了产业内贸易现象，指出产业内贸易是贸易总额减去产业间贸易所得的余额。由于这个定义能提供实际的统计分析依据，且在实践中切实可行，因而得到了学术界的广泛认可与使用。此后有关产业内贸易的研究，从关注产业内贸易的根源及发展动力、测定产业内贸易发展程度的方法，发展到关注产业内贸易影响因素和产业内贸易与经济增长之间的正负关系。

有关产业内贸易发展的原因，学者们的观点主要集中在规模经济和异质性两个角度。Grecnaway 和 Milner 从规模经济的角度揭示产业内贸易的成因，指出规模收益递增促使各国在各产业内部发展专业化生产，形成竞争优势，从而导致产业内贸易的产生。Davis 主要从产品的差异性分析其成因，主要观点是产品的异质性是产业内贸易的根基。产业内贸易计算的研究由 Grubel 和 Lioyd 开创，他们提出了至今仍在广泛使用的产业内贸易测量的方法。该方法的基本思想是将某一特定产品组合的出口和进口之差的绝对值看出是产业内贸易额，在此基础之上他们设计了一个产业内贸易指数（G-L 指数），用于描述产业内贸易发展的现状及其动态变化。此后，围绕他们提出的这个最初的产业内贸易指数，学者们开展了大量修订工作。最先作出修订的是他们自己，他们针对原始指数不能反映产业内贸易不平衡性因素的缺陷进行了修正，但是修正的效果并不理想。Aquino 提出从每个产业的产业内贸易不平衡进行修正的角度来修正一国产业内贸易不平衡问题的指数。Ramkishen 采用双向加权方法编制了一个产业内贸易指数，消除产业内贸易的不平衡问题。由于这些研究并未能实质性突破初始的 G-L 指数，因此学者们随后的研究主要关注于产业内贸易对经济增长的作用和产业内贸易的影响因素。

Chow 等人运用亚洲新兴工业化国家和地区与欧盟、美国与日本之间贸易发展的历史数据，实证分析了产业内贸易对亚洲新兴工业化国家的 GDP 增长与人均收入的提高具有极强的促进作用，这种促进作用是通过引进跨国资本，通过产业内贸易实现产业竞争力增强、人力资本积累来实现的。Stone 和 Leonie L. 在分析产业内贸易促进经济增长的路径时，指出产业内贸易可以通过提高国家需求层次，扩大国家需求总量；通过促进规模经济，淘汰不具备竞争力的产业；通过“干中学”模式的技术进步等路径，实现对经济增长的拉动作用。

由于产业内贸易对一国的经济增长和产业结构升级具有极强的正向作用，学者们对于影响产业内贸易的因素进行了大量的分析。Loertscher 和 Wolter 分析指出影响产业内贸易的主要因素是两国之间的贸易品差异化程度、消费者的收入水平。如果差异化程度较高，居民的收入水平也处于一个比较理想的高度，则产业内贸易将以较快的速度增长。Sharma 对影响产业内贸易的因素进行了全面的总结，基本结论是贸易伙伴之间的市场自由度与规模、跨国公司的经营、经济融合与要素禀赋条件等都是促进产业内贸易发展的重要因素。

近年来，随着我国对外贸易的迅猛发展，我国学术界对产业内贸易越来越重视。其中大多数学者都对产业内贸易的经济效益和影响因素进行专门研究。陈迅、李维结合我国的实际情况，对国外学者提出的产业内贸易测算指数进行了修正，提出了适合我国的产业内贸易测算指数。徐统生在将我国的产业内贸易按照分工类型不同，分为垂直型产业内贸易和水平型产业内贸易之后，认为水平型产业内贸易对我国的经济增长具有阻碍作用，而垂直型产业内贸易会对我国经济产生促进作用，因此我国必须发展垂直型产业内贸易。宣烨、李思慧利用修正后的产业内贸易指数，用我国 1985～2007 年的数据实证分析了我国的经济增长与产业贸易发展之间的关系，他们的结论是产业内贸易与我国的经济增长之间存在双向因果关系。马剑飞等对影响我国产业内贸易的因素进行了实证性分析，研究得出的结论是，产品越多样化，产业内贸易程度越高，而规模经济没有太大的影响作用，外国直接投资产生负效应。杜运苏、彭恒文基于产业内贸易的类型不同开展研究，发现产品多样化、研究与开发费用、外资等与垂直型产业内贸易有正相关关系，与水平型产业内贸易负相关；而规模经济和市场结构与两种类型的产业内贸易是同向发展的关系。

以上关于产业内贸易的研究已经形成一定的规模，但作为一种发端于现实贸易现象观察而来的研究，产业内贸易理论仍然是一种需要不断深入的新贸易理论。产业内贸易理论还不成熟，对于影响产业内贸易的因素在理论上仍有许多存在争议、没有完全廓清的问题。从目前的实证研究来看，由于学者们在进行研究时选择产业类型、经济区域、社会阶段不尽相同，因此对产业内贸易的影响因素的实证结果往往也会得出不同的结论。所以，不论是理论研究还是实证分析，学者对影响产业内贸易的因素并没有形成一个一致的结论。

4.5.2 农产品产业内贸易影响因素理论分析

4.5.2.1 广西与东盟农产品贸易发展现状

广西是中国西南与东盟地区最接近的省份，其目前5000多万人口中，有80%以上是从事农业生产。农业是广西的支柱性产业之一。目前广西的主要农产品分为粮食、水果、蔬菜、水产品和以调味料、中药材为主的农副产品。广西作为一个农业大省，农产品的对外贸易额在广西GDP中占有很大的份额。在对东盟的贸易中，农产品同样占有举足轻重的地位。据南宁海关统计，2010年，广西与东盟农产品贸易额达到9.37亿美元，其中广西与越南农产品贸易额达到7.66亿美元，出口4.71亿美元，占出口总额的49.2%。主要出口产品有蒜头、中药材、柑橘、洋葱、苹果等。同时，越南木薯、龙眼、西瓜、火龙果等农产品通过广宁、谅山等边境省口岸源源不断出口到广西。

从东盟的成员国来看，农业也是各成员国重要的产业。泰国是东盟成员国中著名的稻米生产和出口国，在稻米出口量世界第一的前提下，泰国政府正致力于推动蔬菜、花卉、水果、水产品等农产品出口增速加快。马来西亚是以油棕、橡胶和热带水果出口为主要农产品贸易的国家。印度尼西亚的棕榈油、可可、咖啡的种植与出口是当地农产品出口的主要力量，印度尼西亚是世界上第四大咖啡出口国、第二大可可出口国。菲律宾是东盟地区农业基础性地位最强的成员国，全国一半人口从事农业生产，主要的农产品是水果、水产品，其中香蕉主要出口中国。越南的农业产值占全国GDP的25%左右，主要出口的农产品是咖啡、腰果、橡胶、蚕丝等。缅甸的农业人口占全国总人口80%以上，主要出口的农产品是水稻、棉花、林木和咖啡等。柬埔寨的粮食作物尚不能自足，但是水产品资源十分丰富。老挝作为东盟地区农业经济比重最高的国家，全国唯一支柱性产业就是农业，90%的人口是从事农业生产劳动，但由于缺乏资金和技术，老挝在东盟中的农业贸易额中几乎不占什么份额。新加坡、文莱是东盟地区经济最发达的国家，由于经济现代化程度高、国土面积小，这两个国家都没有什么农业，其粮食、蔬菜、水果、水产品主要依赖进口。

由上面的分析可以看到，一方面广西与东盟之间的农产品结构存在高度相似之处，另一方面广西与东盟之间的农产品贸易迅速上升。这充分说明，在当前广西与东盟之间的经贸往来中，产业内贸易成为了贸易的主要形式。这就要求从影响产业内，尤其是农业产业内贸易的因素出发，研究如何促进广西与东盟之间的贸易平稳有序发展。

4.5.2.2　农产品产业内贸易的影响因素

产业内贸易的影响因素主要分成两种：一是包括要素禀赋、收入水平等内容的国家层面要素；二是包含了市场结构、规模经济等内容的产业层面要素。这两方面要素都能影响产业内贸易。考虑到广西与东盟10国的农产品贸易主要的农产品差别不大，且东盟10国间的市场经济发展程度差别很大，以农业生产为主的经济体都是以农户为单位的传统农业生产方式，本节在实证中不将市场产品差异、市场结构与规模经济列为影响广西与东盟农业产业内贸易因素。

（1）收入水平。收入水平影响着消费水平，消费水平对国民经济的拉动作用越来越强，因此收入水平影响着一国的经济发展水平。收入水平的衡量指标主要是GDP和人均GDP。从消费者角度看，产业内贸易是基于消费者多样化的消费需求而产生的，而人均GDP则影响着消费者的需求，因此应该选取人均收入为指标。一般来说，一个国家的产业内贸易程度与人均收入水平是呈正相关关系的。而从国家之间的角度来看，两个国家的人均收入差异越小，产业内贸易发生的几率就越大。这是由于人均收入水平越接近，两国的消费者的消费需求存在越大的相似性。

（2）贸易条件。贸易条件主要包括经济一体化程度与贸易壁垒。过度的贸易壁垒会导致产业内贸易体的程度降低，而破除壁垒坚冰，经济一体化的水平越高，产业内贸易水平也越高。这主要有两方面原因：

1）经济一体化是各国消除彼此之间歧视的过程，在这个过程中企业就在最有效的规模上进行运作。

2）经济一体化促进了政治与文化的融合，各国人民的消费需求不断发生变化，提供了生产差别化产品的需求条件。

经济一体化对产业内贸易的推动需要其他要素为基础，如相似的人均收入水平、经济制度、风俗文化等因素，缺乏这些因素的话，推动产业内贸易可能需要经济一体化起到独当一面的作用。

（3）外商直接投资。外商直接投资是指为了取得长期利润和对他国中的企业的管理控制权，而对该他国企业进行投资。外商直接投资能否促进产业内贸易的发展，取决于外资投入的动机。如果是以生产基地建设为动机，其投资目的在于以最低的投入获得最大的利润，有利于东道国和投资商连接成价值链，在价值链上协作分工，有资源优势的区域，这种形式的投资可以使生产环节更加分散，产品的流动更加快速，提高产业内贸易水平。而以占领市场为动机的外商直接投资，其目的在于抢占在东道国的销售市场，外资主要是偏向东道国的消费需求，在东道国已有的资源优势上就地取材就地生产，就东道国已经泛滥的或者不缺乏的产品再次投资，不利于产业内贸易水平的提高。

（4）要素禀赋。新古典要素禀赋理论提出的基本模型是两国在生产中使用相同的技术，如果要素价格是相同的，则两国在生产同一商品上所使用的劳动力和资本的比例是相同的。如果劳动资本比低，则说明这个国家适合以资本密集型产品生产为支柱产业；如果劳动资本比高，则这个国家有过剩的劳动力，适合以劳动密集型生产为支柱产业。根据垂直型产业内贸易的论述，产业内贸易产生的原因必须从要素禀赋差异中寻找，产品的质量高低取决于劳动资本比例的类型，劳动密集型的产品质量较低，而资本密集型的产品往往是高质量的，因此资本劳动比越高，不同产品产业内贸易的集中程度就越高。资本充裕和劳动力充裕这两种不同的要素禀赋提升了产业内贸易的水平，同时决定了垂直型不同产品贸易性质，并对产业内贸易的程度产生重要影响。

4.5.3　农产品产业内贸易影响因素实证分析

4.5.3.1　G-L 指数对比

G-L 指数是格鲁贝尔和劳埃德提出的用来研究产业内贸易的一个指数。要计算出广西与东盟农产品产业内的 G-L 指数，必须先计算出这两个地区的 G-L 产品内贸易指数，农产品内贸易指数的计算公式如下：

$$A_i = 1 - \frac{|X_i - W_i|}{X_i + W_i}$$

式中，W_i 代表 i 类农产品的出口额；X_i 代表 i 类农产品的进口额。

在得出两个地区 i 类农产品内贸易指数之后，再根据以下公式计算 i 类农产品产业内的 G-L 指数：

$$A = \Sigma A_i$$

由此得出 2001～2011 年广西与东盟地区农产品产业内的贸易指数，见表 4-30。

表 4-30　2001～2011 年广西与东盟各国农产品贸易 G-L 指数

年　份	2001	2002	2003	2004	2005	2006	2007	2008	2009	2010	2011
G-L 指数	0.401	0.241	0.232	0.451	0.478	0.333	0.489	0.389	0.402	0.362	0.412

资料来源：东盟秘书处数据库。

4.5.3.2　解释变量的选择

（1）区域内人均 GDP。广西-东盟的人均 GDP 等于两地区的人均 GDP 之和除以 2，公式如下：

$$广西 - 东盟的人均 GDP = （广西人均 GDP + 东盟人均 GDP）/2$$

根据前文分析，一个国家的产业内贸易程度与人均收入水平是呈正相关关系的，而广西和东盟的人均 GDP 水平不断提高，两个地区的产业内贸易程度也会越高。本节以人均 GDP 与产业内贸易成正相关关系为基础，选取广西-东盟的人均 GDP 为解释变量。

（2）区域人均 GDP 差值。从 2005 年至今，虽然广西的 GDP 增长一直保持着 12% 以上的比率，但是其与东盟各国人均收入之间存在一定的差距，并且在不断拉大。前文已述，人均收入的差异和区域之间的产业内贸易是呈负相关关系的，本节在研究东盟各国和广西的人均收入差值的基础上，得出人均收入差值与产业内贸易呈负相关关系，选取广西-东盟的人均 GDP 差值为解释变量。

（3）区域经济一体化程度。区域之间经济开放程度越高，越能提高经济一体化的程度，而开放度体现为区域外贸易额度，因此外贸额度占 GDP 的比例是经济一体化的客观体现，公式如下：

$$\text{广西 - 东盟经济一体化程度} = \frac{X + M}{\text{广西 GDP} + \text{东盟 GDP}}$$

式中，GDP 应该采用东盟与广西的年度值之和；X 和 M 分别为广西和东盟的外贸额。

根据上文所述，以经济一体化与产业内贸易水平呈正相关关系为基础，选取经济一体化程度为解释变量。

（4）外商直接投资。广西和东盟快速发展的经济，带来了集聚效应，外商对这一区域的直接投资不断增加，因此以产业内贸易与外商直接投资呈正相关关系为基础，假定对广西-东盟的外商直接投资为解释变量。

（5）要素禀赋。以要素禀赋与产业内贸易成正相关关系为基础，本节选择广西-东盟的劳动人口与固定资本比用以描述该地区的贸易要素禀赋。

4.5.3.3 模型的设定

本节选择了 5 个假设变量，并且收集了 2001 ~ 2011 年间关于这 5 个假设变量的数据，区域是广西和东盟。依据人均 GDP、人均 GDP 差值、经济一体化程度、外商直接投资和劳动资本要素禀赋这 5 个解释变量和取得的数据，设定分析产业内贸易影响因素的基本模型：

$$\ln Y = \beta_0 + \beta_1 \ln X_1 + \beta_2 \ln X_2 + \beta_3 \ln X_3 + \beta_4 \ln X_4 + \beta_5 \ln X_5 + \delta$$

模型中 $X_1 \sim X_5$ 分别指代前面所提到的五大解释变量；δ 表示服从正态分布的白噪声项；Y 是指广西-东盟农产品产业内贸易 G-L 指数。

4.5.3.4 模型回归结果

借助上述模型运用经济分析软件对 2001 ~ 2011 年间广西与东盟农产品产业内贸易数据进行分析，并采用加权最小二乘法对所选 5 个变量进行参数估计，得出表 4-31 所示结果。

表 4-31 广西与东盟农产品产业内贸易影响因素回归结果

变 量	预期影响	系数估计值	T 值	P 值
B_0		-6.3424	1.5789	0.1123
$\ln X_1$	+	6.23463	4.5682	0.0145
$\ln X_2$	-	-1.44878	2.0010	0.0621
$\ln X_3$	+	0.97176	5.5179	0.0041
$\ln X_4$	+	1.02556	6.6715	0.0012
$\ln X_5$	+	0.50648	6.9825	0.0015
R^2	0.9878			
F 值	34.5438			
DW 值	2.2115			

从结果可以看出，模型结果与理论分析是一致的，在将显著水平设置为 5%时，除了常数项与 X_2 之外，都通过了检验；而将显著水平设置为 10%，所有的系数都通过了检验，所有检验模型的自变量都符合预期符号。

根据以上分析，本节的最终模型为：

$$\ln Y = 6.23463\ln X_1 - 1.44878\ln X_2 + 0.97176\ln X_3 + 1.02556\ln X_4 + 0.50648\ln X_5$$

4.5.4 结论

4.5.4.1 人均 GDP

从上述模型可以得出 $\ln X_1$ 的系数是 6.23463，说明了我们的假设，广西-东盟人均 GDP 与农产品产业内贸易呈正相关关系，是正确的。6.23463 这个系数就是人均 GDP 对产业内贸易增长的边际效应，它在所有的解释变量中是最高的。也就是说，这两个地区的 GDP 不断增长，必然促进消费需求的增长。

进一步看，区域内的人均 GDP 增长影响着消费者的需求，促使差异化产品市场的形成并不断壮大。不断扩大的规模经济为两个区域的企业提供了条件进行差异化农产品生产，其对广西与东盟主要有如下促进作用：

（1）东盟内部地域十分辽阔，国与国之间经济发展极不平衡，既有即将进入发达国家的新加坡，也有仍处于农业化阶段的老挝、柬埔寨等国。这些国家之家内部的收入存在较大的差距，各个国家对产品需求不同，对于双向垂直型产业内贸易与水平产业内贸易都有提高作用。

（2）两个区域内产生了对差异化产品的需求，必然要求它们提高生产差异化产品的能力，因此刺激了更大规模的出口需求，促进产业内贸易的发展。

4.5.4.2　人均 GDP 差值

$\ln X_2$ 的系数是 -1.44878，负系数说明了人均 GDP 差值与农产品产业内贸易呈负相关的关系，这两个区域的人均 GDP 差值的边际效应是 -1.44878，人均 GDP 差值越小，则农产品产业内贸易程度越高。从生产角度看，人均 GDP 差值越小，则收入水平越接近，而要素禀赋的储备程度往往通过人均收入得以体现，要素禀赋的相似程度与生产结构的相似程度是呈正相关关系的，而生产水平差异性产品必须以相似的生产结构为基础。从消费方面看，人均收入越相似，需求结构也越相似，双方都依赖于对方的产品。但是广西与东盟之间存在较大的人均 GDP 差值，这导致了两个区域的需求结构差异较大，抑制了两国的产业内贸易。

4.5.4.3　经济一体化程度

$\ln X_3$ 的系数是 0.97176，说明广西-东盟区域经济一体化程度与区域内农产品产业内贸易二者呈正相关关系，经济一体化程度的边际效应为 0.97176。这说明，中国-东盟自由贸易区建立后，双方在逐步降低关税，最终取消关税的同时大力削减了非关税壁垒，农产品可以在这广西-东盟区域实现自由流通，改善了贸易环境，促进了区域内农产品互通有无。

4.5.4.4　外商直接投资

$\ln X_4$ 的系数是 1.02556，说明这两个区域的外商直接投资与农产品产业内贸易呈正相关关系，FDI 的边际效应为 1.02556。近年来，随着亚洲更多的对外开放市场与自身经济的发展，外来的资金不断地集聚，大量的直接投资流入亚洲，这是由于先进国家为了在投资过程建立加工工业生产基地并追求廉价劳动力。这是以生产为动机的直接投资，促使东道国的产业结构发生改变。产业内垂直分工的产生引起了许多变化，最重要的是加工贸易产业在未来世界经济中所具有的巨大影响。

跨国公司在世界经济中的崛起，其内部贸易也在不断地扩大，其中产业内贸易在公司内贸易中占有相当的比例。东盟各国和广西具有天然的自然资源优势，跨国公司将某些生产环节安排到具有农产品资源优势的国家，使这些国家在全球生产中的某一环节发挥作用，这种模式能够促进双方各自的优势产业的发展，从而促进双方产业内贸易的发展，其结果必然是产业内贸易的快速发展。

4.5.4.5　要素禀赋

$\ln X_5$ 的系数是 0.50648，说明这两个区域的资本劳动比与农产品产业内贸易呈正相关关系，随着市场化的不断深入，广西与东盟不断聚集更多的资本，区域资本劳动比重不断提高。资本劳动率的提高意味着劳动生产率的提高，东盟-广西区域农产品产业内贸易发展不断地优化与加快。

4.6 广西与东盟农产品贸易的前景分析和政策建议

4.6.1 前景分析

从贸易结构来看，目前广西与东盟之间农产品贸易模式仍将在相当长的一个时期内继续维持，即基于比较优势、资源禀赋等。广西出口东盟的最重要农产品是食用蔬菜、根和块茎；食用水果和坚果及柑橘属水果或甜瓜的果皮；含油子仁及果实、工业用或药用植物、稻草秸秆和饲料；蔬菜、水果、坚果或植物其他部分的制品；饮料、酒及醋等。广西进口东盟的最重要商品是：食用水果及坚果；柑橘属水果或甜瓜的果皮；咖啡、茶、马黛茶及调味香料；含油子仁及果实；工业用或药用植物；稻草秸秆及饲料。广西出口农产品将逐渐转变为以劳动力密集型农产品为主，同时从东盟进口土地密集型农产品。

从竞争力状况分析来看，广西农产品已经不再具有比较优势，而且竞争优势也在不断地削弱。广西与东盟农产品贸易结合指数呈现上升趋势，这意味着广西与东盟农产品贸易开发程度较高，如果按照现有的产品结构继续生产和开展贸易，两地区间贸易关系中竞争性将逐步增加。而依据广西与东盟农产品出口相似性和产品相似度指数程度分析结果，广西与东盟农产品出口相似程度高，而且结构在短期内不太会改变，因此广西和东盟贸易竞争关系将越来越激烈。由于广西农产品在竞争中大多数都不占比较优势，因此广西农产品出口东盟市场的压力将越来越大。与之相反，东盟地区国家，特别是泰国和越南农产品的竞争力很强，预计，广西与东盟农产品贸易总额将继续增长，但是广西的进口增加迅速，出口减缓。突破广西出口难题的方式，是调整农业生产结构，重点选择能拓宽增加农民收入、提高资源利用效率、缓解国内农业生产对资源环境压力的领域。从广西和东盟农业合作和农产品贸易实践和理论来看，广西和东盟农产品具备很大合作空间，广西对动植物油脂和谷物有巨大的需求，而东盟在这类产品上具有天然优势。

另外，从贸易方式和贸易量看，广西与东盟农产品贸易仍以边境小额贸易方式为主且进出两旺，加工贸易增长迅速。特别是钦州和凭祥保税物流区的建成后，广西与东盟的加工贸易发展迅速，广西与东盟农产品贸易的规模和贸易种类进一步扩大，同时，贸易逆差进一步增加，而越南在相当长的一段时间内仍然是广西的头号农产品贸易国。

4.6.2 政策建议

（1）调整产业结构，着重增强贸易互补性。根据资源禀赋特征和比较优势原则，广西应该加大力气调整农业产业结构，实现出口产品结构由土地密集型农产品调整为向劳动、技术密集型农产品转变，大力发展诸如有机农产品、特色农产品之类的优势互补农产品。增强广西与东盟国家农产品双边贸易的互补性。大力发展农产品深加工，提高农产品附加值。

1）政府需在政策上正确引导，无论国有、集体、民营联营企业都一视同仁地给予税收优惠和资金扶持，充分利用原有基础，节约投资成本，大力鼓励、扶持其发展成为有竞争能力的企业和龙头产业，开发本地的农产品资源，带动农业经济发展。

2）农产品经营者自身应该加强学习，提高质量意识、品牌意识、营销意识，在农产品精加工上，改进农产品包装，提高农产品的附加值，树立企业产品品牌，提升农产品竞争力。

（2）提高农产品质量，规范农业标准化建设。广西对东盟农产品竞争能力的增强，归根结底在于提升农产品质量。为保证广西与东盟农产品贸易的顺利开展，应深入贯彻质量安全和标准化建设，充分发挥政府服务职能，检验检疫部门和海关监管部门联动完善农副产品质量安全监测体系和进出口检验检疫标准体系，把好农产品的流通和销售设置市场准入关；同时充分掌握东盟各国市场准入标准，向面向东盟出口的农产品企业提供充分准确政策信息，扶持和帮助农产品生产、加工企业进入东盟市场，加大力度建设标准化农业和农产品及食品加工业。

（3）加强流通领域建设，统一进出口检验检疫标准。广西农产品流通环节缺位，农产品生产、运输、储藏、包装、销售保持着比较落后的模式，限制了广西地区农产品出口规模的扩大。应尽快建立农产品国际物流服务中心，尽快建立大型多功能国际农产品集散中心，并尽早完善仓储、转运、包装分装等环节的港口物流配套设施。统一规划广西农产品物流中心的可行性方案，避免区内各地搞重复建设，分散资源。避免盲目的“物流中心热”。经营模式要争取与国际接轨，或可借鉴国外水产畜牧等农产品先进的拍卖批发形式。尽快建成和扶持若干个区域性的农产品交易、加工、包装物流园区。尽快改变广西农产品流通长期滞后的局面。物流中心的建设和功能定位，要着眼于国际性、区域性。这是广西应对自由贸易区的建立，弥补要素短缺和扭转广西在东盟市场开拓处于劣势的重大举措。目前，东盟国家尚未出台统一的进出口检验检疫标准，导致双方在某些检验检疫技术问题，特别是农药残留问题上分歧很多。因此，尽快建立起合作磋商机制，统一进出口检验检疫标准体系，是保障农产品贸易的顺利必要措施。

（4）培育好农业生产龙头企业，提升参与国际竞争的实力。与东盟国家相比，广西农业总体来说竞争力不够，广西区政府应该在政策、资金、技术等方面加大扶持力度，鼓励建立一批经济实力足、科技力量强、能够带动千万农户生产市场化、便于发展商品市场的农产品加工、流通、储藏、保鲜和运输等龙头企业。政府应在原料基地建设，申报国家绿色食品、有机食品认证及新技术新产品国家专利等方面给予专项资金扶持，鼓励企业不但做大更重要的是做出特色，提升广西在东盟市场及国际市场的竞争力。在优势农产品产区，鼓励、扶持和引进从事优势农产品加工、销售的产业化龙头企业，使各农产品主产区都有相应数量和规模产业化龙头企业带动，从而形成有国际竞争力的优势产业带。

(5) 提升品牌意识，加强农产品营销。与农业的生产能力、潜力相比，广西扩大出口的营销手段单一，营销意识和品牌意识缺位情况严重。如广西的淮山质量上等，在东盟国家也很有市场，但是广西没有自己的品牌，许多淮山被河南客商收购，加工或包装后以河南产品销售，久而久之，国外客商只认可河南的淮山品牌，广西的淮山生产企业和生产农民吃了大亏。又如，广西靖西盛产的山楂，经别人收购加工，也变成了外省的品牌，这使广西的农产品只能处于加工链条的原料环节获得薄利，而丧失了附加值高的加工、包装以及品牌增值所带来的高额利润。因此扶持本区和引进区外从事优势农产品加工、销售的产业化龙头企业，加强农产品营销很有必要。

(6) 加强和开展两地合作协商，合理布局两地产业。首先，应该在同东盟协商的基础上，合理建立农业产业协作体系，根据区域内的农业产业发展实际情况和产业合理布局原则，加强广西与东盟在农业产业上的协作，扩大广西与东盟的双向农业投资，在更大范围优化双方之间的生产要素及资源配置，提升区域产业结构和区域性农产品在世界市场竞争能力。目前广西与东盟国家的农业合作还没有形成很合理的分工，各自的优势未能充分显现，长此以往，势必会影响双方贸易的大幅度增长和贸易的积极性。广西与东盟国家应按照比较优势和国际分工调整产业结构，增强双方贸易的互补性，以避免引起不必要的激烈竞争。

积极推进构建广西与东盟农业科技合作平台：建立广西“10+1”农业科技信息研究与咨询机构；在条件成熟的情况下，共建中国(广西)-东盟农业高新技术试验园区。在试验园区中建立技经结合、技贸结合的合作机制，实行政府扶持、市场化运行模式，搭建科学高效的合作平台。

5 广西农产品物流现状分析

5.1 广西农产品生产与消费现状

5.1.1 生产现状

广西地处祖国南疆，中部位于北回归线上，属亚热带季风气候区，有“天然温室”之称。行政区域土地面积23.76万平方公里，管辖北部湾海域面积约4万平方千米。辖区内气温高、光照足、雨量充沛、夏长冬短，年均气温17.5～23.5℃，年均降水量841.2～3387.5mm，年日照时数1213.0～2135.2h，无霜期长达280天以上。西北高、东南低，呈西北向东南倾斜状。山岭连绵、山体庞大、岭谷相间，四周多被山地、高原环绕，中部和南部多丘陵平地，呈盆地状，有“广西盆地”之称。河流大多随地势从西北流向东南，形成以红水河-西江为主干流的横贯中部以及两侧支流的树枝状水系。集雨面积在50平方千米以上的河流有986条，总长3.4万公里，河网密度144m/km^2。河流分属珠江、长江、桂南独流入海、百都河等四大水系。耕地面积442.54万公顷（2013年度土地利用变更调查数），人均耕地0.09公顷。这些良好的自然气候环境使得广西具备种植生产各种亚热带名优水果、蔬菜等农产品的优良条件，使之被誉为“土特产仓库”。大量越冬果蔬的出产，也使广西成为我国“南菜北运”的重要基地。

广西地处亚热带，气候温暖湿润，阳光充足，利于作物生长。除稻谷、玉米等大宗粮食作物，花生、油茶籽等油料作物，甘蔗、黄红麻等大宗经济作物外，还有众多著名的地方特产。地方名优蔬菜品种有荔浦芋、玉林大蒜、横县大头菜、博白蕹菜、扶绥黑皮冬瓜、田林八渡笋、覃塘莲藕、长洲慈姑等。药用植物有田七、肉桂、罗汉果、绞股蓝、血竭、安息香等。著名热带及亚热带水果有荔枝、龙眼、木瓜、凤梨、香蕉、杧果、沙田柚、柑、橙、菠萝蜜等。优良禽畜品种有三黄鸡、香猪、都安山羊、德保矮马、右江鹅等。林产品有松脂、桐油、紫胶等。海产品有珍珠、对虾及红鳍笛鲷等名贵鱼类。

截至2013年12月，广西壮族自治区辖14个地级市，36个市辖区，7个县级市，67个县（含12个民族自治县），首府为南宁市。各地区主要的农产品分布情况见表5-1。

表5-1 广西各地主要的农产品分布

地 区	经济作物分布种类
南宁市辖区	荔枝、香蕉、柑橘、菠萝、蔬菜
马山县	金银花、生姜、藕
上林县	稻谷、玉米、甘蔗
隆安县	板栗、荔枝、甘蔗、玉米、稻谷、木薯、花生、稻谷
宾阳县	甘蔗、稻谷
横 县	水稻、甘蔗、蜜梨、果蔗、茉莉花
柳州市辖区	蔬菜、甘蔗、蔬菜、水稻、水果、薯类、稻谷
柳江县	烟草、大豆、雍甜柚、姜、成团茨菇、百朋金柿子、玉藕、辣椒
鹿寨县	稻谷、麻类、烟叶、上龙橙
融安县	金橘、毛竹、罗汉果、油茶、烟叶
柳城县	柑橘、甘蔗、黄红麻、烟草、稻谷
三江侗族自治县	玉米、稻谷、油茶、毛竹
融水苗族自治县	水稻、竹子、杉木
桂林市辖区	芝麻、薯类、沙田柚、金橘、辣椒
阳朔县	稻谷、甘蔗、水果、金橘、沙田柚、柿饼
荔浦县	稻谷、玉米、豆类、夏橙、薯类
永福县	稻谷、甘蔗、黄红麻、香菇
兴安县	水果、白果、毛竹、六洞茶、葡萄
灵川县	稻谷、大豆、水果、海洋白果、东江毛竹
全州县	稻谷、柑橘、黄麻、大蒜
灌阳县	麻类、蜜枣、雪梨、灌阳橙
资源县	毛竹、猕猴桃、水稻、金银花、山苍子
龙胜各族自治县	龙脊茶、伟江梨、水稻
恭城瑶族自治县	稻谷、沙田柚、月柿
平乐县	水稻、蔬菜、沙田柚、茶、麻类
梧州市辖区	甘蔗、柑橘、沙田柚、稻谷
苍梧县	竹子、古风荔枝、蜜枣、水稻
藤 县	无籽西瓜、稻谷
岑溪市	麻类、稻谷
蒙山县	稻谷、甘蔗、桑树、茶
北海市辖区	稻谷、薯类、甘蔗、玉米
合浦县	麻、桑树、珍珠、对虾、金花茶
防城港市辖区	柑橙、玉米、稻谷

续表 5-1

地　区	经济作物分布种类
东兴市	茶　叶
上思县	甘蔗、柑橙、扁桃
钦州市辖区	玉米、小麦、甘蔗、薯类、荔枝、龙眼、菠萝、柑橘、杧果、茶叶
灵山县	荔枝、香蕉、柑橙、稻谷
贵港市辖区	甘蔗、稻谷、水果
桂平市	甘蔗、稻谷
平南县	稻谷、桂圆、蜜枣
玉林市辖区	稻谷、蔬菜、甘蔗、大蒜、水果
兴业县	烟草、蔬菜、茶叶、水果
容　县	荔枝、龙眼、沙田柚、稻谷
北流市	稻谷、茶叶、荔枝、桂圆
博白县	稻谷、甘蔗、花生、烟草、薯类、蔬菜
陆川县	木菠萝、荔枝、稻谷、剑麻
崇左市辖区	龙眼、甘蔗、瓜果
凭祥市	稻谷、甘蔗、花生
龙州县	甘蔗、茶叶、木菠萝
宁明县	稻谷、玉米
扶绥县	甘蔗、花生、黑豆、稻谷
天等县	玉米、水稻、木薯、甘蔗、辣椒
大新县	稻谷、甘蔗、龙眼、苦丁茶
来宾市辖区	稻谷、甘蔗、大豆、麻类
忻城县	玉米、西红柿、烟草、蔬菜、豆类、花生、甘蔗、金银花
武宣县	稻谷、金龙花、玉米
合山市	稻谷、花生、甘蔗、金银花
象州县	稻谷、甘蔗、柳蜜柑、红瓜子
金秀瑶族自治县	草苗、木耳
贺州市辖区	稻谷、烟草
富川瑶族自治县	脐橙、烟草、油茶、稻谷、蜜枣、玉米、麻类
钟山县	花生、玉米、稻谷、红瓜子
昭平县	木薯、水稻、果类、花生、大豆、烟草、甘蔗、黄红麻
百色市辖区	甘蔗、玉米、茶叶、杧果
乐业县	刺梨、香菇、魔芋、稻谷、木薯、甘蔗、玉米
凌云县	白毫茶叶、玉米、稻谷
西林县	小麦、油菜
隆林各族自治县	小麦、稻谷、玉米、油菜

续表 5-1

地　区	经济作物分布种类
平果县	龙眼、香蕉、大豆、花生、玉米、甘蔗
那坡县	糖梨、玉米、豆类、稻谷
靖西县	田七、大果山楂、薯类、花生、玉米、稻谷
德保县	豆类、玉米、稻谷、甘蔗
田林县	云木耳、茶叶
田阳县	扁桃、龙眼、香蕉、荔枝、油茶、稻谷、甘蔗、西红柿、香杧
田东县	大豆、水稻、玉米、甘蔗
河池市辖区	油茶、玉米、稻谷、柑橙、沙田柚、生姜、鸳鸯柑、金银花
大化瑶族自治县	稻谷、木薯、玉米、旱藕
宜州市	黄豆、甘蔗、玉米、稻谷
天峨县	木耳、林牧业
凤山县	墨米、稻谷、玉米
南丹县	烟草、玉米、稻谷、辣椒
东兰县	木薯、玉米、墨米、稻谷、腊月橙、板栗
巴马瑶族自治县	玉米、甘蔗、稻谷、经济林果
都安瑶族自治县	黄豆、玉米、稻谷
环江毛南族自治县	玉米、稻谷
罗城仫佬族自治县	香菌、大豆、大蒜、烟叶、玉米、稻谷、茶

得天独厚的自然环境促使广西农业高速发展，广西自 1993 年以来，蔗糖产量一直居全国榜首，蔗糖产业占全国糖业的一半以上，桂中和桂南地区形成了 22 个以生产糖料蔗为主的主产县；杧果、香蕉、菠萝、荔枝等亚热带水果和蔬菜以及海产品畅销国内外；白果、松脂、香料、剑麻、荔浦芋等产物在全国也占有特殊地位；“宝果”罗汉果更是广西特有的著名土特产。广西区内各地拥有“中国龙眼之乡”、“中国香蕉之乡”、“中国茉莉花之乡”、“中国荔枝之乡”和“中国奶水牛之乡”等各种称号，其农产品也因其独特的品质获得了国内外的青睐。

分析整理 1997 ~2014 年广西相关统计数据可知，广西于 1996 年成为全国第二大亚热带农产品生产省（区），1999 年亚热带农产品的种植面积位居全国首位。2010 年 1 月 1 日，中国-东盟自由贸易区正式建成，标志着广西现代化农业的全面开始。如图 5-1 所示，2010 年同比 2009 年，广西大类农产品对东盟的出口有了较快的增长。以 2013 年为例，广西全年对东盟的进出口总额为 159. 1475 亿美元，其中出口为 125. 8390 亿美元，进口为 33. 3086 亿美元，同比 2012 年，出口增长为 34. 8%，进口增长为 22. 8%。在农产品中主要出口的货物有大蒜、苹果、柑橘、干香菇、冻鱼、饲料添加剂等产品，烤烟、梨、玉米淀粉、虾、墨鱼及鱿鱼等产品出口额也占一定比例。

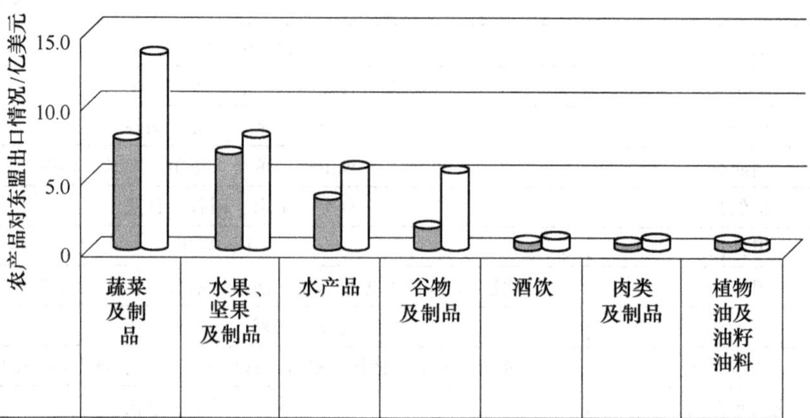

	蔬菜及制品	水果、坚果及制品	水产品	谷物及制品	酒饮	肉类及制品	植物油及油籽油料
■ 2009年	7.6	6.6	3.7	1.6	0.6	0.6	0.7
□ 2010年	13.6	7.9	5.7	5.5	0.9	0.8	0.7

图 5-1　2009 年与 2010 年前 8 个月大类农产品对东盟的出口情况

（资料来源：中华农林土畜贸易网）

如图 5-2 所示，2001 ~2013 年，广西区主要农林牧渔业总产值逐年上升，从 2001 年的 872. 90 亿元上升到 2013 年的 3755. 19 亿元，为 2001 年 4. 30 倍。而历年的农产品占比基本变化不大，其中农业占比 50% 左右，牧业占比 30% 左右，且有减少的趋势，渔业占比 10%，林业和农林牧渔服务业占比在 10%。

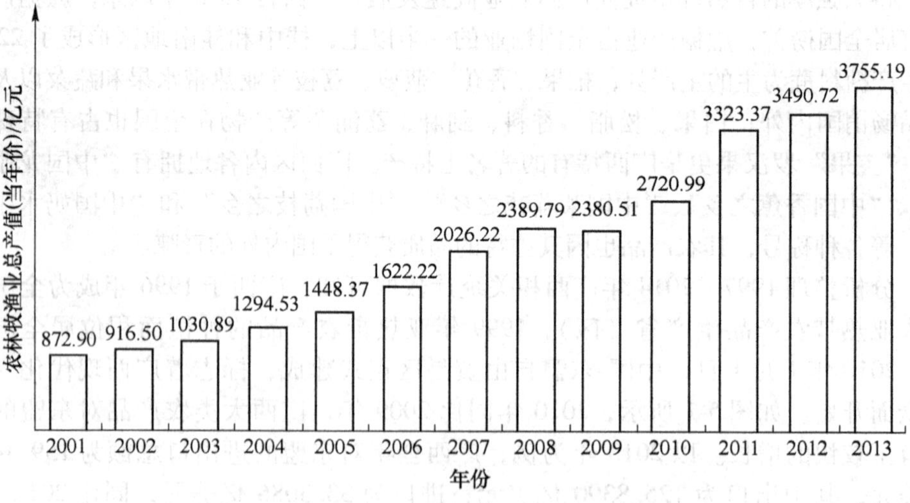

图 5-2　2001 ~2013 年广西农林牧渔业总产值

广西 2013 年的农产品产量中，粮食类作物产量 1521. 8 万吨，其中稻谷产量

1156.2 万吨，玉米 265.95 万吨；油料总产量为 57.21 万吨，其中花生 54.10 万吨；甘蔗总产量为 8104.26 万吨；烤烟总产量 3.11 万吨；蔬菜（含菌类）总产量为 2435.62 万吨；木薯总产量为 182.75 万吨；茶叶总产量 5.39 万吨；水果总产量为 1433.42 万吨，其中，园林水果 1122.63 万吨，主要包括蕉类、沙田柚、柑橘橙、菠萝、龙眼、荔枝和杧果等。各类农产品除大豆、晚稻外，均为正增长，晚稻产量为 508.04 万吨，同比 2012 年减少 0.25%，基本持平，大豆当年产量为 13.51 万吨，同比 2012 年减少了 11.70%，同比 2011 年减少了 32.81%，降幅较大（见表 5-2）。年末生猪存栏 2471.5 万头，比上年增长 0.2%；全年生猪出栏 3456.7 万头，比上年增长 3.4%。猪牛羊禽肉类总产量 414.2 万吨，增长 2.1%。其中，猪肉产量 261.3 万吨，增长 3.5%；牛肉产量 14.3 万吨，增长 3.4%；羊肉产量 3.2 万吨，下降 0.2%；禽肉产量 135.3 万吨，下降 0.5%。牛奶产量 9.6 万吨，增长 2.1%。蚕茧产量 32.34 万吨，增长 2.5%。水产品产量 319.06 万吨，增长 5.1%，其中海水产品产量 170.71 万吨，增长 3.8%。松脂产量 59.00 万吨，增长 5.9%。

表 5-2　2013 年主要农产品产量及其增长速度

产品名称	产品名称	产品名称	产量/万吨	比 2012 年增长/%
粮　食	粮食总体	粮食总体	1521.8	2.5
粮　食	稻　谷	稻谷总体	1156.2	1.2
粮　食	稻　谷	早　稻	555.2	1.9
粮　食	稻　谷	晚　稻	508.0	-0.3
粮　食	玉　米		266.0	6.1
粮　食	大　豆		13.5	-11.7
油　料	油料总体		57.21	6.1
油　料	花　生		54.10	5.9
甘　蔗			8104.26	3.5
蔬菜（含菌类）			2435.62	3.3
烤　烟			3.11	15.0
木　薯			182.75	0.8
园林水果			1122.63	8.9
茶　叶			5.39	9.2

2013 年农产品总产量较前几年相比，有较大幅度的提升。以人均农产品产量为例，根据 2014 年的统计年鉴，人均农产品产量从 2005 年以来都在显著提升。其中人均产量最高的为甘蔗，人均产量在 2013 年达到 1724kg，同比 2012 年增长 3.6%；其次是粮食（主要是水稻），人均产量在 2013 年达到 324kg，水果

人均产量在 2013 年也达到了 239kg，同年人均产量最少的是猪牛羊肉，为 59kg，如图 5-3 所示。

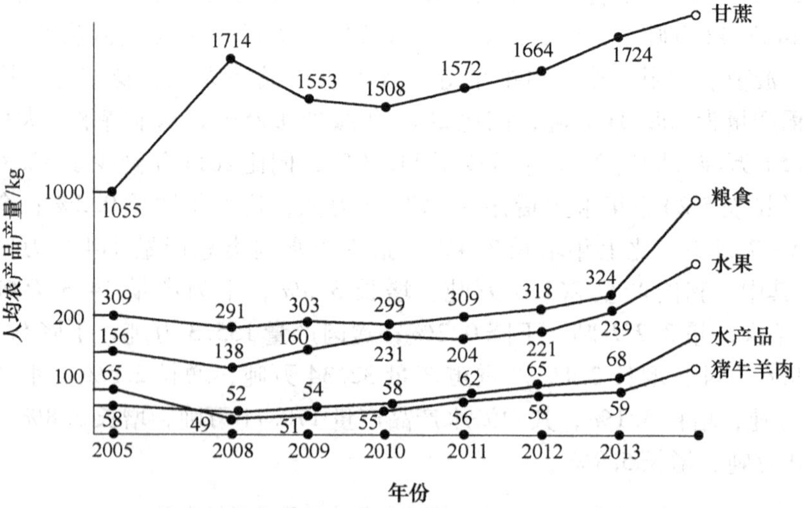

图 5-3　2005 ~ 2013 年广西人均农产品产量变化

5.1.2　消费现状

5.1.2.1　农产品价格不断上涨

2013 年广西社会消费总额为 5133.1 亿元，同比上一年度增长 13.6%。全年居民消费价格比上年上涨 2.2%，其中食品价格上涨 3.8%。农产品生产者价格上涨 2.5%，农业生产资料价格下降 0.1%，固定资产投资价格上涨 0.1%。2013 年广西居民消费价格指数月度涨跌变化如图 5-4 所示。

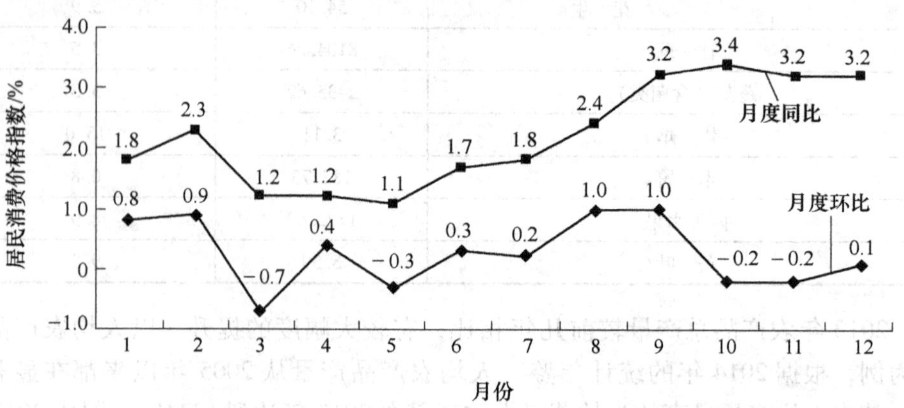

图 5-4　2013 年广西居民消费价格指数月度涨跌变化

近年来，广西农产品价格稳定上升，具体来看，不同品类的消费价格指数涨跌不同。其中鲜瓜果、鲜菜、鲜蛋是上涨指数最快的，均超过了8%，而粮食类的价格变动指数最少，见表5-3。

表5-3　2013年广西居民消费价格比2012年涨跌幅度　　（%）

指标		全区	城市	农村
居民消费价格		2.2	2.1	2.4
食品	食品总体	3.8	4.1	3.3
	粮食	1.4	1.2	1.7
	肉禽及其制品	2.4	3.1	1.2
	油脂	1.5	1.4	1.5
	鲜蛋	8.0	8.3	7.3
	鲜菜	8.0	7.7	8.7
	鲜瓜果	9.1	10.5	6.2
烟酒		-0.2	-0.3	0.1
服装		2.3	2.0	2.7
家庭设备用品及维修服务		1.1	0.8	1.6
医疗保健和个人用品		0.7	0.2	1.6
交通和通信		-0.1	-0.3	0.2
娱乐教育文化用品及服务		0.8	0.5	1.5
居住		2.7	2.4	3.5

5.1.2.2　进出口总额保持较高增长

在进出口方面，全年货物进出口总额328.37亿美元，比上年增长11.4%，如图5-5所示。其中，货物出口186.95亿美元，比上年增长20.9%；货物进口141.42亿美元，增长0.9%。进出口差额（出口减进口）45.53亿美元。而在进

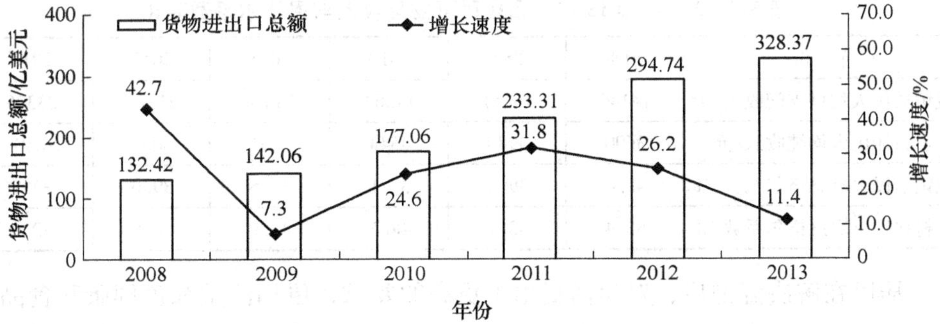

图5-5　2008~2013年广西货物进出口总额及增长情况

出口地区中，广西对日本、非洲、拉丁美洲的进出口总额有较为明显的下跌，广西对东盟的出口总额125.84亿美元，进口额是33.31亿美元，同比上一年度增长22.8%，保持着非常高的增长速度，见表5-4。

表5-4　2013年广西对主要国家和地区的货物进出口总额及其增长速度

<table>
<tr><th colspan="3" rowspan="2">国家和地区</th><th colspan="2">货物出口额</th><th colspan="2">货物进口额</th></tr>
<tr><th>金额/亿美元</th><th>比上年增长/%</th><th>金额/亿美元</th><th>比上年增长/%</th></tr>
<tr><td rowspan="5">亚洲</td><td colspan="2">亚洲总体</td><td>152.99</td><td>26.9</td><td>57.22</td><td>19.1</td></tr>
<tr><td rowspan="2">东盟</td><td>东盟总体</td><td>125.84</td><td>34.8</td><td>33.31</td><td>22.8</td></tr>
<tr><td>越　南</td><td>114.34</td><td>38.2</td><td>12.63</td><td>-13.3</td></tr>
<tr><td colspan="2">日　本</td><td>3.26</td><td>-7.8</td><td>2.23</td><td>-32.6</td></tr>
<tr><td colspan="2">韩　国</td><td>1.70</td><td>3.9</td><td>2.18</td><td>5.6</td></tr>
<tr><td colspan="3">非　洲</td><td>3.68</td><td>4.8</td><td>8.00</td><td>-30.3</td></tr>
<tr><td rowspan="2">欧洲</td><td colspan="2">欧洲总体</td><td>10.13</td><td>3.9</td><td>14.89</td><td>-9.7</td></tr>
<tr><td colspan="2">欧　盟</td><td>7.46</td><td>-4.0</td><td>10.13</td><td>-8.1</td></tr>
<tr><td colspan="3">拉丁美洲</td><td>4.72</td><td>13.3</td><td>24.19</td><td>-27.0</td></tr>
<tr><td rowspan="2">北美洲</td><td colspan="2">北美洲总体</td><td>12.89</td><td>-8.2</td><td>21.56</td><td>5.4</td></tr>
<tr><td colspan="2">美　国</td><td>11.85</td><td>-9.5</td><td>12.93</td><td>17.6</td></tr>
<tr><td colspan="3">大洋洲</td><td>2.54</td><td>-2.5</td><td>15.56</td><td>47.1</td></tr>
</table>

5.1.2.3　食品消费比重有所下降

年鉴数据显示2013年全年农村居民人均纯收入6791元，比上年名义增长13.0%，扣除价格因素实际增长10.4%；农村居民人均纯收入中位数为6213元，增长12.7%。农民人均生活消费支出5206元，比上年增长6.7%。其中，食品类支出2085元，减少0.1%。农村居民家庭食品消费支出占消费总支出的比重（即恩格尔系数）为40.0%，城镇为37.9%，均呈现逐年下降的趋势，见表5-5。

表5-5　2008～2013年广西居民可支配收入与恩格尔系数变化

年　份	2008	2009	2010	2011	2012	2013
城镇居民人均可支配收入/元	14146	15451	17064	18854	21243	23305
农村居民人均纯收入/元	3690	3980	4543	5231	6008	6791
城镇居民家庭恩格尔系数/%	42.4	39.9	38.1	39.5	39.0	37.9
农村居民家庭恩格尔系数/%	53.4	48.7	48.5	43.8	42.8	40.0

居民在解决温饱后，对生活提出了更高的要求，更加注重绿色健康和食品营养，鲜活蔬菜、肉类的消费比重上升，粮食的消费比重下降。此外，由于居民消费习惯向小批量、多次数转变，农产品流通配送次数增加，配送频率加快，农产

品流通总量不断提高。

5.2 广西农产品物流现状

从地理位置上来看，广西位于我国华南地区西部，从东至西分别与广东、湖南、贵州、云南接壤，南濒北部湾、面向东南亚，西南与越南毗邻，是西南地区最便捷的出海通道，在中国与东南亚的经济交往中占有重要地位。

近十多年来，随着农业科学技术的普及和国家对西部政策的倾斜，广西的农产品质量和数量都有了较大的提高。特别是电子商务的兴起，鲜活农产品的大力宣传，使得农产品生产与消费之间的信息传递更加通畅，以往的“小生产”与“大市场”之间的矛盾有所缓和，这也得益于广西农产品物流体系近几年的飞速发展。

农产品物流体系是一个源于农产品生产并终于农产品消费的复杂系统，这个系统包含商流、物流、资金流、信息流等很多子系统，各个子系统相互联系、相互影响，缺一不可。

5.2.1 广西农产品物流的主要模式

由于历史文化和社会发展的原因，广西作为一个少数民族自治区，农产品物流也表现出复杂的形态，传统的城乡物流模式、供应链两端组织化模式、第三方物流模式、农产品物流园区主导模式以及物流电子化模式和谐共存，组成了广西特有的农产品物流体系。

5.2.1.1 传统的城乡物流模式

改革开放以来，随着农产品种类日益丰富、产量日益增加以及农民生活水平的提高，有些区域城乡之间的物流主要是农产品等原材料由农村流向城市，日用品、家电等消费品由城市流向农村。

为了解决流通难的问题，地方政府纷纷在地方上兴建了一批产地的批发市场和销地的批发市场来解决这个问题，形成了以批发市场为基础的城乡物流体系，如图5-6、图5-7所示。

在传统的以批发市场为主导的物流模式里，农户、乡村合作社、乡镇企业、产地批发商、贩销大户、销地批发商、零售商以及零售市场等构成了物流主体。这种传统的城乡物流模式从一定程度上缓解了“小生产”与“大市场”之间的矛盾，但是有很多种弊端：

（1）物流的效率低。市场交易的任何两端都不固定或者半固定，商流和物流完全没有分离。物流是随着商流和产品的所有权的转移间接实现的，中间环节多，物流时间长，反复装卸和仓储，成本和损耗都很大。

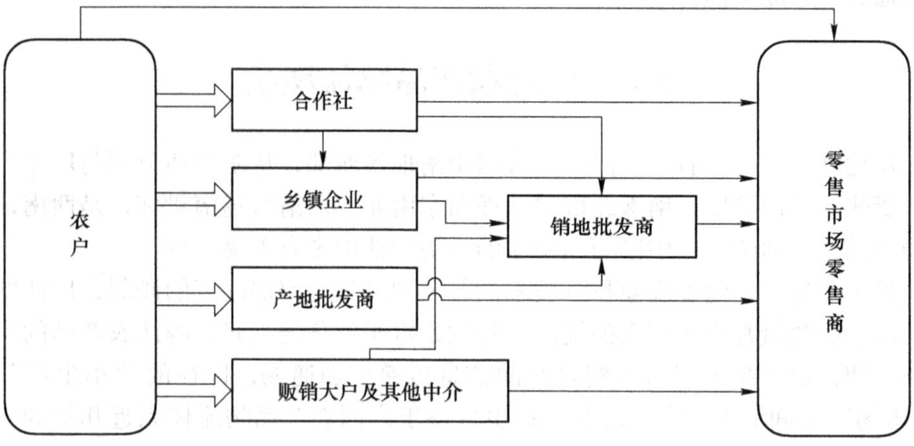

图 5-6　传统的农村到城市的物流方式

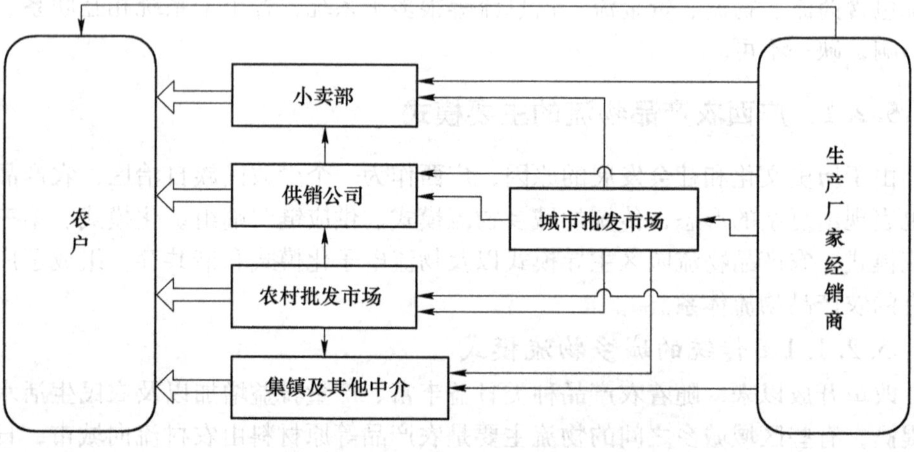

图 5-7　传统的城市到农村的物流方式

（2）物流的成本高。由于流通中间环节复杂，因此交易成本提高。另外交易对象的不固定，产生搜寻下一个环节的交易者成本也很高，谈判的成本也有所提高。仓储环节也客观上增加了物流的成本。

（3）信息不透明。由于流通环节过多，商流、物流、信息流非常混乱，不便于有效的管理，从而产生产品的质量信息、价格信息、商品的需求信息都不透明。城乡信息上的不对称，也进一定限制了乡村市场经济的发展。

5.2.1.2　供应链两端组织化模式

随着国家经济的快速发展，以企业为主体的物流发展非常迅速，一些农副产品的加工企业与农户直接或者间接签订采购协议，对收购的农产品或半成品进行二次加工包装，再配送给批发商、零售商，形成“加工企业 + 农户”的物流模式或“连锁企业 + 农户”等物流模式。

从物流的角度来看，企业通过对初级产品的深加工、包装等，提高了产品的附加值，从一定程度上提高了城乡物流的组织化程度，促进了市场、技术信息的收集与扩散。在广西桂林阳朔县城一带竹鼠的养殖业就采用了这样的模式。企业与养殖大户签订保销采购合同，对产品进行定向收购和养殖技术的指导工作，并负责产品端到端的运输工作。

(1)“加工企业 + 农户”模式。通过位于供应链上端的加工企业来连接农产品、批发商以及零售商、最终消费者，实现产品的直销和回购。加工企业还对农户进行全方位的指导和帮助，包括种源、技术、物流服务等。在这个模式中，物流一般由加工企业自营或者由物流公司负责。

在这种模式下，产销一体化程度有所提高，物流环节有所缩短，降低了中间成本，提高了物流的总体效率。但是从商流、物流、信息流、资金流和专业分工的角度来看，还存在着不足之处。

(2)“连锁企业 + 农户”模式。通过连锁企业来衔接生产者、加工企业和消费者。产品通过种植和养殖大户、产地批发市场集中采购，然后经配送中心加工，可以迅速流通至超市、便利店、商场等。许多规模较大的连锁超市，既有批发业务，也有零售业务，其加工配送中心和生产基地直接对接，如欧洲的家乐福、美国的沃尔玛以及上海华联等。

这个模式中，通过集中采购、配送分销的方式，在一定程度上减少了中间环节，使产品的质量、数量与价格最大限度地适应市场。但是该模式需要大量投资建设功能完善的配送中心，对生产者和加工企业的要求也比较高。

5.2.1.3 第三方物流模式

第三方物流模式（Third-Party Logistics），简称 3PL 或 TPL，主要指生产商或者销售商通过合同的方式委托专业物流公司处理自己部分或全部的物流活动。第三方物流公司是相对第一方发货人和第二方收货人而言的，它通过建设网站或使用管理信息系统与上下游企业保持密切的联系，如图 5-8 所示。在这种模式中，城乡生产者与第三方的物流企业通常都建立一种长期的合作关系，专业的物流公司可以提供电子化的、多功能、全流程管理方式。

第三方物流作为连接生产和销售的桥梁，具有服务的个性化、功能的专业化、管理系统化、信息的网络化四个非常显著的特点。主要优势有几个方面：

(1) 产品的生产者和销售者可以集中精力于自己的核心业务，可以专注于生产和技术的提高。在物流自营模式下，农户、企业等要为物流活动投入大量的资源，比如车辆、冷库、物流人才等，资源分布的不均衡性，使得投出和产出不成正比，物流资源的利用率低。

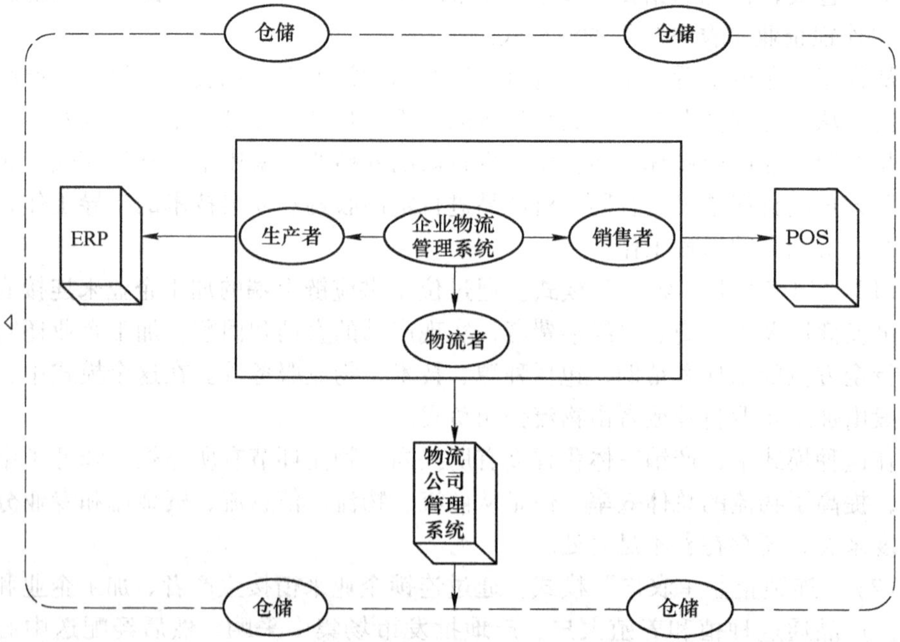

图 5-8　第三方物流信息资源流向

（2）物流企业着力于做大做强核心优势。自营物流结构复杂、环节多、规模小、风险大、资源分散、成本高，不易形成专业的规模效应。第三方物流企业可以充分发挥自己的资源优势，扩大业务规模及范围，着力于集中精力做强核心优势，走专业化的路线，提高服务附加值。

（3）第三方物流企业更加注重物流基础设施的建设。农产品特别是蔬菜、鲜活鱼等的运输，需要配置保鲜设备的运输工具和具有通风、冷藏的功能储存场所。在物流自营模式中，生产和销售不可能对物流设施投入过高。而第三方物流企业的核心优势就是物流能力，只有大力投资专用设施才能培育和保持自己的专业优势。

（4）第三方物流企业着力于信息化建设。第三方物流企业积极运用新的技术手段建设自己的物流信息平台，用于快速采集各方的物流需求。农产品供应面临地域分散，不易收集等难题，第三方物流的信息化优势可以满足个性化、多样化的需求，通过信息系统优化调度物流资源，提升物流效率。

近年来第三方物流在广西得到了飞速的发展，但与发达国家相比，还有很大的差距。由于西部市场发展潜力大，本土物流企业较弱，国际、国内物流企业不断加大投资和网络扩张速度，因此本土第三方物流产业要抓住机遇，加速转变思路，提高信息化水平和管理能力，培育核心竞争优势，向更加规模化和专业化的方向扩展。

5.2.1.4 农产品物流园区主导的模式

农产品物流园区主导的物流模式就是建立以农产品物流园区为中心，依靠园区的组织管理能力对现有的物流设施、产品资源进行整合，通过对产品的收集、配送、加工、仓储、包装以及其他附加服务，来满足城乡居民消费、企业就近生产和区域物资流通的需求。

农产品物流园区设在物流作业相对集中的地区或多种运输方式的衔接处，一般为某类主要农产品的原产地，通过园区统一管理，若干物流企业形成一定的规模，采用先进的电子技术和管理信息系统来从事特定功能的物流活动。物流园区配备比较完备的网络信息技术平台、现代物流标准体系和规范的标准制度。基本实现物流园区成为联结生产、加工、销售的核心。在农产品物流体系中，物流园区大都由原来规模较大的果蔬批发市场自然演变而成。

通过物流园区的信息平台，各个物流公司可以实现信息的共享和物流基础设施的协调，客观上形成一种紧密协同关系，从而完成单一物流公司无法完成的业务。物流园区的建设避免了同一地区同一物流业务的无计划重复投资，避免了资源分散条件下单个企业竞争力量弱小的不利局面，实现了规模化、集约化的协同竞争方式。

但是同时也要看到物流园区建设周期长、投资大、风险高。物流园区的立项、选址、建设、维护、改造工作是一个长期的持续投入的过程。物流园区的规模要满足当前时期地区生产经营规模和经济的发展，同时也要考虑今后一段时期发展的需要。在实现运营中，由于规划不细、定位不准、招商不力、投资不足、运维能力薄弱等原因，我国很多物流园区都成为形象工程，缺乏人气和货流量，市场萧条。

5.2.1.5 物流电子化模式

随着电子商务的飞速发展，广西城乡农产品物流模式处于突飞猛进的变化之中。最近几年，基于网络信息技术的物流电子化模式也逐渐发展起来。

物流电子化模式主要是指利用先进的电子信息技术和网络技术，借助电子商务驱动，贯穿于农产品的生产前、生产中到生产后的储存、运输、加工、销售全流程，集计划、组织、协调、控制等管理行为模式于一体，达到电子商务与现代物流的深度融合，从本质上讲这是一种物流服务再服务的升级过程。例如：某种蔬菜使用物流电子化模式之后，蔬菜原产地农户从领取指定的蔬菜种子、种植、施肥、除草、打药、捉虫、摘取、加工、冷藏、包装、运输、装卸到销售整个过程，即从生产的源头开始到消费的终点，都由信息技术全面跟踪、监控，所有的信息可记录、可跟踪、可追溯。这既方便农产品物流企业配送，也有利于食品的安全卫生。当然物流电子化不仅仅只是为了溯源。

物流电子化模式（见图5-9）可以实现各物流公司信息系统之间以及上下游供应链之间一种商流、资金流、物流、信息流“四流合一”的无缝链接。借助公共物流信息平台，可以实现资源的协调和信息的共享，帮助生产企业最大限度的控制和管理库存，满足生产企业“JIT”的敏捷绿色物流需求。

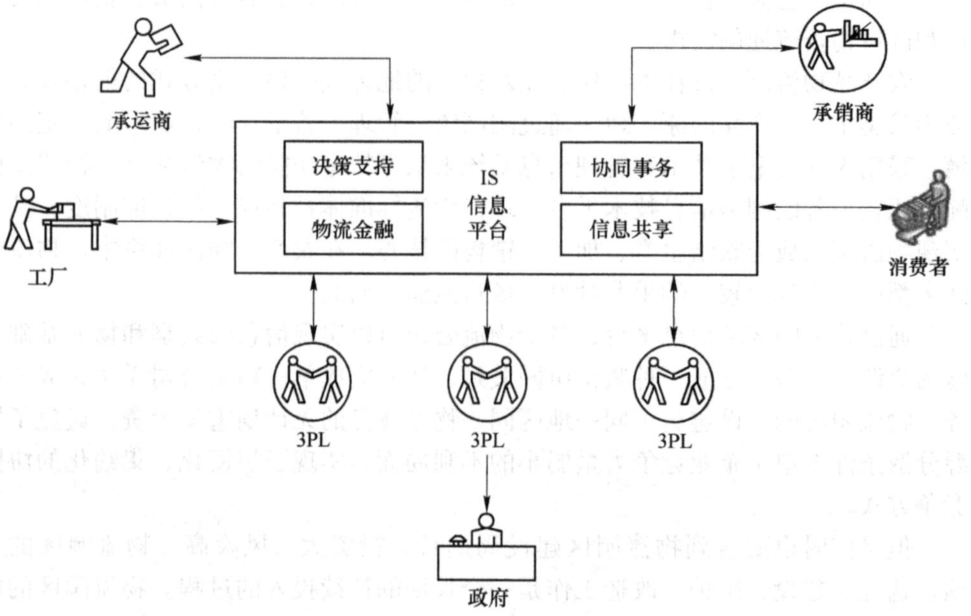

图5-9　物流电子化模式的基本结构

物流电子化模式综合应用了电子商务、现代物流、网络技术、数据挖掘、地理信息系统（GIS）、全球定位系统（GPS）等先进的技术手段。同时，软件技术的飞速发展，管理信息系统的广泛应用，通过软件对配送、仓储等业务建立数学模型进行优化和管理，也为敏捷物流提供强大的工具支撑。

物流电子化模式的主要优点是：

（1）公共物流信息平台下的企业之间商流、物流、资金流、信息流“四流”信息共享，基于整体对各个结点进行协同优化，提高了交易效率，降低了管理成本。

（2）第三方物流企业来完成物流配送功能，有利于提高物流公司专业水平，体现专业分工和资源优势。

（3）整个生产经营链条有一定的可预见性，提高了供应链的敏捷度，降低了牛鞭效应。

（4）提高了物流企业的资产的利用率。客户通过统一的平台运作，减少了固定资产占用。由于物流电子化关注的是整个供应链，而非仓储或者运输单方面的效益，因此给物流企业和自身带来的综合效益非常明显。

物流电子化模式的运作方法目前主要有四种：协同运作型、方案集成运作型、行业创新运作型和动态联盟运作型。无论采取哪一种方法，都突破了单纯发展第三方物流的局限性，能真正实现低成本运作和最大范围的资源整合。

5.2.2 流通的主体

传统的城乡物流模式、供应链两端组织化模式、第三方物流模式、农产品物流园区主导的模式以及物流电子化模式的主体各有不同，但是总体而言，在农产品流通的过程中，主要有以下几种主体：农户、农业合作社、农产品加工企业、农产品批发商、农产品物流商、农产品信息中介、农产品销售商等。

5.2.2.1 农户

广西目前拥有人口5282万人，总户数为1383万户，户均人数3.8人。其中农业人口4248万人，少数民族人口2004万人。目前绝大多数地区，农业生产的主要模式还是以农户的个体经营为主，每个农户都是最基本的独立的生产和流通的单位，位于整个农产品物流供应链的起点和源头。年鉴数据显示，从1978年以来，广西农业人口从3042万人增长到了4248人，城镇人口从360万人增长到了1007万人。比对人口自然变动状况表，分析数据可知，近年来，人口的自然增长率在逐年下降，城镇化的速度在逐步加快。按常住地数据可见，广西有2115万人常住地为城镇，只有2604万人常住农村，见表5-6。

表5-6 1990～2013年广西按居住地分的人口变化

年份	按城乡分/万人		占总人口比例/%	
	市镇人口	乡村人口	市镇人口	乡村人口
1990	641	3601	15.10	84.90
1995	838	3705	18.45	81.55
2000	1337	3414	28.15	71.85
2001	1350	3438	28.20	71.80
2002	1365	3457	28.30	71.70
2003	1411	3446	29.06	70.94
2004	1550	3339	31.70	68.30
2005	1567	3093	33.62	66.38
2006	1635	3084	34.64	65.36
2007	1728	3040	36.24	63.76
2008	1838	2978	38.16	61.84
2009	1904	2952	39.20	60.80

续表 5-6

年　份	按城乡分/万人		占总人口比例/%	
	市镇人口	乡村人口	市镇人口	乡村人口
2010	1849	2761	40. 11	59. 89
2011	1942	2703	41. 8	58. 20
2012	2038	2644	43. 53	56. 47
2013	2115	2604	44. 81	55. 19

当前和今后一段时期，广西农产品生产的主要模式还是家户的个体经营，随着我国城市化和工业化进程加快，越来越多的农村劳动力进入城市，以农户为主要形式的流通有可能将会发生改变。

单个农户为基本生产单位的物流模式具有很多缺点。

首先农民受教育水平较低，特别是广西，2000 ~ 2013 年 6 岁及以上受教育程度的构成数据显示，尽管近十年小学文化占比不断下降，已经由 45. 6% 下降到 32. 57%，大专及以上的占比由 2000 年的 2. 6% 上升到 2016 年的 6. 92%（见表 5-7），但总体水平偏低。农民所教育程度低，长期处于信息封闭的落后状态，缺乏与外界市场联系的能力，市场信息严重不对称，安排农产品生产往往根据过去农产品价格来确定来年的种植品种，从而产生所谓的“大小年”的现象，造成增产不增收的问题。

表 5-7　2000 ~ 2013 年广西 6 岁及以上受教育程度的构成变化　（%）

年　份	小　学	初　中	高中（含中专）	大专及以上
2000	45. 60	35. 20	10. 40	2. 60
2005	39. 84	38. 19	9. 89	3. 96
2007	34. 64	42. 50	12. 37	4. 64
2008	34. 70	43. 63	11. 39	4. 51
2009	33. 30	44. 42	11. 38	5. 06
2010	34. 85	42. 64	12. 14	6. 58
2011	34. 80	42. 60	12. 20	6. 60
2012	33. 28	43. 97	12. 40	6. 63
2013	32. 57	44. 17	12. 72	6. 92

其次，农户由于生产规模较小，资金实力往往较弱，缺乏与批发商、流通企业、生产企业议价的能力，特别在农产品结构化过剩的情况下，往往被农产品流通企业和加工企业盘剥，很难维护自身的经济利益。例如，桂北地区的新鲜蔬菜在桂林市区的价格比县城乡镇产地的价格高 2 ~ 3 倍。各地地方保护势力为了争抢资源，有些地区还不允许农户私自向外供应新鲜蔬菜。有时本地采购商故意降低收购价格，造成菜农的亏损，而政府在干预过程中就会出现“菜价高伤民，菜

价低伤农”的困境。这都是由于农户议价能力不高造成的。

5.2.2.2 农业合作社

农业合作社主要是借鉴日本的“农协”组织、欧盟的农业合作社和美国的农场模式发展起来的。农业合作社主要以政府鼓励、农户自愿自发组织起来的，以农户为主体，以提高组织成员收益为目标，由较为专业的人员负责农业技术、生产、农产品的质量、市场营销、市场公关等职能。

广西各地在政府的鼓励下也兴起了一些新型的农业合作社。例如兴安的葡萄合作社、葡萄研究所等组织就较好地解决了农户个体生产的一些问题，实现了资金、技术、市场等资源的优化配置。农业合作社的形式有利于农产品源头的组织化，有利于农产品参与市场的竞争，形成自身的品牌，提升产品的质量，提高农民的收入，实现农产品的专业化、品牌化、市场化，加快农产品的流通效率。

2011 年，国家农业部公布了首批 6663 个农业专业合作示范社。这些农业示范社的生产领域涵盖了几乎所有的优势产业和特色产业，种植、畜牧和水产等农业产业所占比例最大，达到 87.4%。根据广西壮族自治区农业信息中心的广西农村专业合作社网站数据，广西已经在南宁、贺州、融安、融水、宾阳、八步等地建设了一批新兴的农村专业示范合作社。农产品生产专业化进程会进一步加快，其在农产品生产和流通中的作用会越来越重要。

5.2.2.3 农产品批发商

农产品的批发商主要存在于传统的农产品物流模式下，一般分为农产品产地批发商和销地批发商两类。产地批发商主要负责从农产品的产地用较低的价格来较为大量采购农产品，以达到化“小生产”为“规模化”的目的。产地批发商一般直接将农产品经过物流商转卖给农产品加工企业或者直接配送给销地批发商，由销地批发商再次进行分销。

农产品批发商的存在，尽管在一定程度上加长了农产品从产地到销地之间的交易链条，从经济效益和交易效率两个方面都不利于交易本身的实现，但是它的存在，正是由于广西当前农产品产地农户组织结构薄弱，经济实力小，议价能力低，交易信息严重不对称等客观因素的存在。从积极的一方面来看，正是由于农产品批发商的存在，原分散的农产品生产源才能集中起来，形成一定的规模，并使农户种植、养殖的农产品有了采购市场，降低了农户本身的交易成本。从这一点来看，农产品批发商的存在是有其合理性的。特别是一些老弱边穷地区，农产品产地批发商和销地批商在一定程度上将长期存在，但是在一些临近城市、城镇的农村，由于农户地理位置优越、自身经济实力增强，信息化程度提升，农产品批发商将慢慢消失。

5.2.2.4 农产品加工企业

农产品加工企业是指以农、林、牧、渔产品及其加工品为原料所进行的工业生产活动。农产品加工企业一般为乡镇企业，广西在 2013 年城镇私营个体固定资产投资项目在农、林、牧、渔业的有 74 个，总投资完成额在 9.89 亿元；城镇集体固定资产投资项目在农、林、牧、渔业的有 79 个，总投资完成额在 12.43 亿元。农产品加工企业有利于促进农业生产发展和提高农业的生产效益。

我国农产品加工企业在统计上分为 12 类：食品加工业、食品制造业、饮料制造业、烟草加工业、纺织业、服装及其他纤维制品制造业、皮革毛皮羽绒及其制品业、木材加工及竹藤棕草制品业、家具制造业、造纸及纸制品业、印刷业记录媒介的复制和橡胶制品业。广西主要以食品加工业、食品制造业、饮料制造业、烟草加工以及木材加工及竹藤棕草制品业等为主。

当前，广西的农产品加工企业数量众多，存在的问题也多。广西农产品加工企业整体上还处于初加工阶段，水平低、规模小、综合利用率低、能耗高。这首先主要是因为农产品加工企业技术水平和装备水平低。其次，局部地区的农产品加工企业加工的种类单一，技术简单，特别是果蔬、油类、肉类的初加工企业。最后，广西农产品加工企业存在明显的区域发展不平衡的问题，一般而言，靠近城市的农村由于城市的辐射作用，农产品的加工企业技术和装备水平较高，而山区边远贫困地区，农产品的加工企业还处于原始的小作坊水平。

今后一个阶段，广西应该注重农产品加工企业中基础理论薄弱问题的研究，如谷物化学、蛋白质化学、淀粉化学、生物技术、分子技术、果蔬保鲜学等；还应该重视农产品加工技术中共性和关键问题的研究，比如基因工程与酶工程技术、生物工程技术、非热杀菌技术等；当然还应重视农产品加企业新理论、新技术的推广和示范。

5.2.2.5　农产品物流商

农产品物流商主要是指从事农产品运输工作的第三方物流企业。农产品物流商主要以农产品为对象，为了提高产品的附加值、节约流通成本、提高流通效率、降低不必要的损耗而从事的商业活动。农产品物流商的主要运输方向是从农村流向城市，这是因为商品化的农产品的主要消费群体都在城镇。

截至 2013 年底，广西从事交通运输、仓储业务的人员已经达到 81.7 万人。其中国有单位和城镇集体单位的从业人数不达 13 万人，从业人员年平均工资为 4.97 万元，仅次于金融业、信息传输业和电力行业。目前来看，广西从事农产品物流的企业规模都不大，数量较多，整体水平还处于起步阶段。

农产品物流运输是一个非常复杂的问题。这是由农产品物流的自身属性决定的。首先，农产品物流具有批次多、数量小、品种多的特点，不适合大规模运输；其次农产品物流对运输本身的要求很高，特别是鲜活农产品的运输与配送过程强调“绿色物流”，要保证农产品在物流过程中不变质、不污染，很多品种还需要专门的冷链物流来完成；再次，农产品的价格较低，要保证农产品的物流是以较低的成本来运行的。为了提高农产品的附加值，提高农产品物流企业的利润，在实际中农产品物流企业经常会对农产品进行初步的加工，做到服务的增值，在某种程度上扮演了农产品加工企业的角色。

广西农产品物流企业均面临一定的技术和装备上的水平低下问题，低温车、冷藏库、立体库局部短缺现象严重，叉车、起重机、托盘、升降平台等物流设备数量极其有限。

5.2.2.6 农产品信息中介

中介人或者称经纪人是商品交换的产物。农产品信息中介人由于常年往来于农产品生产和消费市场，对农产品生产和消费信息掌握得较为准确，可以将农业生产与消费联结起来，避免产销脱钩。农产品信息中介人可以通过自己掌握的市场信息，在一定程度上对农户进行产前引导，避免经济损失。

目前，广西农产品信息中介人大多都是独立经营，尚未形成规模效应，每个信息中介人的覆盖半径有一定的极限，因此农产品信息中介人完成的农产品流通量较少。大多数农产品信息中介人是由农民转化而来，文化程度低，法律意识淡薄，往往利用实际交易中的信息优势，压低农产品价格。很多中介组织机构没有规范的规章和制度，管理松散，约束机制不健全，产权关系不明确等。

农产品信息中介人或者中介机构是农产品供需信息严重不对称的市场条件下的产物。信息中介人的存在一定程度上缓解了农产品的销售压力，对农户的生产、经营活动有一定的参考作用。随着电子商务的兴起，政府也开办了一系列的公益性质的农产品信息平台，如农享网、广西农业信息网、广西农户专业示范合作社等平台。在产品交易的过程中，在网络、电视等媒介的带动下，城乡间的农产品信息不对称正在逐步快速被打破。这也意味着活跃于广西农村多年的农产品信息中介人将会渐渐消失，而基于先进的信息平台为核心的更加专业、规范的农产品信息中介机构将会兴起。

5.2.2.7 农产品销售商

农产品销售商主要是指农产品销地大型商场、大型连锁超市等农产品销售终端企业。在当前市场环境下，超市的竞争环境日趋激烈。为了在恶劣的市场环境下生存下来，超市就必须有有特色和差异化的农产品。在广西，政府从 2012 年起就花大力气推进“农超对接”工作。农超对接是国外普遍采用的农产品销售方式。一方面有利于超市压缩成本，缩短中间环节，实行“直购”模式；另一方面，有利于超市及时将市场的信息传递给农户，充分发挥市场的调节作用，实现农产品产销信息的共享。亚太地区农超对接的比重达 70% 以上，美国达到 80% 以上，我国还处于 20% 左右的水平。广西农超对接工作还处于起步阶段。

农产品销售商通过和农户签订意向协议书，由农户向超市直供农产品，这对于超市来说可以稳定采购渠道，降低采购成本，实现农超互惠。例如：广西百色的杧果经过农超对接几年之后，已经由“超市挑杧果”转变为“杧果挑超市”。百色目前是全国最大的杧果生产基地。2013 年，百色市种植杧果 53 万亩，产量 27 万吨，产值 12 亿元。新世界百货、超市发、家乐福、华润、联华等商场和超市纷纷与广西签约。百色的杧果知名度和影响力随着农超对接显著提升。

农产品销售商自身也应做好农产品的冷链系统、快速检测系统、冷库配送中心等基础设施的建设和改造工作。尽管农超对接对于农户和农产品销售商而言是互利共赢的，但是也应该看到广西发展农超对接模式还面临一些急需解决的问题。例如：农户生产的盲目性较大，分散的农户组织很难满足超市大批量采购的需求；农产品生产的标准化程度还很低；农户组织结构松散，数量少，规模小，实力弱；农户法律意识不足，履约能力淡薄，履约能力不足，即使签订了采购意向协议，如果市场价格较高，单方面违约的情况比较普遍。

5.2.3　流通的客体

农产品流通的客体就是农产品流通物本身，包括农、林、牧、渔等各方面的产品。广西农、林、牧、渔产品丰富。主要的农产品中大宗粮食作物有稻谷、玉米，经济作物有花生、油菜、甘蔗、黄红麻。地方特产有荔浦芋、玉林大蒜、横县大头菜、博白雍菜、扶绥黑皮冬瓜、田林八渡笋、覃塘莲藕、长洲茨菇等。另外，药用植物水果产品也非常丰富。林产品主要有松脂、桐油。畜牧产品主要有三黄鸡、香猪、山羊、右江鹅等。海产品主要有珍珠、对虾等。

广西有“中国产糖第一县”崇左市江州区；“中国长角辣椒之乡”南丹；中国最负盛名的芋头荔浦芋头；“中国人均香蕉产量第一县”浦北；华南地区最大的工业对虾养殖基地北海铁山港区；广西年产桐油第一县田林等等。年鉴数据显示，2010 年之后，广西粮食总产量逐年提高，特别是经济类作物花生、甘蔗、烤烟等。鲜活蔬菜、园林水果随着人民生活水平的日益提高，需求量越来越大，产量也越来越大。例如：水果的总产量，2013 年为 1433.42 万吨，是 1995 年 266.60 万吨的 5.37 倍，增长速度非常之快，见表 5-8。

表 5-8　广西主要年份主要农产品产量的变化　　（万吨）

指标			1995 年	2000 年	2005 年	2010 年	2011 年	2012 年	2013 年
粮食作物	粮食作物总体		1553.31	1667.24	1516.29	1412.32	1429.93	1484.90	1521.80
	稻谷	稻谷总体	1307.66	1360.77	1188.09	1121.25	1084.10	1141.00	1156.20
		早稻	699.25	706.82	573.03	531.50	530.41	544.90	555.20
		晚稻	536.72	570.25	533.55	509.40	471.93	509.70	508.04
	玉米		155.47	188.44	207.26	208.70	244.72	250.60	265.95
	大豆		28.97	36.43	36.87	16.69	20.11	15.30	13.51
	薯类		49.68	67.61	70.63	56.18	67.84	64.80	73.00

续表 5-8

指标			1995 年	2000 年	2005 年	2010 年	2011 年	2012 年	2013 年
油料	油料总体		45.35	58.61	63.18	45.81	50.14	53.94	57.21
	花生		39.17	49.55	55.13	43.50	47.46	51.09	54.10
	油菜籽		5.34	8.16	6.33	1.47	1.61	1.71	1.90
	芝麻		0.52	0.57	0.46	0.59	0.61	0.64	0.67
黄红麻			1.29	1.15	0.96	1.08	1.08	0.95	0.58
苎麻			0.18	0.17	0.11	0.14	0.15	0.15	0.17
甘蔗			2555.73	2937.89	5154.69	7119.62	7269.96	7829.71	8104.26
烤烟			1.24	1.69	1.97	2.03	2.20	2.70	3.11
蔬菜（含菌类）				1620.75	2130.60	2129.44	2246.40	2356.72	2435.62
木薯			124.51	132.56	173.61	173.21	180.33	181.31	182.75
茶叶			1.94	1.79	2.62	3.92	4.44	4.94	5.39
水果（含园林和瓜果类）	水果总体		266.60	526.69	766.84	1094.41	1222.98	1325.03	1433.42
	园林水果	园林水果总体	266.60	360.14	571.58	841.77	943.81	1030.95	1122.63
		蕉类	96.35	127.32	136.44	207.95	229.08	256.60	275.21
		沙田柚	8.77	18.36	29.38	41.33	43.57	47.28	50.25
		柑橘橙	72.58	87.99	155.08	268.29	307.70	332.72	368.39
		菠萝	12.22	8.00	6.54	2.76	2.93	3.05	3.27
		龙眼	11.86	15.67	38.17	40.55	47.36	50.41	51.57
		荔枝	14.85	14.55	33.48	46.58	53.19	53.06	54.63
		杧果	4.38	10.96	18.59	15.62	18.34	21.76	34.04

广西农产品种类繁多，产量巨大，可以称得上“量大质优”，但是也应该看到，大多数的农产品是以原材料和初级加工的形式进入市场的，产品整体附加值不高，产品深加工率很低；农产品还没有形成品牌市场，农产品的质量问题也偶有发生。此外，由于广西农产品以果蔬、肉类等鲜活农产品为主，其对加工、运输、仓储、配送、质量安全有着较高的要求。这也是广西农产品物流客体的客观要求。建设农产品的冷链系统，快速检测系统，冷库配送中心等基础设施就变得较为现实和迫切。

5.2.4 流通的载体

农产品物流的载体主要是与农产品物流相关的交通基础设施和农产品物流园区。

5.2.4.1 交通基础设施

从地理位置上看，广西位于我国华南地区西部，东接广东、湖南，西临贵州、云南，南濒北部湾，面临东南亚，是西南地区最便利的出海口，是中国面向东亚的门户。从国家战略的角度出发，广西位于“丝绸之路”和“21 世纪海上丝绸之路”的衔接点，处于承接南北的重要地位。

广西经过多年的发展，已经形成了航海、陆地、航空、铁路、水路，立体、复合的交通网络。近年来广西货物运输量及旅客运输量均保持着较快的增长速度见表 5-9。

表 5-9　2013 年旅客、货物运输量及其增长速度

指　标	绝对数	比上年增长/%
旅客运输总量	97780 万人	6.7
旅客运输周转量	1126.83 亿人公里	7.5
货物运输总量	179795 万吨	11.4
货物运输周转量	4320.13 亿吨公里	5.1

A　港口

广西海岸线东起粤桂交界的英罗港洗米河口，西至中越边境的北仑河口，大陆海岸线长 1595km，岛屿 624 个、岸线长 325km。其中，防城港市大陆海岸线长 580km；钦州市大陆海岸线长 518km；北海市大陆海岸线长 497km，岛屿岸线长 32km。沿海岸线曲折，岬湾相间，形成较多港口岸线资源。广西北部湾港口主要由防城港、钦州、北海三大港口组成。2013 年全年港口完成货物吞吐量 2.93 亿吨，比上年增长 8.9%，其中外贸货物吞吐量 1.17 亿吨，增长 9.9%。港口集装箱吞吐量 156.23 万标准箱，增长 22.9%。作为西部第一大沿海大港，防城港的货物吞吐完成量为 1.06 亿吨，同比上一年增长 5.4%。防城港港口的长度也由 1995 年的 2371m 增长到 2013 年的 14223m，接近 1995 年的 6 倍长度。广西主要年份内河、沿海规模以上港口情况见表 5-10。

广西沿海港口建设通往东盟、华南、中南及西南经济区的集疏运通道，主要以铁路、公路为主，形成以南昆、黔桂、南防、黎钦、钦北铁路和南北、钦防、水南、南百高速公路为主线，连接广西沿海港口与云南、贵州等西南腹地的综合运输通道；以南宁—玉林、南宁—广州铁路和南宁—湛江、南宁—梧州公路为主线，形成通往广东及港澳地区的运输通道；以焦柳、湘桂、黎湛等铁路和桂海高速公路等为主线，形成通往湖南及华中地区的运输通道；以南宁—凭祥铁路和南宁—友谊关、防城港—东兴等公路与越南相连，形成通往东盟的国际陆路通道。

2013 年，广西区内拥有机动船 8658 艘，其中民用货船有 6293 艘，净载重量 742 万吨，具有一定的海上运力。值得注意的是，目前广西各港口主要的运输产品多为矿石、石油、煤炭等工业产品，农产品占比并不高，这也和农产品的附加值不高有关。

表 5-10 广西主要年份内河、沿海规模以上港口的基本情况变化 (m)

指标		码头长度						
		1995 年	2000 年	2005 年	2010 年	2011 年	2012 年	2013 年
内河	南宁港	1115	2197	1643	3319	3319	4155	5044
	柳州港	350	1150	1056	751	981	1556	1556
	梧州港	1559	6376	4234	3970	3970	4586	4406
	贵港港	890	5150	5951	7083	7083	7311	7311
	来宾港				2165	2165	3041	3041
	合计				17288	17518	20649	21358
广西北部湾港	北海港域	1210	1900	2504	5082	5082	6040	6040
	防城港域	2371	3211	4080	12134	12134	13945	14223
	钦州港域	360	1730	3696	7478	9920	11206	11233
	合计				24694	27136	31191	31496

B 公路

2014 年末广西公路总里程数达到了 11.49 万公里，比 2013 年的 11.13 万公里增加 0.36 万公里（见表 5-11）。区内公路已经形成“五横三纵”8 条国道为主干的公路网络，基本实现了村村通公路的目标，其中，高速公路 3722 公里，比上年新增 417 公里。区内汽车保有量 319.48 万辆，比上一年增长 14.2%，年末个人汽车保有量 269.64 万辆，增长 19.2%。不少富余地区农户开始使用家用汽车作为运输工具来运载农产品。

表 5-11 广西主要年份交通运输路线长度 (公里)

指标	1995 年	2000 年	2005 年	2010 年	2011 年	2012 年	2013 年
铁路营业里程	2236	2725	2733	3174	3163	3164	3982
高速铁路营业里程	—	—	—	—	—	—	223
公路里程	40904	52910	62003	101782	104889	107906	111384
内河航道里程	4521	5618	6157	6157	6157	6157	6153

C 铁路

广西 2014 年全年新增铁路营业里程 728 公里，铁路营业总里程达 4711 公里，其中，高速铁路营业里程 715 公里，比 2013 年新增 492 公里，通达全国 13 个省份。广西境内的普通铁路主要有湘桂铁路、南昆铁路、焦柳铁路、黔桂铁路、洛湛铁路、黎湛铁路、玉铁铁路、黎钦铁路、南防铁路、钦北铁路、田德铁路、德靖铁路，高速铁路主要有柳南城际铁路、衡柳铁路、广西沿海城际铁路、南广高铁、贵广高速铁路、南昆客运专线（南宁至百色段）。统计数据显示广西境内的高铁里程总数为全国高铁总里程的10%，居于全国中上水平。

D　航空

广西现有民用航空机场7座，分别是南宁吴圩国际机场、桂林两江国际机场、柳州白莲机场、北海福成机场、梧州长洲岛机场、百色巴马机场、河池金城江机场，在建、将建机场3座：梧州西江机场、玉林机场、贺州机场。统计数据显示，2004～2014年，广西各机场旅客吞吐量和货邮吞吐量都呈现出逐年上升的良好趋势，如图5-10所示。

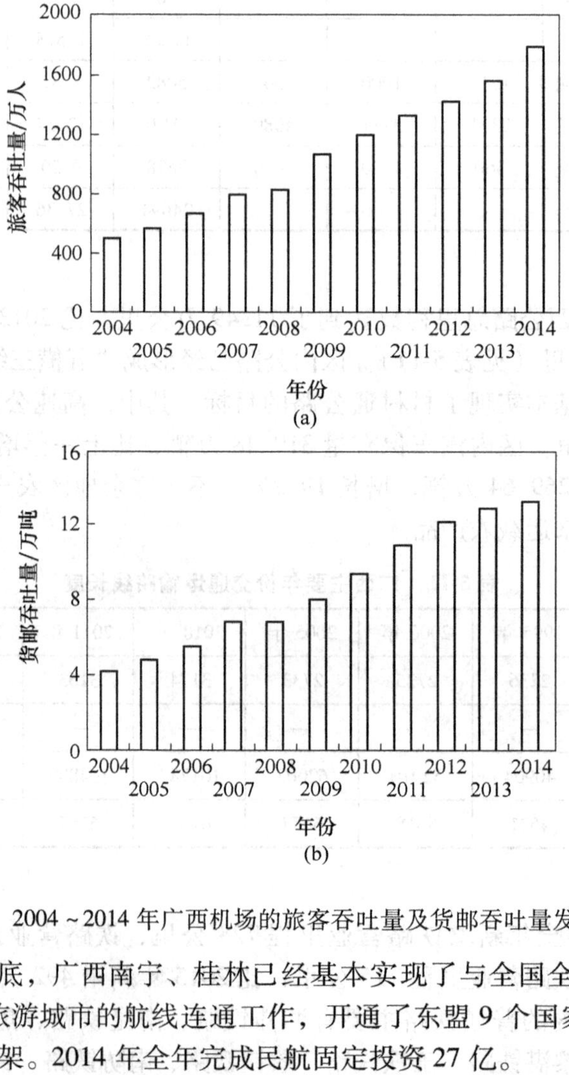

图5-10　2004～2014年广西机场的旅客吞吐量及货邮吞吐量发展趋势

截至2015年底，广西南宁、桂林已经基本实现了与全国全部省会城市、计划单列市、重要旅游城市的航线连通工作，开通了东盟9个国家的19条航班航线，驻场飞机41架。2014年全年完成民航固定投资27亿。

E　水路

广西直达粤港澳的西江黄金水道港口年吞吐量超过1亿吨。水路沿漓江经梧州与珠江相连，可直达珠三角经济区。内河码头主要是南宁、柳州、梧州、来宾、贵港，它们近年来也得到了充足的发展。

5.2.4.2　农产品物流园区

广西区内绝大多数城市都出台了鼓励建设农产品物流园区的政策，这些政策有的是土地价格支持，有的是税收减免，有的是人才引进支持，有的是完善配套的交通环境等。农产品物流园区一般都有较为先进的信息手段、较为完善的物流设施设备和科学的管理方法，他们会对入驻园区农产品物流企业进行统一协调管理，实现服务方式的互补，提升整体物流服务水平，有利于农产品物流资源的协调和发展，实现农产品绿色物流。

例如：由深圳农产品股份有限公司投资的广西海吉星农产品国际物流中心总投资25亿，主要经营水果、干杂、冻品，2013年完成交易近80万吨，交易额32亿左右。物流中心目前建设有较为完善的客户服务体系，大力发展电子商务模式和食品安全可追溯系统，通过会员制、电子结算、安全检测三大核心分别向上游供应商、下游采购商延伸，取得了较好的发展。

但是广西农产品物流园区在发展的过程中，也面临一些问题。主要有部分农产品物流园区缺乏科学的预测和准确的市场定位，政府在推动园区建设过程中推动作用较大，个别园区的选址与建设并不符合市场和规律，造成了资源一定程度的浪费；农产品物流园区在平面布局和园区内各物流作业单元、物流机械设备作业平台的布局还缺乏科学的规划；农产品物流园业需要专业的冷链物流、安全检测系统等，相应的专业技术人才缺乏。

5.2.5　物流信息化

随着邮电业务的发展，广西农产品信息化的速度也在加快。2014年广西完成邮电业务总量503.24亿元，比上一年增长15.5%。其中，邮政业务总量36.23亿元，增长22.5%；电信业务总量467.01亿元，增长15.0%。全年局用交换机（含接入网设备）总容量1765.30万门。年末固定电话用户达到499.85万户。其中，城市电话用户336.91万户，农村电话用户162.95万户。新增移动电话用户268.19万户，年末达到3553.78万户。年末全区固定及移动电话用户总数达到4053.63万户，比上年末增加221.79万户。电话普及率达到85.9部/百人。农村电信业务的推进，特别是移动电话的普及率已经在90%以上，客观上也推进了物流信息化的发展。

农产品物流信息化主要是指农产品从生产到消费的流动过程中所有信息和知识及时、准确、有效地获取与处理。这需要把现代信息技术，特别是互联网技术应用到农产品的物流领域中。农产品物流信息化可以提高农产品的流通效率，降低农产品的物流成本，提升农产品物流的经营管理和决策水平，扩大农产品的流动范围、交易规模，加快、加速交易的频率和次数，对于有效解决农村现有的市场信息不对称问题具有很大的意义。

农产品物流信息主要源于农产品的销售需求和产品供给两个方面。一方面，农户对于农产品的销售需求非常迫切。过去他们一般依靠传统的信息中介人或者信息中介机构来组织生产，难以实现规模化的目的。物流信息化就是利用现代电子信息技术将实际的农产品虚拟化，再通过互联网技术将信息传递出去，经过信息系统的加工处理，最终撮合交易，通过网上下单，跟踪农产品物流信息，实现农产品的质量与安全保障追溯功能。这是农民对于农产品物流信息化的客观需要。另一方面广西各市、县、区都建设了相关的农业信息服务机构，广西农业厅建设有广西农业信息网，类似的农产品供给需求发布平台还有广西农业产业信息网、广西农业供求信息网、农卖网、农产品交易网、农享网等。

尽管农产品物流信息化在一定程度上取得了较大的进步，但是问题还很大、很突出。例如：农村物流信息化的基础设施还非常薄弱，宽带入户、农产品信息采集设备还较为落后；农产品信息化的标准还不完善，农产品在流通过程中各部门、各单位使用的数据信息不标准化，导致数据无法对接、共享、查询；农民使用信息化工具以及对信息的分析处理能力还有待提高；农产品物流信息化的普及率还非常低。这一方面需要加强对农产品信息网站的运营、维护、营销和推广工作；另一方面还要通过培训等手段提高农民对于农产品物流信息化的意识，教会他们掌握必要的信息技术，使用信息化采集的工具，使他们成为农产品物流信息化的生产者；同时还要组织相关专家、学者加快地方性农产品信息化的标准制定，推动龙头企业的信息化进程，起到示范作用。

5.3　广西“南菜北运”试点工程

自1998年我国农产品流通进入市场化改革之后，除了对于部分商品“保护价”收购外，国务院、农业部、商务部、发改委等多个部门出台了大量政策引导农产品流通向产业化、规模化、信息化的方向发展。特别是从2006年以来，国家出台了一系列有关农产品流通体系建设的中央1号文件。

5.3.1　广西“南菜北运”取得的成绩

自2011年广西被确定为“南菜北运”农产品现代流通综合试点工程省份以来，广西的冬春季蔬菜生产保持较快的发展。数据显示广西已经形成了一区三带的冬春季蔬菜生产区域：北部湾蔬菜产区、右江河谷蔬菜产业带、湘桂通道蔬菜产业带和西江流域蔬菜产业带，见表5-12。

表 5-12 广西一区三带蔬菜产业基础分布和辐射情况

蔬菜产业带名称	生产区域布局		
	所在市	重点县区	辐射县区
北部湾蔬菜产业区	南 宁	江南、西乡塘、邕宁、武鸣、宾阳、隆安、横县	良庆、兴宁
	北 海	银海、合浦	铁山港、浦北
	防城港	防城、东兴	
	钦 州	钦南、钦北、灵山	
	玉 林	玉州、福绵、博白、北流	兴业、容县、陆川
	崇 左	扶绥、江州	天等
右江河谷蔬菜产业带	百 色	右江、田东、田阳、平果	靖西
湘桂通道蔬菜产业带	柳 州	柳江、柳北、柳城、鹿寨、柳南	融安、融水、象州
	桂 林	灵川、临桂、雁山、全州、平乐、荔浦	永福、兴安、阳朔、龙胜、灌阳、资源
	来 宾	兴宾、忻城	武宣
	河 池	金城江、宜州	南丹
西江流域蔬菜产业带	贵 港	港南、港北、平南、桂平	覃塘
	梧 州	长洲、龙圩、藤县、岑溪	蒙山、万秀
	贺 州	八步、富川、平桂	昭平、钟山

表格来源：广西壮族自治区农业厅《广西蔬菜产业提升行动方案（2015～2020年）》。

广西依托地缘及“天然温室”的资源优势，重点发展秋冬“北运”蔬菜、反季节蔬菜和无公害蔬菜生产。2015年广西蔬菜种植面积为122.09万公顷，与2010年相比增加21.33万公顷，增长21.2%，年均增长3.9%，其中，冬春蔬菜种植面积达54.09万公顷，占广西蔬菜总播种面积的44.3%。广西已经成为全国最大的冬春季蔬菜生产基地。在云南、海南、广西三个“南菜北运”的试点省（区）中，广西冬春蔬菜的产量占到了61%，位列第一（见图5-11）。

随着我国“南菜北运”项目的实施和市场结构性、周期性供需加大，广西蔬菜产业发展迎来了机遇，质优价高的精细蔬菜种植面积发展迅速，特色产品比重不断提高。从品种上看，茄果类、叶菜类种植面积比重增加较快，白菜、块根类、瓜菜类种植面积有所下降。食用菌类设施化生产比重加大，2015年产量为54万吨，与2010年相比，增长89.3%。2015年，广西蔬菜产量达2731.39万吨，比2010年增加630.47万吨，增长30.0%，年均增长5.4%，2015年广西蔬菜产量在全国排10位，占全国蔬菜总量的3.4%。在“南菜北运”三个试点省（区）中冬春蔬菜产量占总产量的66%，位列第一（见图5-12）。

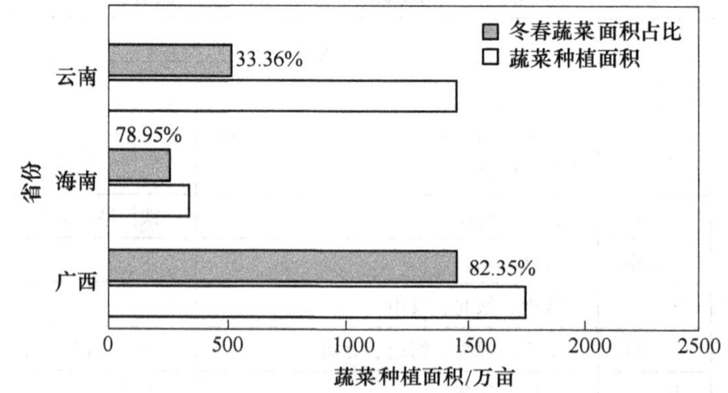

图 5-11　2014 年“南菜北运”三个试点省（区）冬春蔬菜种植面积

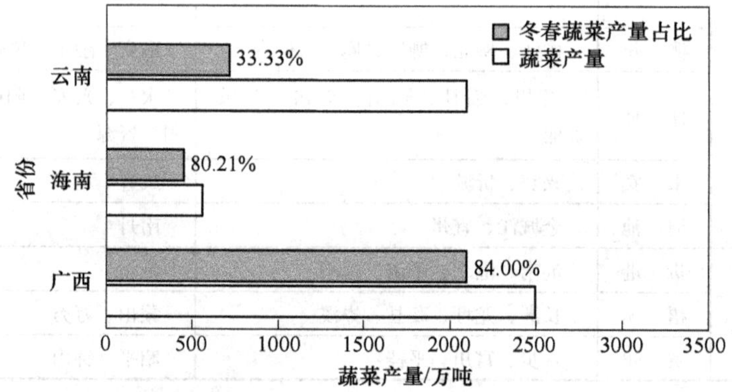

图 5-12　2014 年“南菜北运”三个试点省（区）冬春蔬菜产量

通过推广先进种植、栽培和管理技术，广西蔬菜实现了质优价高，蔬菜产量平稳增长，蔬菜价格稳中有升，实现产销两旺，蔬菜的生产经营方式由粗放式的规模型扩张向追求品质和效益转型。

从产地上来看，2010~2015 年，“一区三带”的蔬菜生产基地中北部湾产业区的生产增长最快，其次是右江河谷带。数据显示（见表 5-13），2015 年北部湾蔬菜产业带种植面积为 49.7 万公顷，占广西的 40.7%，比 2010 年提高 1.1%，五年平均增长 4.5%，蔬菜产量 1125.7 万吨，占广西的 41.2%，比 2010 年提高 1.2%，年均增长 6.0%；右江河谷蔬菜产业带种植面积为 9.7 万公顷，占广西的 7.9%，比 2010 年提高 0.2%，年均增长 4.5%，产量达 221.3 万吨，占广西的 8.1%，年均增长 5.5%；湘桂通道蔬菜产业带种植面积为 42.0 万公顷，占广西的 34.4%，年均增长 3.4%，产量达 866.8 万吨，占广西的 31.7%，年均增长 5.0%；西江流域蔬菜产业带种植面积为 20.7 万公顷，占广西的 17.0%，年均增长 3.3%，产量达 518.7 万吨，占广西的 19.0%，年均增长 4.8%。

表 5-13 2010～2015 年广西“一区三带”蔬菜生产基地生产情况

生产基地	2010 年		2015 年		年均增速	
	面积/万公顷	产量/万吨	面积/万公顷	产量/万吨	面积/%	产量/%
北部湾产业区	39.9	841.1	49.7	1125.7	4.5	6.0
右江河谷产业带	7.8	169.5	9.7	221.3	4.5	5.5
湘桂通道产业带	35.5	680.2	42.0	866.8	3.4	5.0
西江流域产业带	17.6	410.0	20.7	518.7	3.3	4.8

广西壮族自治区政府一直非常重视并支持农产品流通体系建设，在蔬菜流通中推广“企业＋基地＋农户”模式，重点发展集约化、规模化的示范区，开通了百色到北京的果蔬专列，改变了广西果蔬货物的集结和分销的方向。蔬菜从云南、贵州等地集结到百色，经南宁、长沙、武汉、郑州、石家庄、北京分销到呼和浩特、哈尔滨、长春、沈阳等地。

广西在实施“南菜北运”的进程中，对于农产品的物流起到了很好的推进作用，主要体现在三方面：

（1）广西建设了一批大型的农产品批发市场，带动农产品流通网络初步形成。主要有南宁五里亭蔬菜批发市场、柳州柳邕农副产品批发市场、桂林五里店果蔬批发市场、玉林宏进农副产品批发市场、广西田阳农产品批发中心、广西海吉星农产品物流中心、金桥农产品批发市场等，以此为骨干结点，各市县产地专业化中小型农产品批发市场为支撑的农产品批发市场体系基本形成。

（2）通过开展“南菜北运”农产品现代流通综合试点工作。广西已统筹 4 个冬春果蔬生产基地、6 个产地集配中心、4 个销区配送专区、4 个产销商流链条以及相应的信息服务平台和质量可追溯系统，进一步联通上游生产基地，对接下游零售终端，整合形成以产地集配中心向全国北方地区辐射的流通网络体系。

（3）在“南菜北运”过程中形成了一定的广西品牌，如田阳圣女果、钦州辣椒及黄瓜脆、荔浦芋头、田阳香杧、容县沙田柚等区域品牌，“嚼绿行”、“壮乡河谷”等企业品牌，“绿蕾豆角”、“子弹头黑皮冬瓜”、“三口红薯干”等产品品牌。广西现有 22 个地理标志证明商标，见表 5-14 所示。

表 5-14 广西现有的 22 个地理标志证明商标

序 号	名 称	产 地	备 注
1	巴马香猪	河池巴马县	地理标志证明商标
2	恭城柿饼	桂林恭城县	地理标志证明商标
3	横县茉莉花茶	南宁横县	地理标志证明商标
4	富川脐橙	贺州富川县	地理标志证明商标
5	阳朔金橘	桂林阳朔县	地理标志证明商标

续表 5-14

序　号	名　称	产　地	备　注
6	河池环江香猪	河池环江县	地理标志证明商标
7	东津细米	贵港港南区	地理标志证明商标
8	融安金橘	柳州融安县	地理标志证明商标
9	永福罗汉果	桂林永福县	地理标志证明商标
10	田阳香杧	百色田阳县	地理标志证明商标
11	荔浦芋	桂林荔浦县	地理标志证明商标
12	东兰板栗	河池东兰县	地理标志证明商标
13	恭城椪柑	桂林恭城县	地理标志证明商标
14	融水香鸭	柳州融水县	地理标志证明商标
15	梧州砂糖橘	梧州苍梧、藤县	地理标志证明商标
16	环江香牛	河池环江县	地理标志证明商标
17	南丹巴平米	河池南丹县	地理标志证明商标
18	南丹瑶鸡	河池南丹县	地理标志证明商标
19	昭平银杉	贺州昭平县	地理标志证明商标
20	南丹瑶山红梨	河池南丹县	地理标志证明商标
21	南丹椪柑	河池南丹县	地理标志证明商标
22	鲁比葡萄	柳州柳江县	地理标志商标

5.3.2　面向东盟的“南菜北运”

广西的“南菜北运”试点工程在战略定位上，不仅是要建设全国最大的“南菜北运”农产品生产供应示范基地，成为我国西南地区农产品南北物流中心，而且还要依托广西重要的区位优势，成为贯穿东盟与我国内地的农产品立体化运输的国际大通道。

5.3.2.1　面向东盟的铁路运输

广西紧抓“一带一路”规划实施、广西-东盟自贸区升级版建设、“泛亚铁路”规划建设等重大契机，在“南菜北运”试点工程中，以中国-东盟铁路冷链专列成功试运行为基础，积极推进广西与东盟铁路互连互通。

具体的工作思路主要是推进湘桂铁路南宁至凭祥段扩能改造，规划新建防城港至东兴、靖西至龙邦铁路，加快实现冷链专列在越南、老挝等东盟国家境内始发，形成中国-东盟铁路冷链双向流通体系，丰富“南菜北运”农产品种类，促进我国和东盟的农产品贸易稳步、有序发展。

结合我国东北、华北、西北等地秋、冬两季气候条件及流通体系建设等情况，面向东盟的“南菜北运”，广西农产品外运种类，应该适当增加香蕉、榴莲、菠萝、柚子、山竹、砂糖橘等水果品种，巩固发展广西到北京的冬春蔬菜铁路运输，加快开通广西到长沙、武汉、郑州、石家庄等“百色一号”途经城市的“南菜北运”农产品铁路货运业务，鼓励发展广西到沈阳、哈尔滨、兰州、乌鲁木齐等东北、西北核心城市的铁路货运服务。

5.3.2.2 面向东盟的公路运输

面向东盟的公路运输既要“练好内功”，也要“练好外功”。

“内功”主要是指优化广西区内“四横六纵”高速公路建设。“四横”即贺州—柳州—河池—隆林（汕头—昆明）、岑溪—玉林—南宁—百色（广州—昆明）、合浦—钦州—崇左—那坡（兰州—海口）、灌阳—兴安—龙胜—三江（包头—茂名）；“六纵”即龙胜—平乐—梧州—岑溪（包头—茂名）、资源—恭城—玉林—铁山港、三江—柳州—贵港—北海（兰州—海口）、全州—柳州—南宁—友谊关（泉州—南宁）、南丹—河池—南宁—东兴（兰州—海口）、天峨—凌云—百色—龙邦，打造以南宁为核心，贯通北部湾主要城市和港口，连接区内其他地级城市的公路交通网络。

“外功”主要是指推动出省出边高速公路建设。重点推进云南富宁至广西那坡、贵州贵阳至广西百色、广西岑溪至广东茂名、广西梧州至广东封开高速公路建设；推动凭祥—谅山—河内、东兴—芒街—下龙等公路项目建设，打通与周边东盟国家，我国东部沿海地区，东北、西北及华北地区，西南地区主要省市的公路衔接，畅通公路运输通道。公路可以以南宁为中心，向北经长沙、武汉、郑州、石家庄、北京到沈阳、长春；向东经长沙、南昌、杭州到上海；向西到昆明；向西北经贵阳、重庆可以到西安、银川、呼和浩特，也可以经兰州、西宁、运往乌鲁木齐；向南可以运往广州、香港和澳门，向西南可以经越南、老挝运往泰国。

5.3.2.3 面向东盟的航空运输

广西加快建设南宁、桂林、柳州、百色、北海等城市航空物流联运设施，鼓励玉林、梧州、河池、贺州开展农产品高端航空物流外运服务；加强与国航、南航等国内知名航空公司战略合作，积极开辟国际国内农产品货运新航线；支持顺丰、EMS 等第三方快递企业建设产销地航空直销网络；结合北京、上海、香港、澳门等一线城市市场需求，发展樱桃、蓝莓、螃蟹、海虾、海参、鲍鱼等高端产品航空配送。

5.3.2.4 面向东盟的水路运输

广西紧抓打造“智慧港口”契机，积极发展面向东盟的“南菜北运”水路冷链运输，加快南宁、贵港、梧州、防城港、北海及钦州相关港口建设，农产品物流船舶采取优先靠泊、优先装卸、优先离港制度，进一步打通连接我国天津、秦皇岛、大连及周边印度尼西亚、马来西亚、菲律宾、新加坡等东盟国家的果蔬进出口水路冷链运输通道，保障火龙果、榴莲等进口水果的北运内销，以及椰子、甘蔗、萝卜、洋葱、大蒜、土豆等果蔬的外运出口。

广西还充分发挥凭祥（陆港）、桂林（空港）两个进境水果指定口岸在中国-东盟农产品进出口贸易中的作用，积极完善基础配套设施建设，优化周边设施布局，在口岸所在地区建立与发展相配套的检验、检疫、防控等服务设施；加快推进防城港渔澫港区进境水果指定口岸投入运行，有序推进龙邦进境水果指定口岸申报工作；加大口岸连接交通干线的新建和改扩建投资力度，建立不同层次交流与沟通机制，提高农产品的通关能力。

5.3.3　广西蔬菜产业存在的主要问题

广西在大力推进“南菜北运”试点工程的过程中，取得了较为丰硕的成绩，但是广西的蔬菜生产也存在一些主要的问题。

（1）从蔬菜产业流通的主体来看，生产依然以农户自主经营为主，组织化程度低，抗打击能力弱。随着政策的示范作用，尽管各地涌现了一些蔬菜专业合作社，但由于信任度不高、利益分配不均等原因，绝大多数蔬菜生产还是以农户为经营单位，管理比较粗放。这也导致了蔬菜生产规模化、标准化程度低，难以形成品牌。

（2）从蔬菜产业信息传递来看，蔬菜产业信息化程度低，农户难以获取分享市场信息。由于蔬菜种植农户当前的信息化意识还不高，他们一般通过信息中介人或者上年的蔬菜价格作为今年种植的依据，缺乏对市场需求的预测，加剧了“追涨杀跌”的情况，导致局部蔬菜过剩，菜多无人问津的局面。此外，蔬菜信息化程度低，质量和安全数据不透明，缺少必要的溯源系统，也是造成蔬菜竞争力偏低的重要原因。

（3）从蔬菜产业的流通渠道来看，蔬菜产业的加工、运输、仓储能力跟不上现有的蔬菜生产规模。当前，广西绝大多数蔬菜只经过简单的粗加工，有些蔬菜完全没有经过任何加工，蔬菜加工总产值占农副食品加工总产值的比重仅为1.4%。蔬菜在运输过程中的损耗大约在20%，浪费、污染、耗损情况突出。冷链物流、冷库、冷冻车设施与设备不足，也导致了附加值较高的新鲜蔬菜产销衔接不力，运销能力不足，影响了蔬菜的流通。

5.4　广西农产品物流的发展特征

（1）广西农产品种类多，产量大，品质优。广西地理位置优势，承东启西，通南达北，作为“南菜北运”的主要试点省份，是一个农产品种类多、产量大、品质优的地区。广西属亚热带季风气候区，有“天然温室”之称。广西自1993年以来，蔗糖产量一直居全国第一，蔗糖产量占全国糖业的60%以上；杧果、香蕉、菠萝、荔枝等亚热带水果和蔬菜以及海产品畅销国内外；白果、松脂、香料、剑麻、荔浦芋等产物在全国也占有特殊地位；罗汉果是广西特有的著名土特产。此外猪牛羊肉、干香菇、冻鱼、烤烟、虾、墨鱼及鱿鱼等产品也是畅销海内外。

得天独厚的气候环境、优越的地理位置、特殊的战略规划使得美丽的壮乡广西拥有“中国龙眼之乡”、“中国香蕉之乡”、“中国茉莉花之乡”、“中国荔枝之乡”和“中国奶水牛之乡”等各种称号，也使其明确了自身的战略定位。广西将成为中国最大的“南菜北运”农产品供应基地；成为我国西南地区农产品南北流通的物流中心；成为贯通东盟与我们内地的农产品流通立体运输国际化大通道。

（2）广西农产品物流主体以农户为主。由于广西特有的历史文化和经济发展原因，广西农产品物流呈现多种模式共存的现象，农产品物流主体还是以传统的农户为主。广西目前拥有人口5282万人，总户数为1383万户，农业人口4248万人，占总人口比例的80%以上。由于广西是一个少数民族自治的省份，少数民族人口2004万人。

目前绝大多数地区，农业生产的主要模式还是以农户的个体经营为主，特别是在老弱边贫地区，农户是农产品生产经营的最小单位。尽管随着城镇化的推进，农村的劳动力进城打工，常居城镇的现象非常明显，但是由于广西农村教育程度普遍偏低，农民长期处于信息封闭的落后状态，缺乏与外界市场联系的能力，因此当前和今后相当长的一段时期，广西农产品的生产模式还是以农户的个体经营为主。

对比欧洲、美国和日本的农产品物流模式，广西农产品物流主体为农户这种特征并不利于农产品物流的规模化、产业化、信息化发展。较小规模的生产、较弱的资金实力、粗放的管理方式、落后的生产经营模式将会阻碍广西农产品物流的发展。当前和今后一个时期应大力发展“农超对接”模式或者“超市＋企业＋农户”模式，减少农产品物流的产业链条，提高流动效率，降低物流成本。

（3）广西物流的基础设施正在逐步完善。广西地理位置优越，是西南地区唯一有大型出海港口的内陆省份。经过多年的发展，广西已经形成了航海、陆地、航空、铁路、水路等立体、复合的交通网络。

航海方面，广西海岸线有近1600公里长，沿海岸线曲折，岬湾相间，形成较多港口岸线资源。防城港、钦州、北海三大港口组成广西北部湾港口。

公路方面，广西2014年末公路总里程数已经达到了11.49万公里，区内公路已经形成“五横三纵”8条国道为主干的公路网络，高速公路、国道、县道布局较为合理。

铁路方面，广西 2014 年铁路营业总里程达 4711 公里，高速铁路营业里程达到全国的 10%，通达全国 13 个省份。广西境内的普通铁路主要有湘桂铁路、南昆铁路、焦柳铁路、黔桂铁路、洛湛铁路、黎湛铁路、玉铁铁路、黎钦铁路、南防铁路、钦北铁路、田德铁路、德靖铁路，高速铁路主要有柳南城际铁路、衡柳铁路、广西沿海城际铁路、南广高铁、贵广高速铁路、南昆客运专线（南宁至百色段）。

航空方面，广西现有南宁吴圩国际机场、桂林两江国际机场、柳州白莲机场、北海福成机场、梧州长洲岛机场、百色巴马机场、河池金城江机场等 7 座民用机场，在建、将建的机场有梧州西江机场、玉林机场、贺州机场 3 座。广西各机场旅客总吞吐量和货邮总吞吐量呈现出逐年上升的良好趋势。

水路方面，广西直达粤港澳的西江黄金水道港口年吞吐量超过 1 亿吨。水路沿漓江经梧州与珠江相连，可直达珠三角经济区。内河码头主要是南宁、柳州、梧州、来宾、贵港，近年来也得到了充足的发展。

近年来，广西物流的基础设施建设速度较快，公路、铁路、航空、航海全面发展，各类物流园区建设也是迅猛发展，总体来看，广西物流的基础设施正日渐完善。

（4）广西农产品物流多种模式共存。由于历史文化和社会经济发展的原因，广西农产品物流存在着传统的城乡物流模式、供应链两端组织化模式、第三方物流模式、农产品物流园区主导的模式以及物流电子化模式等多种模式。

在欠发达的乡村主要以传统的以批发市场为主导的物流模式里，农户、乡村合作社、乡镇企业、产地批发商、贩销大户、销地批发商、零售商以及零售市场等构成了物流主体，在一定程度上缓解了“小生产”与“大市场”的矛盾，但是物流的效率低、物流的成本高、信息的不透明也在一定程度上限制了乡村市场经济的发展。

在广西乡镇和县城，以企业为主体的物流发展非常迅速，出现了“加工企业+农户”或“连锁企业+农户”等物流模式。各县城和主要城市更为专业的第三方物流模式已经具有一定的规模。第三方物流公司可以提供电子化的、多功能、全流程管理方式，管理更加科学，物流技术和设施设备相对更加完善。

农产品物流园区（大型批发市场）主导的物流模式是政府近年来大力推进的一种模式，主要是在农产品源产地、重要的农产品物流集散地建立以农产品物流园区（大型批发市场）为中心，依靠园区的组织管理能力对现有的物流设施、产品资源进行整合，通过对产品的收集、配送、加工、仓储、包装以及其他附加服务，来满足城乡居民消费的模式。

物流电子化模式主要出现在南宁、桂林、柳州等主要中心城市。这种模式可以实现各物流公司信息系统之间以及上下游供应链之间一种商流、资金流、物流、信息流的无缝链接，严格意义是服务第三方物流企业的一种“物流服务再服务”模式。它借助公共物流信息平台，可以实现资源的协调和信息的共享，帮助物流企业最大限度地控制和管理库存。

物流电子化模式综合应用了电子商务、现代物流、软件技术、网络技术、数据挖掘、地理信息系统（GIS）、全球定位系统（GPS）等技术手段，具有较高的附加值，代表了未来的发展方向。

当前和今后一段时期，广西在农产品物流领域将呈现多种物流模式共同发展的格局。针对不同的地区特征、不同的农户人群，不同的物流模式可以较好地满足农产品物流的实际需求。从长远来看，不同物流模式之间相互作用，相互影响，是有利于广西农产品物流向着更加规模化、专业化、精细化、信息化的方向发展的。

5.5 广西农产品物流存在的主要问题

（1）广西农产品冷链物流配套设施不足。广西农产品物流基础设施建设已经取得了一定的成绩，但是对比果蔬冷链物流流通率在80%以上的美国、欧洲等果蔬流通业发达的国家和地区，我国的冷链物流流通率在15%左右，而广西冷链物流还处于起步阶段，不仅冷链物流配置设施设备不足，冷链物流果蔬保鲜的关键技术也没有完全掌握。我国现有的保鲜手段主要有气调保鲜、防腐剂保鲜、冷藏保鲜、生物保鲜、辐照保鲜、减压保鲜等。但是气调保鲜由于技术和成本的原因，实际使用率不足1%；生物保鲜多采用酶的催化作用保鲜；冷藏保鲜的库房一般以中小仓库居多；减压保鲜的成本也较高，换气运营维护管理的技术难度也比较高。

建设冷链物流，要通过冷藏车、冷藏集装箱等设备的更新和引进，提高冷藏、冷冻、冷运等冷链物流设施水平；建设和配置冷藏储藏中转库，购置预冷保鲜、冷藏冷冻、低温分拣加工、冷藏运输工具、温控销售柜台等冷链设施设备；从农产品生产企业生产源头实现低温控制，积极发展冷链运输和低温销售，建立以生产企业为核心的冷链物流体系；鼓励企业在产地、销地建设低温保鲜设施，实现产地市场和销地市场冷链物流的高效对接。

（2）广西农产品流通模式损耗巨大。对比发达国家，广西不仅冷链物流配套设施不足，而且果蔬在流通过程中的损耗过多，腐损率在20%以上，远远高于发达国家的5%。如此高的腐损率说明广西落后的农产品流通模式存在问题。

要减少农产品在流通过程中的损耗，就需要减少蔬菜的流通环节，缩短物流的产业链长度。建立并完善以农产品物流园区（批发市场）主导型流通模式或者以大型连锁超市“农超对接”模式，可以节约蔬菜产品交易时间和交易费用。加快农产品的流通速度，减少农产品在流通过程中的损耗。大力发展第三方专业的农产品物流企业，加强农产品冷链物流管理也是减少农产品流通损耗的必由之路。广西应大力发展第三方冷链物流企业，为农产品物流提供高质量的服务。广西还应通过有力的政策扶持积极推进第三方物流发展，鼓励农民、农业企业、商业企业、国内外物流企业等介入农产品物流市场，促进物流领域的竞争，完善物流服务。加大对冷库、冷藏车等基础设施的资金投入，做好制冷、保温、监测等缓解工作。鼓励和支持发展第三方蔬菜冷链物业，实现生鲜水果蔬菜全程冷链运输。

（3）广西农产品物流主体规模太小。由于历史文化和经济发展的原因，广西农产品物流的主体是农户，主体的规模太小、资金实力太弱、议价能力低、文化程度不高已经成为制约广西农产品物流发展的重要因素。

在这方面，政府应该积极发挥宏观调控作用，积极鼓励和引导农户成立农业专业合作社或者农产品企业。此外，政府利用各级农业信息服务机构，加强对农户的培训服务也是必要的。

（4）广西农产品物流信息化程度低。广西农村产品物流的信息化程度很低，主要表现在作为物流源头的农产品信息化的能力非常低，农产品信息化的标准还没有明确，各个农业服务机构之间的数据共享、交换、处理难度很大；缺乏相应的物流信息基础设施建设，很多农村不能接入互联网；缺乏功能完备的农产品物流信息平台。

信息网络是现代物流的生命线，农产品没有信息化就不能是真正意义的现代物流业。广西要加强现代信息基础设施建设，继续完善各地光缆、卫星通信等干线传输网，逐步建设配套的蔬菜拍卖交易大厅、电子显示屏等。

广西还应该积极开展农产品物流公共物流信息平台的建设，坚持政府引导、行业约束、企业自营的市场化运营模式。要建设能采集田间信息、进行市场信息监测、物流信息跟踪、质量信息追溯、病虫害预警、交通信息通知、价格信息、自然灾害预警、质量检测等多功能于一体的农产品信息流通平台。信息平台通过对农产品批发市场数据的采集、处理和交换，为批发市场和农产品加工企业发布各类农产品的价格和货源信息；为物流企业发布物流供求、物流运作成本和物流服务质量等实时信息；为政府相关职能部门的信息沟通提供信息枢纽作用，为政府的宏观规划与决策提供信息支持。

（5）广西农产品物流专业人才不足。广西农产品物流业的发展，需要大量的熟悉农产品物流的专业人才，这些人才包括熟悉农产品冷链物流中产品采购、加工、运输、包装、仓储、销售等专业人才，还特别需要熟悉农产品物流业务的信息技术人才。

广西除了要引进高端的农产品物流专业人才，还应该特别重视广西本土农产品物流人才的培养。未来的农产品物流作业应该是机械化、自动化和信息化的。目前能够较为全面掌握农产品物流的人才非常短缺，而要解决农产品物流中存在的极易腐烂变质、附加值不高、流通费用高、效率低下等问题，都需要专业的物流人员对农产品物流进行合理规划、设计、管理和有效控制以及成本核算。广西应鼓励开展多层次、多方面的农产品物流教育和培训，还应该开展农产品物流人员职业资格认证制度的探索和实践。

6 广西农产品物流竞争力评价研究

6.1 农产品物流竞争力评价基础理论研究

6.1.1 区域物流竞争力的概念与内涵

6.1.1.1 竞争力

竞争力的概念产生于20世纪80年代，国际竞争力最早源于世界经济论坛。他们最早提出国际竞争力的概念，并指出国际竞争力包括来自内部的效率竞争力和外部的环境竞争力两部分。

迈克尔·波特在经典著作《国家竞争优势》一书中提出产业和国家竞争优势理论，他认为国家的竞争优势的衡量模型为“钻石模型”。竞争优势理论的逻辑起点是亚当·斯密的绝对优势理论。绝对优势理论认为某个国家和地区都有其特定的适合生产某种产品的能力，各个国家只要找到自己的自然优势，把这些有利因素有效整合，就会出现绝对优势。当然绝对优势理论无法解释，如果一个国家没有任何生产优势，是否可以参与国际分工。大卫·李嘉图的比较成本理论对其进行了发展，认为一个国家可以不生产所有的产品，只要集中生产利益大的产品或者不利较小的产品即可。

波特认为一个国家的竞争力取决于生产要素、需求要素、相关产业及支持产业、企业策略与结构和竞争对手、政府、机遇。这六个要素构成“钻石模型”，如图6-1所示。

生产要素也称资源要素，主要包括基本要素和高级要素两大类，前者包括人力资源、天然资源；后者主要包括知识资源、资本资源和基础措施。

需求要素主要是指产品或服务在国内被需求的属性，包括需求的数量、质量、结构，是否需要国际化等。

相关产业及支持产业，也称辅助产业，主要是指国内是否有具有国际竞争力的供应商和关联辅助产业。供应商可以看做是供应链纵向的协同能力；关联产业可以视为产业横向的集群效应。

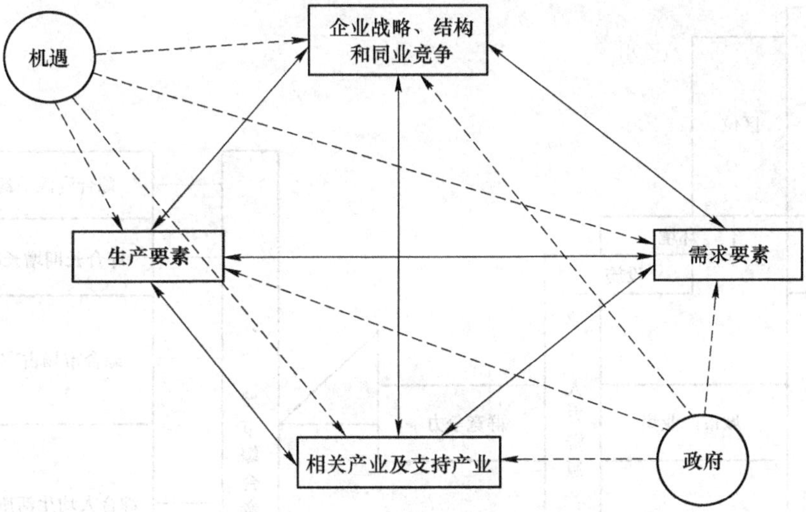

图 6-1 钻石模型

企业战略、结构和竞争对手是指国内企业的经营战略、结构和同业间的竞争状态。不同的国家有着不同的“管理意识形态”，如德国人的工程师情结和美国人对财务管理的支配作用。

以上四个要素构成了钻石模型的骨架，该模型还存在的变数，那就是机遇和政府。机遇可以影响模型中四个主要要素的演变，政府的调控行为同样也可以影响模型中的其他要素。

学者除了对国家竞争力进行研究之外，也对城市的竞争力进行了大量研究。比较有代表性的学者主要有南开大学的郝义寿和中国社科院的倪鹏飞博士。倪鹏飞博士认为从最终产出角度看，城市竞争力可以从综合竞争力和六项表现性指标去把握，表现性指标包括综合市场占有率、综合增长率、综合就业机会增长、综合环境资源成本节约、综合生产率、综合人均收入水平，其中综合环境资源成本节约为2004 年新增指标；从影响城市竞争力强弱的各要素角度看，城市竞争力可以从软竞争力和硬竞争力两类要素性指标去把握，其中软竞争力要素包括文化、制度、政府管理、企业管理、开放，硬竞争力要素包括人才、资本、科学技术、结构、基础设施、区位、环境，共 12 个分项，各分项由若干子项构成。倪鹏飞博士将硬竞争力要素比作弓，软竞争力要素比作弦，各城市各产业竞争力比作箭，弓弦箭相互作用，形成城市综合竞争力，如图 6-2 所示。此即城市竞争力的弓弦模型。

6.1.1.2 区域物流竞争力

不同的学者从创新理论、知识经济、资源学说的角度探讨了企业物流的竞争

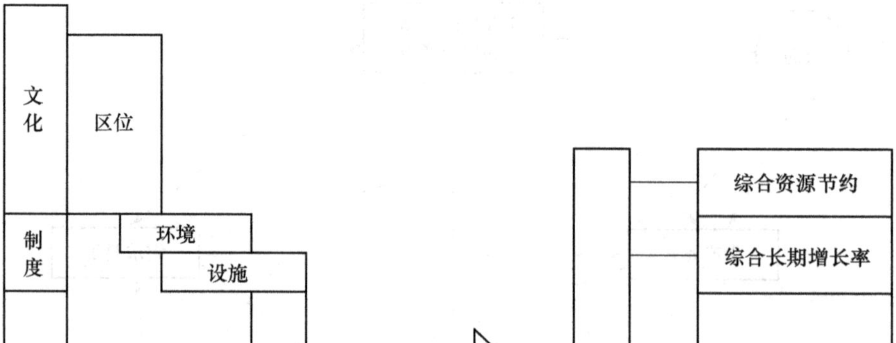

图 6-2　城市竞争力的弓弦模型

力。关于区域物流竞争力国外的研究并不多，国外多侧重于研究物流企业物流系统、物流路径的优化。

国内关于区域物流竞争力的概念已经基本清晰。区域物流竞争力指特定空间范围内，物流产业所具有的区别于其他地区的物流资源、物流服务、物流政策和物流创新能力等的综合表现。区域物流竞争力是建立在从生产向消费有效实体流的基础上，包括了运输、仓储、装卸搬运、配送、包装、流通加工、信息处理等物流业务，体现为通过区域内部或区域之间的物流资源的整合而形成的能力体系。区域物流竞争力对外表现为区域间物流市场的争夺能力；对内主要表现为区域内部物流低成本、高效率的服务水平。

区域物流竞争力的研究主要集中在区域物流竞争力的形成机理、区域物流系统的管理规划两大部分。区域物流竞争力形成机理的研究主要是采用系统动力学等理论进行定量的研究，如桂寿平、管卫华等，一般的研究思路是采用数学建模的思想建模，分析模型内部的各要素的因果关系，或采用软件仿真技术进行模拟。区域物流系统的管理近年的研究主要有江西财经大学李建军（2013）博士的区域物流协同成长研究，北京交通大学潘峰（2014）区域物流网络资源的动态整合模式及流程的研究等。

区域物流是由主体、客体、载体相互作用、相互影响的一个复杂的系统。区域物流结构具有多层次、多维度的特点。

区域物流的主体是整个供应链条的起点和终点，主要是直接从事物流活动的企业和物流相关服务活动的组织，包括货物运输企业、配送企业、加工企业、仓储企业、物流信息中介、物流管理咨询机构、物流系统服务企业等。由于共同利得和低成本的要求，区域物流也具有空间上物流主体积聚的特征。物流主体在空间上的积聚客观上有利于物流主体开展信息共享、资源协调、良性的合作与竞争，可以促进物流活动向规模化、集约化、信息化的方向发展，这是区域物流园区、物流中心、配送中心形成的客观基础。区域物流主体的积聚效应决定了整个区域物流系统的空间结构。作为区域物流系统基础的主体要素，其运作能力和服务水平是评价区域物流竞争能力的重要指标。

区域物流的客体即物流对象，是在物流主体间进行定向循环运动的物质实体。一般来说，物流的客体主要为农产品和工业产品，种类繁多，数量巨大。不同的物流客体具有不同的属性和不同的物流需求。一般来说物流客体从供应链的上游向下游流动，通过空间上的运动，客体完成了从生产供应商向产品采购商、产品消费方的流向。整个客体在从供给向消费流动的过程中应该是附加值不断提升的过程。客体的流动客观上必须采用合适的载体来完成，不同的客体对于物流载体的要求也不尽相同。

区域物流载体是保证区域物流顺利完成的基础条件。它主要涉及公路、铁路、水路、海路、空运、大型物流园区、配送中心、仓库等硬属性的基础设施，还包括物流人力资源、物流信息平台等软属性的条件。区域海、陆、空、水路的总里程数，区域交通网络连通度，区域物流人才流动性，区域物流信息化水平都是区域物流竞争力的重要指标。区域物流载体的建设，一方面是依靠区域经济、社会发展的客观刺激产生的机遇，另一方面还主要依靠区域物流发展的总体规划，需要政府各部门的统筹协调。

6.1.2 评价基础理论与方法研究

评价是指根据确定的目的来测定对象的属性，并将这些属性变为客观定量计值或主观效用的行为。目前评价研究主要分为两类，一类是对评价指标体系的研究，另一类是评价方法的研究。不同的评价对象、评价目的，评价的指标体系千差万别。对于不同的问题、不同的对象，要选择合适的评价指标和评价方法。目前使用较多的评价方法有定性的，也有定量的，常见的方法有层次分析法、模糊综合评价法、综合指数评价法、主成分分析法、聚类分析、物元分析法、因子分析法、集对分析法、数据包络分析法（DEA）、灰色系统法、人工神经网络法、系统动力学评价等。

6.1.2.1　层次分析法

层次分析法是20世纪70年代美国运筹学家萨蒂提出的一种定性和定量分析相结合的评价方法，它通过模拟人的思维过程，用求解判断矩阵特征向量的办法，对多目标进行综合排序。

层次分析法的基本思路是：将复杂问题分层使其简单化，按隶属关系构造层次分析结构，每一层的元素地位大致相等，并与上一层和下一层指标有着一定的隶属或者包含关系。构建的层次分析模式具有目标层、准则层和方案层三种层次。按照客观事实和数据，对每层的重要性通过两两比较判断的方式确定每个层次中元素的相对重要性，构造出对比矩阵，使用成对两两比较法和1～9尺度构造出对比矩阵。对构造出来的对比矩阵计算最大特征根和特征向量，并做一致性检验。最后计算出组合的权向量并对组合进行一致性检验。这样就按方案层对目标层的相对重要性进行排序，以此作为评价和选择方案的参考。

层次分析法操作简单，较好地考虑了各种定性与定量信息，但是此方法的主观不确定性因素较多，评价的结果受评价专家的影响程度较大，在指标过多、评价体系较为复杂的情况下，层次分析法的表现较差。

6.1.2.2　模糊综合评价法

模糊综合评价法是1965年美国自动控制专家查德教授提出的，它将一些不易定量的因素定量化，具有结果清晰、系统性强的优点，较好地解决了模糊、不易量化的问题。

模糊综合评价法主要包括四个步骤：首先是构建模糊综合评价指标，这时主要是确定指标集合和评价集合。评价指标体系的建立是评价的基础和关键。其次是构建权重微量，一般采用德尔菲法或者层次分析法来建权重向量。再次是构建模糊评价矩阵。最后采用合适的合成因子合成，得到评价结果。

模糊综合评价法各指标权重的确定有一定的主观性，不能解决指标间相关造成的重复问题，并且在指标体系复杂的情况下过于烦琐，不易操作。

6.1.2.3　灰色系统法

灰色系统法是针对数据量少且不明确情况下的贫信息建模方法，最早是在1982年由控制科学工程领域邓聚龙教授提出。灰色系统法的基本原理属于几何处理的范畴，认为若干个统计数列所构成的各条曲线几何形状越接近，则它们的变化的趋势越接近，说明其关联度就越大。因此，利用参考方案与最优方案之间关联度的大小的比较可以对评价对象进行排序。

使用灰色系统法时，先求各个方案与由最佳指标组成的理想方案的关联系数矩阵，再计算各样本与最优样本的关联度，关联度越大越好，按关联度大小进行排序和评价，根据评价结果，最后得出结论，进行合理的解释。灰色关联度量化模型应用范围广泛，可以处理灰色信息，不过由于是被评价样本与最优样本曲线形状角度的相似性判断，对评价指标的选择要求较高，另外灰色关联度量化模型的精度并不高。

6.1.2.4 因子分析法

因子分析从本质上来说是一种“降维”的方法，它假设大量观测变量背后存在着少数的几个公共因子。观测变量变异中绝大部分都可以被这几个公共因子所解释。作为一种多元变量的研究方法，它是从研究各因子内部的依赖关系出发，在多元复杂关系变量中归纳出少数的公共因子，当公共因子贡献率的和（累计方差和）达到85%以上时，就说明这些公共因子可以反映绝大多数信息，彼此不相关。因子分析模型中主要的概念有因子负荷、公因子方差、因子贡献和贡献率、特征向量、特征值等。

因子分析的优点在于较好地解决了指标间的信息重叠问题，可操作性较强，综合评价结果唯一、全面、客观合理，不足之处主要是需要大量的统计数据，因子分析变量背后必须存在“潜在”的维度，否则得到的因子分析结果就难以理解。由于因子分析的目的是找出观测变量中潜在的因子结构，因此要求观测变量间应有较强的相关关系，一般要求绝大部分相关系数不低于0.3。因子分析对数据类型以及数据的分布也有一定的要求，等距型数据是一个基本要求，因子分析求解特别是主成分分析要求变量间是线性关系，否则应予以剔除或进行适当的转换。样本量越小，样本数据的分布和线性关系越需要加以检验。

6.1.2.5 数据包络评价法（DEA）

数据包络评价法是1978年由著名的运筹学家 A. Charnes、W. W. Cooper 和 E. Rhodes首先提出的。DEA 属于运筹学、数理科学、管理科学的交叉学科。它的主要思路是根据已知数据，使用 DEA 模型得到相应的生产前缘，以评价具有多输入和多产出的决策单元（DMU）的相对有效性的一种方法。DEA 模型中最具代表性的有 CCR 模型、BCC 模型、FG 模型和 ST 模型。改变 CCR 模型中规模收益不变的假定，改为假设规模收益是变动的，就是 BCC 模型，FG 模型假定规模收益递减，ST 模型假定规模收益递增。

DEA 模型中企业的相对效率在（0，1）区间内分布，处于效率前缘企业的效率值为1。各个模型均有投入导向和产出导向两种形式。DEA 方法是一种评价多投入、多产出的决策单位的生产（经营）绩效。DEA 方法无需指定投入产出的生产函数形态，因此可评价具有较复杂生产关系的决策单位的效率。另外，它具有单位不变性的特点。DMU 的结果不受投入产出数据所选择的单位的影响。

最重要的是DEA模型中权重是由数学规划根据数据产生的，不需要专家评估打分，因此人为主观因素较小。当然DEA模型的缺点是它衡量的生产函数边界是确定的，而且评价容易受到极值的影响。

在经济学和计量经济学中，估计有效生产前沿面，通常使用统计回归以及其他的一些统计方法，几乎大部分方法都是单输入的，DEA多输入、多输出的优越性使它用处非常广泛。

6.1.2.6　系统动力学评价法

系统动力学是1956年麻省理工学院的福瑞斯特教授最早提出来的。系统动力学本身是一门独立的学科，已经广泛运用到了社会科学、工学、科研和生活的各个领域。

帅斌（2005）就使用系统动力学方法，研究了物流产业和外部环境之间的互动关系，并对此做了定量的研究。李丽萍博士（2012）利用系统动力学对区域物流进行研究，构建区域物流库存、运输、预测系统动力学模型和区域物流与区域经济相关性系统动力学模型。她还对大庆市区域物流发展现状进行实例分析，对模型中的重要因素进行仿真研究，最后提出区域物流发展的对策和建议。孟令兴（2011）利用系统动力学模型对交通枢纽型经济的发展理论进行建模和实证，构建了城市经济系统与城市交通运输系统的关系模型，并以某市为实证对象，通过计算机仿真得出了交通运输各类影响因子对发展交通枢纽型经济的影响程度，最后结合仿真结果对发展交通枢纽型经济提供了有针对性的对策建议。

系统动力学模型建立与研究的一般步骤为：明确问题，划定界线，绘制因果关系图，绘制系统动力学模型流图，建立系统动力学模型，仿真实验，检验或修改模型或参数，战略分析与制定决策。

当然，在实际应用过程中，鉴于每种评价都有其不足之处，容易产生技术性误差，从而影响评价结果，研究学者多采用多种评价理论和方法的组合来提高可信度，如组合人工神经网络算法、层次分析法、因子分析法、结构方程模型等方法，再使用组合评价方法，各个评价结果多用平均值法、Borda、Copeland等组织方法进行综合。

6.1.3　区域物流竞争力生命周期及特征

对于产业生命周期的研究主要是借鉴生物进化论而来。张会恒（2004）对产业生命周期理论作了较为深入的研究。他通过对比产业生命周期理论和产品生命周期理论，指出两者研究对象、目的、特征都不一样。他将产业生命周期分为四个阶段：导入期、成长阶段、成熟阶段和衰退阶段，通常用一条位于以销售收入为纵轴、以时间为横轴的坐标中的S形的曲线表示，不同的发展周期具有不同的特征。刘婷（2009）对国内外产业生命周期理论进行了归纳，述评了国外产业生命周期理论的演变。李超等人（2015）分析了国外新兴产业生命周期理论，认为准确分辨新兴产业的生命周期所属阶段已经越来越困难，他们对比了传统的产业生命周期理论和新兴复杂产品产业和文化产业的生命周期，认为二者具有明显的差异。

物流竞争力的生命周期是产业生命周期理论和生命周期阶段划分理论的交叉范围。牟能冶（2009）在借鉴产业生命周期理论的基础上根据区域物流竞争力从无到有、从有到强、从强到盛，从盛到衰，将物流竞争力生命周期划分为孕育期、成长期、成熟期、衰退期和再生期5个阶段，如图6-3所示。各阶段具有较为明显的特征。

（1）孕育期。孕育期是区域物流竞争力的形成阶段。这个阶段的主要特征是物流发展刚刚起步，物流固定资产投入较小，区域物流设施设备建设刚刚起步，政府开始着手制定物流发展的各项政策，还没有专门的区域物流标准和产业发展规划，已有的物流的需求可以为市场供给所满足，整体的物流企业发展水平还处于起步阶段，物流流行成本较小，效率低下，物流服务的满意度较差，物流装备、物流的全流程业务还处于传统物流发展阶段，但各项物流指标正在有序发展。

（2）成长期。这个阶段的主要特征是政府出台了区域物流发展规划，政府有意识引导物流业发展的方向，一般会对新兴的物流企业，特别是区域外部的知名物流企业给予一定的政策性优惠，如用地、税收、人才投入等。整个市场的物流产业步入快车道，物流竞争力处于快速上升时期。由于政策性引导，物流产业的投入大幅度上升，区域的物流基础设施建设步伐加快，这一时期典型的特征是修路多，公路、铁路、高铁、民航机场、港口码头的新项目立项开工，老项目扩容扩建，物流的服务网站更加完善，物流的服务水平有所提高。区域内从事交

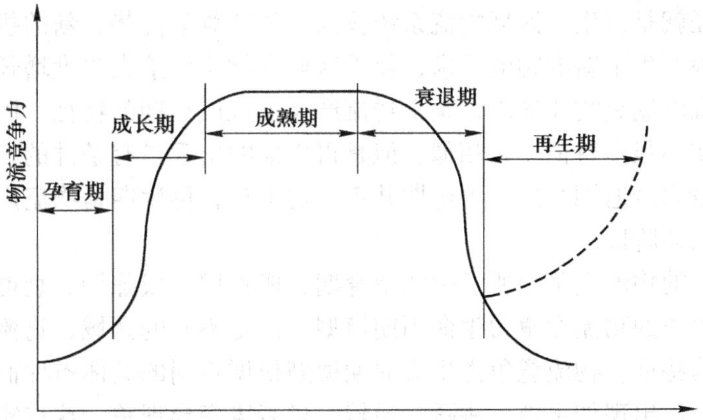

图6-3　区域物流竞争力生命周期划分

通、运输、邮电业务的企业数目急速增长，由于投资、消费、出口拉动、区域经济的增长较高，物流的供给和需求出现矛盾。区域物流标准化开始制定实施。

（3）成熟期。这一阶段的特征是区域物流竞争力处于相对较高的水平。物流竞争力的增长速度同比放缓，并且在相当长的一段时期内区域物流竞争力水平保持在较高状态，增长速度极小。成熟期是物流竞争力的稳步发展的阶段。这个时期，区域物流业发展已经形成规模，物流产业基本实现规模化、标准化、信息化、智能化。政府对于物流的相关政策法规已经较为丰富，物流固定资产投入保持在较高的水平并稳定增长。区域的公路、铁路、航空、水路、航海已经形成规模，结构复杂，区域内路网密度高，区域外联系紧密。物流信息公共平台能够交换、共享公共物流信息，能够有效地整合区域内的各种物流资源，实现高效率的资源配置，从而使得区域内的物流产业能够保持低成本、高效率的运行状态，物流服务水平稳定提高。区域内出现若干家规模较大、信息能力较强、知名度和美誉度较高的区域物流明星企业。整个区域的物流系统保持稳定增长的状态。

（4）衰退期。这一阶段区域物流发展的特征是物流竞争力同比其他区域步入下降通道。这一阶段政府的物流相关政策已经老化，发展规划陈旧，不能适应外部环境变化，附近区域的物流竞争力持续快速增长，原有的竞争优势和自然禀赋已经发生了变化，新的竞争优势还没有被发现和确立。社会对于物流固定资产投入增速明显放缓，物流基础设备建设速度放慢，整个区域物流系统的运行效率同比处于衰落的局面。

（5）再生期。这一阶段区域物流发展的特征是区域物流系统的二次复兴。当物流竞争力进入衰退期之后，整个物流竞争力面临两种发展路径。一种发展路径是继续衰退，区域物流竞争力同比大幅度下降。区域经济发展出现停滞或者倒退，物流供应远远低于物流市场当前的需求，大量的物流企业出现倒闭破产。另一种发展路径就是再生，区域物流系统找到了新的竞争优势，新的机遇、新的技术革新等原因产生了新的物流需求，使得区域内物流供给大幅度增长，市场现有的物流企业难以满足物流需求，整个物流产业出现成长期的特征。因此可见，成长期和再生期的很多特征非常相似，但是再生期的出现是有条件的，如再生期出现在物流竞争力衰退期之后；再生期并不一定出现；再生期是物流产业二次以上进入有序增长的阶段。

以上所述的物流竞争力所经过的孕育期、成长期、成熟期、衰退期、再生期是一个较为理想的物流竞争力生命周期模型，但是不同的区域，物流产业的发展具有不一样的特征。物流竞争力生命周期模型根据不同的具体条件而容易破坏原有的生命周期，出现如早熟、跳跃、逆转、早衰等变异现象。这在实际研究物流竞争力生命周期案例的过程中要引起重视。

比如增长型早熟（见图6-4）是区域物流在孕育初步，由于某些原因，物流竞争力在非常短的时间内快速跳跃式增长，直接进入成熟期的一种形式。早熟一般分为增长型早熟和衰退型早熟。在成熟期之后还会继续增长的称为增长型早熟，反之称为衰退型早熟。增长型早熟通常认为是由于政府大力推进，区域战略地位发生变化，投资能力突然加大，区位优势加强或者管理模式创新等原因形成的，物流竞争力在短时间内急剧提升，在相当长的一段时间保持在较高位置的一种状态。

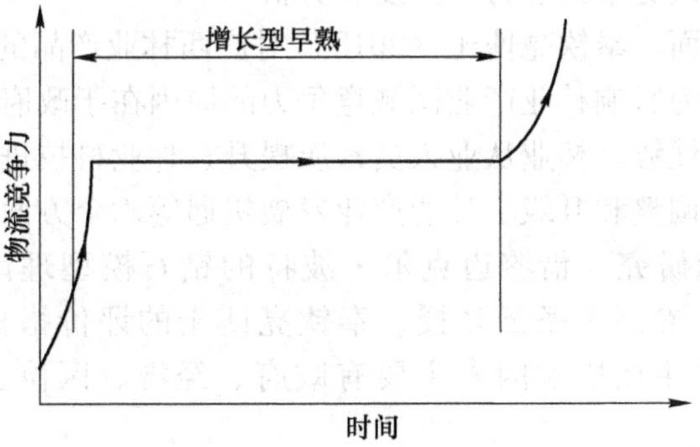

图 6-4 增长型早熟

6.1.4 农产品物流竞争力的影响因素

学术界对于物流竞争力的测度评价指标还没有形成比较一致的观点。通过对现有文献的梳理可知，区域物流评价指标体系的构建应结合物流产业结构和地区的产业特色等要素。作者通过对竞争力理论进行追溯发现，典型的观点有迈克尔·波特的和金碚的。迈克尔·波特（2002）认为竞争是指在一定时空之下，两个或两个以上的主体为了自身的利益，在一定的范围内为了夺取他们所共同需要的对象，而展开角逐、博弈或对抗的行为、现象、过程或状态。竞争力的概念具有多角度、多层次的含义。金碚（2003）认为在生产效率、质量等方面具有明显的优势，能够以盈利的状态在全球范围内持续的提供该产品，具备这种特性的产业就被称之为具有竞争力。这两种定义分别源于比较优势理论和竞争优势理论。另外还有产业聚集理论（韦伯，1997）、创新理论（熊彼特，1912）等。不同的学者从不同的角度，如新古典经济学、微观经济学、地理经济学甚至创新的角度解读了竞争力的问题。

国内的学者近几年对区域物流竞争力的测度问题进行了较为细致的研究。谭观音、左泽平（2012）借鉴钻石模型和物流基础理论提炼了城市物流竞争力的核心四要素：物流基础设施竞争力、物流产业竞争力、城市经济竞争力、物流人才竞争力，并细分为28个指标对海峡两岸城市物流竞争力进行了动态分析；张鹏

（2010）借鉴张小洁（2003）、王圣云（2007）、谢如鹤（2008）等人的研究结果，将区域物流竞争力评价指标分为产业发展环境、产业组织形态和规模、产业发展水平、产业市场竞争力、产业社会化水平和物流企业整体竞争力6个一级指标、20个二级指标，对吉林等5省的区域物流发展进行了评价。王圣云（2007）按照指标可获取、可比较、综合性、定性和定量相结合的原则，选取了区位环境、硬环境、软环境和经济条件等4个主因子、10个二级因子、22个指标因子对全国各区域的物流竞争力进行了测度和分析。

广西农产品方面，奉钦亮博士（2010）对广西林业产品的区域竞争力进行了深入的研究。他认为影响林业产业区域竞争力的原因在于政府政策支持与制度建设、自然资源禀赋优势、林业从业人员素质提升、林业科技进步与管理水平的提高、林业产业结构调整和升级、林业产业发展机遇等六个方面。

综合以上理论研究，借鉴迈克尔·波特的钻石模型理论和广西农产品物流产业发展特点，参照王圣云教授、奉钦亮博士的评价指标体系，笔者认为区域农产品物流的主要影响因素主要有政府、经济、区位、环境四个，如图6-5所示。

（1）政府。政府及其行政主管部门对农产品物流的支持指以地方政府和行政主管部门为主体，表现为促进农产品物流的发展，在区域战略发展规划和农产品物流产业发展战略中的政策性倾向。区域中长期发展规划政策导向性影响的是整个宏观的形式，而农产品物流行业战略发展规划影响的是整个产业中观的变化。政府只有不断地加强对农产品物流产业的固定资产投资，在政策引导上鼓励

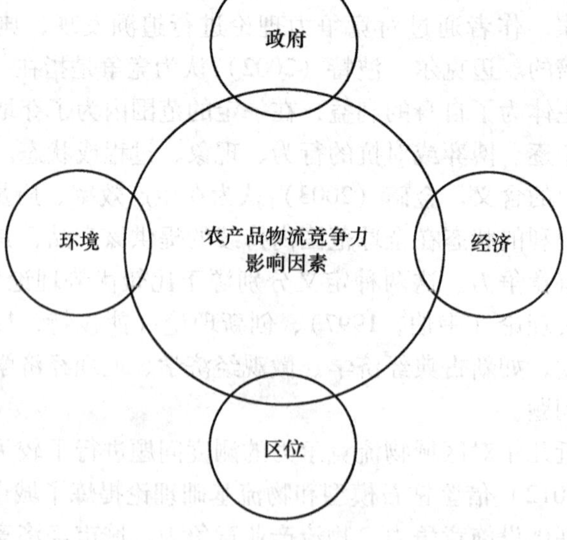

图6-5　区域农产品物流竞争力主要影响因素

农产品物流人才的培养，鼓励农产品物流产业升级和创新，为实现农产品物流产业持续、健康发展采取法律和行政手段，如税收优惠、土地优惠、现金补贴等形式。尽管政府要减少对市场经济的干预，但是从广西农产品物流的现实出发，由于农业具有特殊的政治、经济、生态地位，因此政府依然要加强对农产品物流产业的干预，加大对农产品物流的扶持力度。

（2）经济。此处的经济因素应该包含三层含意。第一层含意是农产品物流市场的供给，这涉及农产品物流市场的存在基础“物”，没有“物”，就没有“流”。这个“物”主要是指区域农产品中农、林、牧、渔产品的供给水平。当然只有农产品供给这个“物”的存在也不可能产生“流”。因此第二层含意就是农产品物流的需求。农产品物流的需求来源于农产品物流的消费。一般来说农产品物流竞争力的强弱最终是由市场来决定的。如果农产品物流市场的需求是大于供给的，也就是农产品消费需求并不能被充分满足，这时候农产品物流产业处于较快的增长阶段，能够吸引更多的资本和物流资源投入到农产品的物流活动中来；反之，如果农产品物流市场的需求是小于供给的，那对于农产品物流竞争力是不利的。第三层含意是经济包含了区域物流产业本身。波特的钻石模型指出，区域农产品物流产业作为区域经济的一部分，各企业的战略、结构和同业竞争关系对农产品物流竞争力具有重要影响。物流企业的规模、平均成本、利润水平、运行效率、业务能力、创新能力、组织结构、集群能力、协同能力是区域农产品物流竞争力的微观基础。农产品物流企业的合作关系一般有两种，一种是横向的联盟，另一种是纵向的协同。横向的联盟有利于形成一定的规模效应，提高本地区的整体农产品物流成本。纵向的协同有利于整个农产品物流产业内部资源的有效整合，可以提升整个区域农产品物流的效率。不管哪种思路，对于整个区域的农产品物流竞争力都是正向的提升作用。

（3）区位。区位因素主要是指交通区位优势，随着中国-东盟农产品双向贸易电子商务示范城市的落地，广西已经成为中国对东盟农产品双边贸易最重要的集散地和出入海通道。其农产品的空间流通范围不断加大。同时，作为“南菜北运”最重要的三个试点省份之一，广西的战略定位是西南地区最大的农产品物流中心。优越的区位条件可以有效地提升物流的消费需求，同时，也能够在一定程度上降低物流成本，提高物流效率，提升服务质量。

良好的区位是形成“量大质优”农产品资源输出的重要原因。广西地理位置特殊，气候条件独特，有“天然温室”之称，年平均气温较高，降水充沛。从这点上来看，好的区位也是物流竞争力提升的重要影响因素。

（4）环境。环境因素主要包含两方面的内涵：一方面是硬件环境，主要是指支撑农产品物流的载体，比如物流公共设施、陆海空交通网络的建设、物流园业建设、物流设施和设备的升级等。另一方面是软件环境，包括农产品物流人才的培养和农产品物流体制、机制、技术的创新。农产品物流人才是区域物流竞争力影响要素中最具能动性的要素。人力资源的优劣、数量、层次以及流动的趋势都决定着区域农产品物流的发展方向的变化趋势。特别是农产品物流对于物流技术人才、物流信息人才的要求较高，冷链物流、食品、鲜活果蔬的保鲜等专业性较强，培养和引进高水平的农产品物流技术人才、管理人才是提升区域农产品物流的必经之路。

农产品物流的创新体系包括制度创新、技术创新、管理创新。不管哪一个创新都是影响区域农产品物流竞争力变化的关键因素，都对区域物流产业的发展带来深远的影响，特别是在当前“大众创业，万众创新”的新形势下，鼓励农产品物流产业在制度上、技术上、管理方式方法上的创新是持续提升区域农产品物流的动力。当然，也应该看到，不论哪一种创新都是需要成本的，创新有成功的可能，也有失败的概率，因此创新也是区域农产品物流竞争力变化的一个不确定性因素。

以上关于区域农产品物流影响因素的讨论还主要建立在区域农产品物流竞争力是一个较为静态的概念，即在一定程度上、一定时间范围内是相对稳定的。当然这也是不现实的，指标体系本身可能存在问题，各因素采集到的数据有一定的滞后性，只能反映一段时期内的水平。即使这些数据都是实时更新的，我们也很难对区域农产品物流的竞争力进行精确的测定。这是因为还有一些偶发性因素和常规不稳定因素，比如政府政策和战略的变动，企业创新能力的变化。当然时间和空间也必然是影响区域农产品物流竞争力变化的必然条件。因此构建动态的区域农产品物流测试模型要远复杂于静态的测度模型。

6.2　广西农产品物流竞争力测度体系构建

6.2.1　农产品物流竞争力测度指标构建的流程

6.2.1.1　农产品物流竞争力测度流程

上一节关于区域农产品物流影响因素的讨论还主要处于理论探索阶段。要构建广西农产品物流竞争力测度指标体系，一方面要考虑农产品物流竞争力发展的特点，另一方面还要综合考虑广西自身的地域特点。区域农产品物流竞争力的测度一般要经历相关概念的定义、理论梳理、评价体系构建、数据处理、计算过程、评价过程六个环节，如图6-6所示。

相关概念的定义主要界定农产品物流竞争力的概念、内涵和外延，对研究的范围划定边界。

理论梳理主要是国内外农产品物流竞争力研究的综述，通过文献梳理来找到

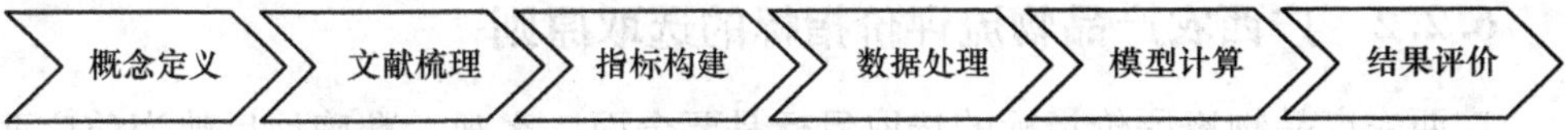

图6-6 区域农产品物流竞争力测度过程

农产品物流竞争力研究的理论基础、研究方法、研究范式，为之后的研究工作提供理论支撑。

评价体系的构建以理论梳理为基础，在有关专家的帮助下，对农产品物流竞争力的分层次指标评价体系进行构建。这个阶段主要是确定评价指标构建的流程，指标选取的基本原则，依据具体的研究方法来确立指标评价体系。

数据处理主要是按指标要求和研究方法的具体要求，将数据进行整理，有些异常数据还要进行剔除，有些特殊数据还要经过二次转化才能使用。数据处理不当会影响计算的过程。

计算过程，主要是使用具体的研究方法对处理好的数据进行数学运算。

评价过程，主要是根据模型计算机的结果，对结果进行验证，对测度所得的结果进行解释，并提出具体的政策性建议。

6.2.1.2 农产品物流竞争力测度指标的构建

如图6-7所示，要构建区域农产品物流竞争力测度指标体系，首先要确定指标体系构建的理论依据，明确指标体系构建的基本原则，在熟悉当地农产品物流现状的基础上开展工作，一方面要有理论支撑，另一方面要有地域特色。构建的区域农产品物流测试的指标要征求行业专家、相关研究学者的意见，根据他们的反馈对每个指标进行分析，并具体根据研究方法对指标进行反复地推敲，不断完善测试指标，直到整个指标体系能够比较客观、真实、全面地反映出区域农产品物流竞争力的水平。

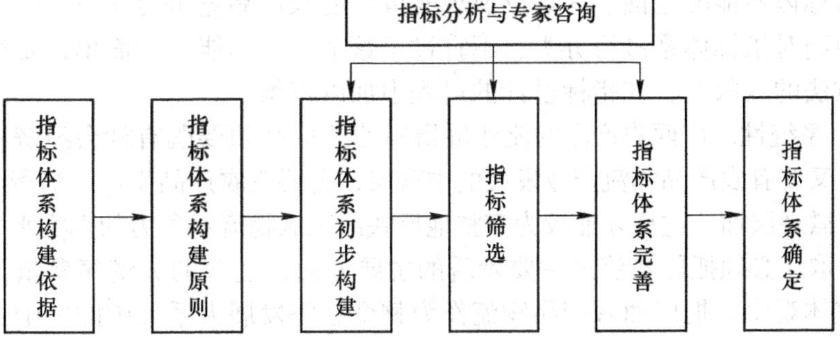

图6-7 区域农产品物流竞争力测度指标体系构建过程

6.2.2　广西农产品物流评价指标的选取原则

广西农产品物流评价指标的选取目标是要全面、客观、准确地反映当前广西某一特定的时间段内农产品物流竞争力的真实状态。因此为了实现这个目标，评价指标的选取要符合科学性、系统性、综合性、易得性、层次性、结合性、区域性和动态性 8 个原则，如图 6-8 所示。

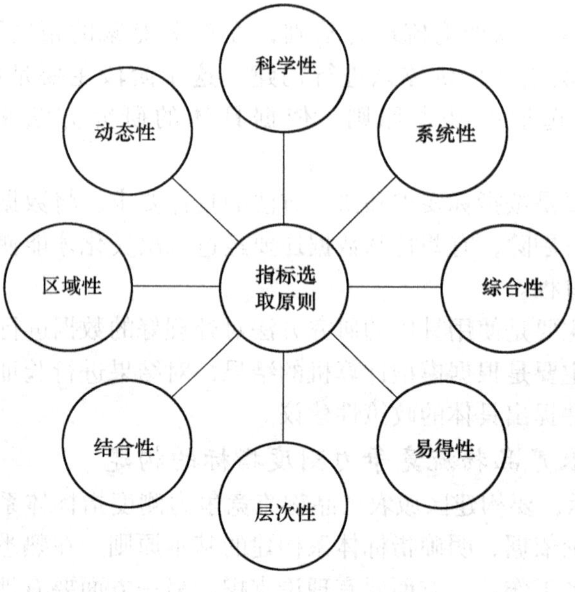

图 6-8　区域农产品物流竞争力测度指标体系构建的 8 个原则

（1）科学性。广西农产品物流评价指标的选取要符合基本的科学理论和方法，各指标要建立在已有的竞争力评价理论模型之上，符合基本的科学范式，确立的指标是可以通过观察、测试、调研、评议等方式明确结论的定性或者定量的指标。指标体系能够全面、客观反映现实世界的农产品竞争力状态，所以要坚持科学的原则对指标体系进行分类，不宜过于繁杂，也不能过于简单，要适度地把握研究方法的局限性，在指标设计的过程中加以权衡。

（2）系统性。广西农产品物流评价指标的选取必须要既有社会经济发展的宏观层面，又要有农产品物流产业发展的中观层，还要有农产品生产、消费、流通中的企业的微观层面。这样才能较为完整地反映出区域物流竞争力的真实水平。指标体系的选取还必须抓住系统最主要矛盾的主要方面，选取的关键序参量，有全局意识、整体观念，把广西农产品物流作为整个经济发展大系统中的一个子系统来对待，要能体现出关联产业以及相关支撑产业各要素之间相互作用、相互影响、相互制约的方式、方向和路径。因此，指标的选取必须符合系统性的原则。

（3）综合性。广西农产品物流评价指标的选取要符合综合性的要求，这是因为农产品物流产业是由很多要素组成的，是一个综合性很强的系统，涉及多个交叉学科，如管理科学、数理科学、物流科学、社会科学、信息科学等多个学科。这些组成要素之间有一定的关联度，仅仅根据部分因素从某些角度去观察可能会得到不一样的结论。坚持综合性的原则就是要均衡各个组成要素，通过多尺度建模，从综合的高度出发，得到一个唯一的解。

（4）易得性。广西农产品物流评价指标的选取必须要考虑易得性的要求，这是因为有些指标数据短时间内很难获取或者根本无法获取，考虑运算质量又不适用灰色关联的算法，所以在指标建立的过程中就要考虑剔除数据不易获取的指标和那些对评价结果影响较弱的指标，或者对不易得的指标用比较容易处理的指标进行替换，这样可以减少运算的工作量，提升最后结果的精确度。

（5）层次性。广西农产品物流评价指标的选取要考虑层次的要求。分层是人类思维的惯性，可以方便理解和把握。层次性就是保证所选取的每个层次都是准确的，每一层的指标有近似“平等”的关系，上下层指标有隶属关系。这也反映出了各个指标要素之间的逻辑关系，这样方便从不同的角度、不同的层次反映农产品物流竞争力的实际情况。

（6）结合性。广西农产品物流评价指标的选取结合性的原则是指标选取要考虑定性指标和定量指标的结合，不能全部都是定量指标，也不应该全面都是定性指标。在构建评价指标体系时，要尽量做到定量指标与定性指标相结合。

（7）区域性。区域性原则就是要考虑所选区域的独特性。农产品物流系统对于区域特征非常敏感，不同的区域气候条件生产不同的农作物，不同的农作物对于农产品物流的要求也是各不相同的，另外，不同的农产物的生长周期、上市季节对农产品物流都有极大的影响。应该要把这些特殊的指标纳入到农产品物流竞争力测试指标体系之中来，以满足实际情况的需要。

（8）动态性。指标选择具有动态性的要求，是因为区域农产品物流竞争力并不是一成不变的，它是一个动态演变的具有生命周期的系统。区域农产品物流自身的技术创新、制度创新、要素创新都会带动其产业竞争力发生变化；另外政府政策的变动、战略中心的转移都会对物流竞争力产生较大的影响。当然时间因素也是农产品物流竞争力变化的因素之一。由于影响区域农产品物流竞争力变化的因素始终会随着时间、空间以及其他条件变量的改变而发生变化，体现出一定的非线性变化规律，而这种动态性一般是不易把握、难以预测的，因此在指标体系建设过程中既要充分考虑常规动态变化因素，也要区分突发动态变化因素，本书主要研究某一时期内广西农产品物流竞争力的状态，属于相对静态的范畴，但并没有将若干可以突发或者属于常规动态变化的指标进行剔除，只是统计了指定时期内该确定指标的平均状态。

6.2.3 广西农产品物流竞争力评价方法的选取

主流评价方法，如模糊综合评价法、综合指数法、因子分析法、数据包络评价法、层次分析法和灰色系统法的对比见表6-1。

表6-1 主流的评价方法比较

名称	描述	优点	缺点	范围
模糊综合评价法	引入隶属函数，构建模糊评价矩阵，将约束条件量化，进行数学求解的过程	非唯一解，可扩展	不能解决指标相关的重复问题	电子商务、金融领域、管理决策等
综合指数法	对原始数据无量纲化之后，计算各指标得分，加权平均	简单易操作	只能比较同类企业	适合较多企业的情况，适用范围广
因子分析法	对原始变量相关矩阵或协方差阵进行研究，找出隐藏在因子中的公共因子	全面、客观，解决了信息交叉问题	需要大量数据，操作不便	适用于各领域中降维、分类
数据包络评价法	以相对效率为基础，多指标多投入多产出，是一种基于标准对比确定相对有效生产前沿面的方法	多输入多输出	只能计算相对发展指标，不能反映真实情况	适用于多企业的竞争力评价、效率评价
层次分析法	多层次结构建模，相对量比较，确定多个特征向量作为权重，最后加权排序的方法	可靠性高	有一定主观性，评价对象不能太多	多个领域的决策问题、排序问题
灰色系统法	多指标对多样本进行评价，无量纲后形成的矩阵和标准矩阵计算关联度	可以处理灰色信息	精度低	适用于多个领域

通过以上几种评价方法的比较，综合考虑实际情况，本书主要采用综合评价的方法来进行研究，涉及的方法主要有因子分析法、层次分析法、德尔菲法、聚类分析法、主成分分析法等。

6.2.4 广西农产品物流竞争力测度体系构建

综合以上理论研究，按照区域农产品物流竞争力指标构建的流程、指标选取的8个主要原则以及主要的研究方法，在理论上主要借鉴迈克尔·波特的钻石模型理论，参照王圣云教授、奉钦亮博士的评价指标体系，并依据广西自身的特点，构建了以政府、经济、区位、环境为主要维度的指标体系，如图6-9所示。

政府主要依靠区域战略发展规划和农产品物流产业发展规划来影响区域农产品物流的竞争力。区域战略发展规划属于宏观影响因素，体现在“十三五”规划之中。农产品物流发展规划一般在农产品流通体系建设发展规划之中，属于中

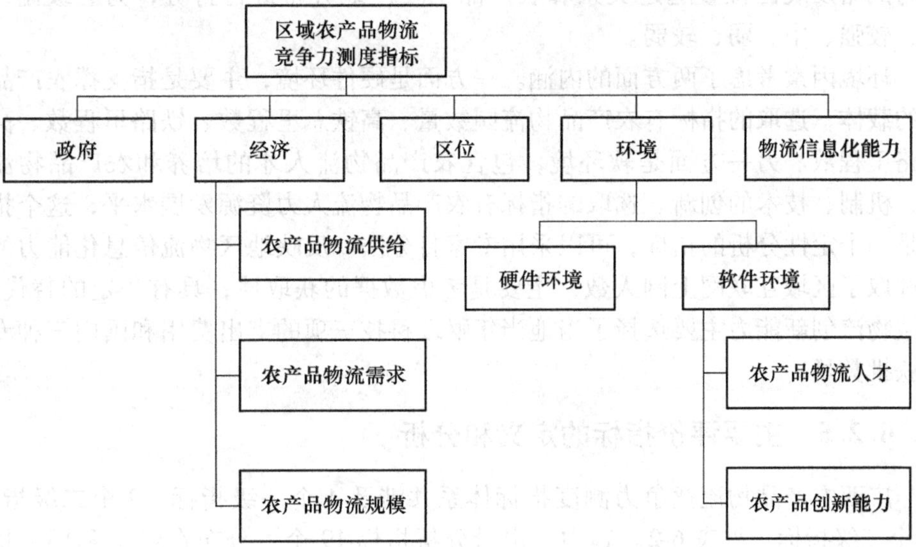

图 6-9 区域农产品物流竞争力测度建模逻辑框架

观的产业影响因素。

经济包含三层含意。第一层含意是农产品物流市场的供给，这涉及农产品物流市场的存在基础。这个二级指标主要考虑区域农产品物流市场所存在的主要物流资源和物流固定资产投资情况，用来描述当前和今后一段时期内区域市区中农产品物流有效资源的发展情况。主要的指标有物流固定资产投资、物流企业数量、物流企业从业人员数量、农产品物流园投资、地区人均 GDP、城镇居民每人每年可支配收入、农村居民每年的纯收入。第二层含意是农产品物流市场的需求，这主要考虑农产品物流市场的需求是由消费反映出来的。主要的统计指标有进出口商品总值、地区 GDP、农业总产值、工业总产值、社会消费品总额、邮电业务总量。如果农产品物流市场的需求是大于供给的，也就是农产品消费需求并不能被充分满足，这时候农产品物流产业处于较快的增长阶段；反之，如果农产品物流市场的需求是小于供给的，那意味地区物流竞争力衰退。第三层含意是经济包含了区域物流产业本身，区域农产品物流产业本身的发展选择了区域农产品物流的规模来表达。选取的第三层指标是区域农产品货运量、区域农产品货运周转量。

区位因素主要是指交通区位优势，南宁作为广西首府，是中国-东盟农产品双向贸易电子商务示范城市，是中国对东盟农产品双边贸易最重要的集散地和出入海通道，区位优势最为明显。其余区内各城市的区位优劣主要取决于它们在地域上是否处于“北部湾”开发区，是否处于西江经济带，是否是地区内最主要的特色农产品的产地。这是一个定性打分的指标，为了减少主观性，按照地区分布与战略发展区位置远近关系和农产品主要产地分布进行打分，为五级制，即强、较强、中、弱、较弱。

环境因素考虑了两方面的内涵。一方面是硬件环境，主要是指支撑农产品物流的载体，选取的指标有农产品物流园数量、高铁总里程数、铁路里程数、高速公路里程数。另一方面是软环境，包含农产品物流人才的培养和农产品物流体制、机制、技术的创新。选取的指标有农产品物流人力资源发展水平，这个指标也是一个定性分析的指标，可以采用专家打分法。反映地区物流信息化能力的指标选取了区域互联网上网人数，主要是考虑数据的获取性，具有一定的替代性。区域物流创新能力主要选择了当地当年财政科技三项的支出费用和国内三种专利的获批数量。

6.2.5　主要评价指标的定义和分析

广西农产品物流竞争力测度指标体系共涉及 4 个一级指标、9 个二级指标、24 个三级指标，见表 6-2。其中，定量分析指标 19 个，分布在经济和环境指标上；定性分析指标 5 个，主要分布在政府、区位和环境指标上。下面对部分评价指标进行说明。

表 6-2　广西农产品物流竞争力测度指标体系

总目标	一级指标	二级指标	三级指标
广西农产品物流竞争力测度指标	政府	政策性区域战略地位	十三五发展规划（T1）
		农产品物流发展规划	国家物流战略规划（T2）、农产品物流产业发展规划（T3）
	经济	农产品物流规模	农产品货运量（T4）、农产品货运周转量（T5）
		农产品物流需求	人均 GDP（T6）、城镇居民每年可支配收入（T7）、农村居民每年的纯收入（T8）、进出口商品总值（T9）、地区 GDP（T10）、农业总产值（T11）、工业总产值（T12）、社会消费品总额（T13）、邮电业务总量（T14）
		农产品物流供给	物流建设投资（T15）、物流企业从业人员（T16）、农产品物流园投资（T17）
	区位	地理优势	区域经济地理位置（T18）
	环境	硬件环境	农产品物流园数量（T19），高铁、铁路、高速路里程数（T20）
		软件环境	农产品物流人力资源发展水平（T21）
			信息化水平（互联网上网人数）（T22）
			科技创新能力（财政科技三项费用）（T23）、国内三种专利的数量（T24）

（1）农产品货运量：区域内运输企业在一定的时期内实际运送农产品的货物数量，单位为万吨。

（2）农产品货运转量：区域内各种运输工具在一定时期实际运送农产品的货物重量乘其运送距离的累计数，单位为万吨公里。这个指标比农产品货运量更能全面反映运输成果，体现区域农产品物流产业的规模。

（3）人均 GDP：区域内一定时期中实现的国内生产总值与这个区域的常住人口（或户籍人口）相比进行计算，得到人均生产总值。这个指标是衡量区域内人民生活水平的一个宏观指标，单位为元。

（4）城镇居民每年可支配收入：城镇居民可支配收入是指居民能够自由支配的收入。它是家庭总收入中扣除了缴纳给国家的各项税费和缴纳的各项社会保险，如医疗保险、养老保险、失业保险等余下的收入，单位为元。

（5）农村居民人均纯收入：农村居民家庭全年总收入中，扣除从事生产和非生产经营费用支出、缴纳税款和上交承包集体任务金额以后剩余的，可直接用于进行生产性、非生产性建设投资、生活消费和积蓄的那一部分收入。这个指标反映了一定时期内农村居民的消费能力，单位为元。

（6）进出口商业总值：进出口商品总额是一定时期内实际进出本区域的货物总金额，单位为万元。进出口总额用以观察一个区域在对外贸易方面的总规模。一般出口货物按离岸价格统计，进口货物按到岸价格统计。

（7）社会消费品总额：区域内一定时期之中批发、零售业、住宿、餐饮业以及其他行业直接售给城乡居民和社会集团的消费品零售额，单位为万元。其中，对居民的消费品零售额，是指售予城乡居民用于生活消费的商品金额；对社会集团的消费品零售额，是指售给机关、社会团体、部队、学校、企事业单位、居委会或村委会等，公款购买的用作非生产、非经营使用与公共消费的商品金额。这个指标反映了整个社会的消费水平。

（8）邮电业务量：区域内一定时期中以价值量形式表现的邮电通信企业为社会提供各类邮电通信服务的总数量，单位为万元。邮电业务量按专业分类包括函件、包件、汇票、报刊发行、邮政快件、特快专递、邮政储蓄、集邮、公众电报、用户电报、传真、长途电话、出租电路、市话无线寻呼、移动电话、分组交换数据通信、出租代维等。这个指标反映了一定时期内区域中的社会物流和通信的发展水平。

（9）物流固定资产投资：区域内一定时期中以货币形式表现的为物流行业建造和购置固定资产工作量以及有关费用的总称，单位为万元。资金的来源有财政资金、自筹资金、国外资金等，反映了一个时期内区域中物流发展的速度。

（10）高铁、铁路、公路、高速公路总里程数：区域内一定时期中高铁、铁路、公路、高速公路的总里程数，单位为公里。

（11）互联网上网人数：区域内一定时期中使用各种终端接入到互联网的总人数，单位为万人。这个指标在一定程度上反映了区域内一定时期信息化发展的程度。

（12）财政科技三项费用：区域内一定时期中国家为支持科技事业发展而设立的新产品试制费、中间试验费和重大科研项目补助费，单位为万元。科技三项经费来源于国家财政科技拨款。这个指标反映了区域内科技创新能力的强弱。

（13）国内三种专利的数量：区域内一定时期中获得发明专利、实用新型专利和外观专利的总数量，单位为个。这个指标在一定程度上反映了区域创新能力的强弱。

6.3　广西农产品物流竞争力测度

广西农产品物流竞争力是一个相对的概念。本书根据收集到的相关资料，结合前面建立的综合评价指标体系，以南宁、柳州、桂林、梧州、北海、防城港、钦州、贵港、玉林、百色、贺州、河池、来宾、崇左 14 个地级市为研究对象，对它们的农产品物流竞争力水平进行测度和评价。

6.3.1　原始数据的收集整理

原始数据的获取主要根据已经建立的综合指标评价体系来收集相关数据。数据的主要来源为历年《广西统计年鉴》、各地市统计年鉴、历年《中国物流年鉴》等，还有一些数据收集自政府工作报告、相关行业研究机构资料。对于定性的指标按照五个等级划分，邀请来自广西高校的学者、物流行业专家、政府工作人员共 7 名专家进行背靠背打分。数据的处理是去掉最高分，去掉最低分，计算平均分。为保证统计数据的易得性，本书以广西 2013 年的统计数据为准。

从 14 个地级市 GDP 的数据来看（见表 6-3），南宁、柳州、桂林处于第一梯队，总量均在 1600 亿元以上，南宁为 2803 亿元，居第一位；玉林、梧州、百色、钦州、贵港处于第二梯队，总量均在 740 亿元以上；崇左、河池、防城港、

表 6-3　2013 年广西 14 个地级市的 GDP 数据

指　标	南宁市	柳州市	桂林市	梧州市	北海市	防城港市	钦州市
地区生产总值（当年价）/亿元	2803.54	2010.05	1657.90	991.71	735.00	525.15	753.14
指　标	贵港市	玉林市	百色市	贺州市	河池市	来宾市	崇左市
地区生产总值（当年价）/亿元	742.01	1198.46	803.58	423.85	528.62	515.57	584.63

来宾、贺州处于第三梯队，总量均在500亿元左右。GDP最少的是贺州，2013年的总量为423.85亿元，约为南宁的1/7。

从图6-10可以看出，农业GDP较高的有南宁、桂林、玉林；柳州、北海、钦州、贵港、百色、河池、来宾、崇左处于第二梯队；防城港和贺州处于第三梯队，农业GDP数量最少。

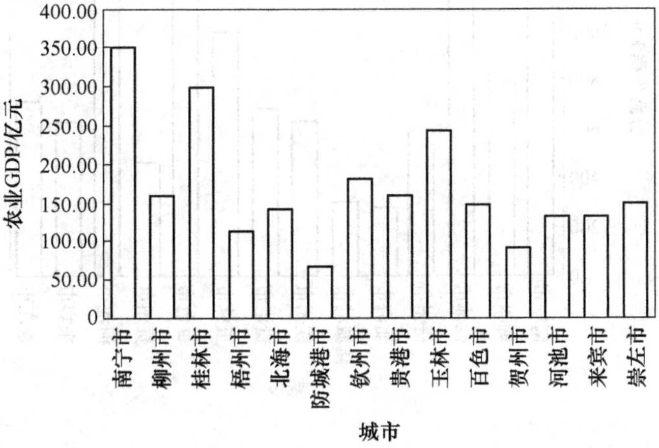

图6-10 2013年广西14个地级市的农业GDP数据

从图6-11可以看出，社会消费品零售总额较高的有南宁、柳州、桂林、玉林，其他城市相对较低，防城港和贺州排名最低。

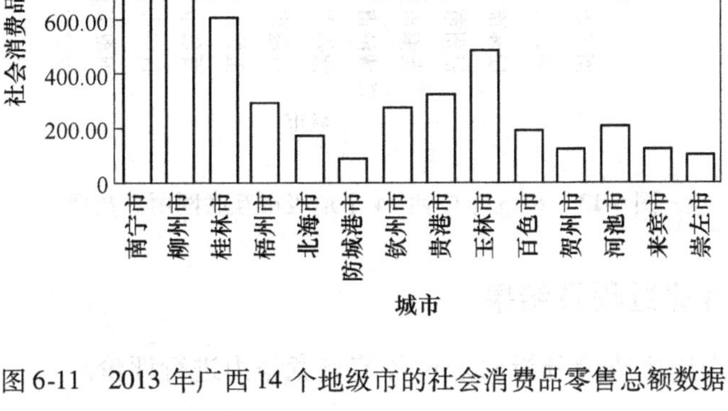

图6-11 2013年广西14个地级市的社会消费品零售总额数据

限于篇幅，公路里程数（见图6-12）、互联网用户数（见图6-13）等其他数据不再罗列。

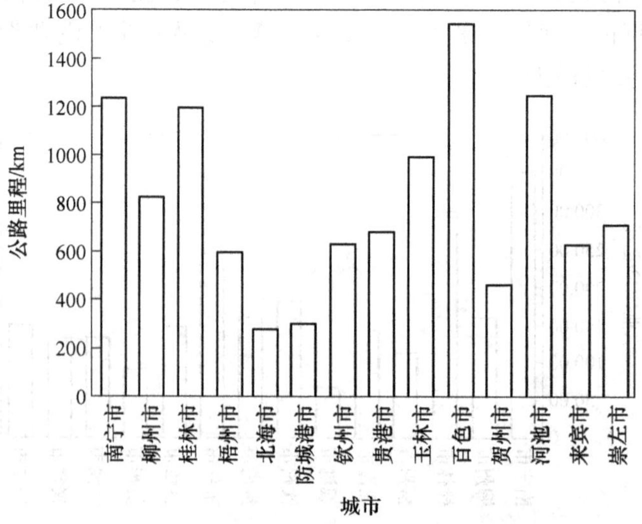

图6-12　2013年广西14个地级市的公路总里程数据

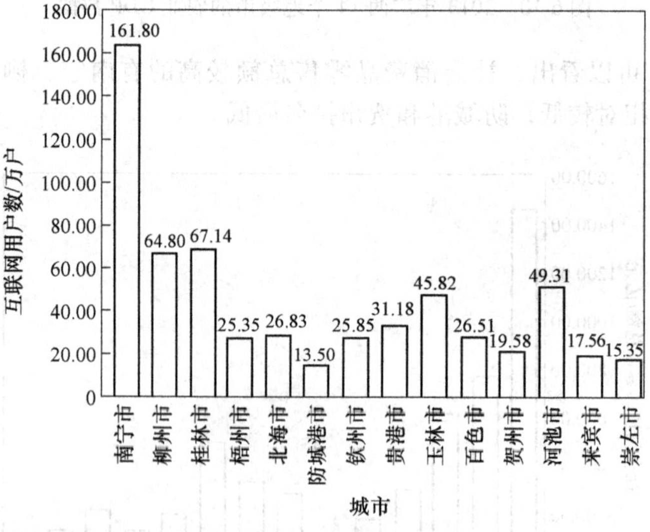

图6-13　2013年广西14个地级市互联网用户数据

6.3.2　计算过程及结果

本书主要采用主成分分析法来对各节点竞争力进行评价。

(1) 数据的预处理。对于“十三五”发展规划，物流发展规划等没有数据的指标，可以采用分级法，分为1～5个等级，即“强、较强、中、弱、较弱”对应“5、4、3、2、1”，通过专家打分，并结合相关材料给出这些指标的得分，借助SPSS软件对数据进行标准化处理。

(2) 建立相关系数矩阵。

(3) 方差分析。按照相关系数矩阵特征值大于1的标准，从现有的27个指标中提取出前3个公因子。所选的3个因子的特征根可描述原变量总方差的80%以上。

(4) 各主因子权重计算。

$$W_i = \frac{\lambda_i}{\sum_{i=1}^{m} \lambda_m}$$

式中，m 为主因子选取个数；λ 为特征根值；W_i 为权重。

(5) 计算因子载荷矩阵。对因子载荷矩阵进行正交旋转，目的是明确每个因子所代表的经济意义。

经过对表6-4的分析，第一主成分与人均GDP（T6）、城镇居民每年可支配收入（T7）、农村居民每年的纯收入（T8）、进出口商品总值（T9）、地区GDP（T10）、农业总产值（T11）、工业总产值（T12）、社会消费品总额（T13）、邮电业务总量（T14）、物流建设投资（T15）、物流企业从业人员（T16）、农产品物流园投资（T17）、农产品物流园数量（T19）、高铁和铁路及高速路里程数（T20）14个变量相关性较高，它反映了影响广西农产品物流发展的经济实力和物流硬件水平，归纳为农产品物流经济与硬件环境因子。

表6-4 2013年数据生成的因子得分系数

2013年标准化值	得 分		
	第1因子	第2因子	第3因子
T1“十三五”发展规划	0.256	0.678	-0.035
T2 国家物流战略规划	0.213	0.829	0.216
T3 农产品物流产业发展规划	0.267	0.911	0.118
T4 农产品货运量	0.899	0.122	0.153
T5 农产品货运周转量	0.230	0.181	-0.117
T6 人均GDP	0.326	0.259	-0.052
T7 城镇居民每年可支配收入	0.821	0.138	-0.003
T8 农村居民每年的纯收入	0.864	0.523	0.139
T9 进出口商品总值	0.711	0.097	0.226
T10 地区GDP	0.543	0.116	0.316

续表 6-4

2013 年标准化值	得 分		
	第 1 因子	第 2 因子	第 3 因子
T11 农业总产值	0.896	0.231	0.115
T12 工业总产值	0.763	0.217	0.211
T13 社会消费品总额	0.484	0.316	0.114
T14 邮电业务总量	0.381	0.119	0.513
T15 物流建设投资	0.327	-0.448	0.395
T16 物流企业从业人员	0.565	0.879	0.131
T17 农产品物流园投资	0.347	0.231	0.285
T18 区域经济地理位置	0.486	0.115	0.431
T19 农产品物流园数量	0.453	0.214	0.231
T20 高铁、铁路、高速路里程数	0.427	0.113	0.201
T21 农产品物流人力资源发展水平	0.328	0.210	0.147
T22 互联网上网人数	-0.006	-0.147	0.749
T23 科技三项费用	0.114	0.113	0.862
T24 三种专利的数量	0.216	0.176	0.913

第二主成分与“十三五”发展规划、国家物流战略规划、农产品物流产业发展规划、区域经济地理位置相关性较高，归纳为农产品物流政府与区位因子。

第三主成分主要与农产品物流人力资源、区域信息化水平、科技创新能力相关性较高，可以归纳为农产品物流的软件环境因子。

（6）计算综合因子得分。SPSS 计算出农产品物流各节点 2013 年的 3 个主要因子的发展水平，将各个公因子的方差记为权重，从而计算出各节点城市的总分，并对其进行排序，结果见表 6-5。

表 6-5 2013 年广西 14 个地级市农产品物流竞争力得分表

节点城市	因 子 得 分			综合得分	名次排序
	第一主成分	第二主成分	第三主成分		
南 宁	3.739	3.109	0.765	7.613	1
桂 林	2.669	2.638	0.613	5.920	2
柳 州	3.205	2.218	0.496	5.919	3
玉 林	1.924	1.654	0.421	3.999	4
百 色	1.578	1.929	0.311	3.818	5
钦 州	1.468	1.932	0.301	3.701	6
北 海	0.921	2.117	0.215	3.253	7
梧 州	1.389	0.978	0.214	2.581	8

续表 6-5

节点城市	因子得分			综合得分	名次排序
	第一主成分	第二主成分	第三主成分		
防城港	0.915	2.065	-0.417	2.563	9
崇　左	1.062	1.639	-0.349	2.352	10
河　池	0.964	0.923	0.436	2.323	11
贵　港	1.346	0.247	0.365	1.958	12
贺　州	0.491	0.491	0.103	1.085	13
来　宾	0.632	0.514	-0.211	0.935	14

6.4 广西农产品物流竞争力评价

6.4.1 广西各市农产品物流竞争力比较分析

经过计算得出的广西各城市农产品物流竞争力的得分情况，显示广西农产品物流的基本情况如下。总分从高到低的排列是南宁、桂林、柳州、玉林、百色、钦州、北海、梧州、防城港、崇左、河池、贵港、贺州、来宾。按照农产品物流竞争力的数值大小，各城市大体可以分为四个梯队。第一梯队数值在 5.9 以上；第二梯队数值在 3 ~4 之间；第三梯队在 2.3 ~2.5 之间，第四梯队在 0.9 ~2 之间。南宁的得分最高，为 7.613；来宾的得分最低，为 0.935。

第一主成分农产品物流经济与硬件环境因子的排序为南宁、桂林、柳州、玉林、百色、钦州、梧州、贵港、崇左、河池、北海、防城港、来宾、贺州。最高为南宁，为 3.739；最低为贺州市，为 0.491。按农产品物流经济与硬件环境因子的得分高低，各城市可以分为三个梯队。第一梯队为南宁、桂林、柳州、玉林，分值在 1.9 ~3.7 之间。第二梯队为百色、钦州、梧州、贵港、崇左，分值在 1.0 ~1.5 之间。第三梯队为河池、北海、防城港、来宾、贺州，分值在 0.5 ~1 之间。

第二主成分为农产品物流政府与区位因子，总的排序为南宁、桂林、柳州、北海、防城港、钦州、百色、玉林、崇左、河池、梧州、贵港、贺州、来宾。最高为南宁，为 3.109；最低为来宾，为 0.249。按照农产品物流政府与区位因子的得分高低，各城市可以分为两个梯队。第一梯队为南宁、桂林、柳州、北海、防城港、钦州、百色、玉林、崇左，分值在 1.6 ~3.1 之间。第二梯队为梧州、贵港、贺州、来宾，分值在 0.2 ~1 之间。

第三主成分农产品物流的软件环境因子，总的排序为南宁、桂林、柳州、河池、玉林、贵港、百色、钦州、北海、梧州、贺州、来宾、崇左、防城港。最高为南宁，为 0.765；最低为防城港，为 -0.417。按农产品物流的软件环境因子的得分高低，各城市可以分为四个梯队。第一梯队为南宁、桂林、柳州，得分在 0.5 ~0.7 之间。第二梯队为河池、玉林，分值在 0.3 ~0.436 之间。第三梯队为贵港、百色、钦州、北海、梧州，分值在 0.2 ~0.3 之间。第四梯队贺州、来宾、崇左、防城港，分值在 0.3 以下，其中来宾、崇左、防城港还是负值。

经过分析研究，2013 年广西农产品物流竞争力存在三个明显的特征。

(1) 从实力上看，农产品物流竞争力发展水平差异大（见图 6-14），地区间呈现明显的两极分化现象，南宁成为地区农产品物流竞争力最强的城市。

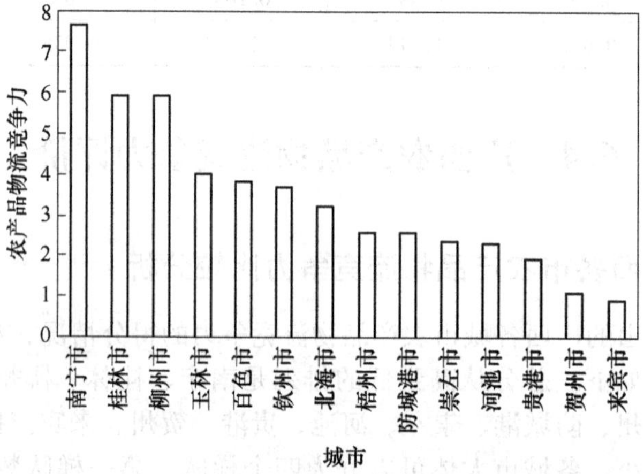

图 6-14　2013 年广西各地区农产品物流竞争力示意图

南宁、柳州、桂林等在政策、经济体量、基础设施、科研环境、人力资源等方面具有传统优势，特别是南宁作为地区政治、经济、文化的中心，综合实力逐步提高，而来宾、贺州等地级市，相比传统强市，他们在各方面均落后，差距越来越大。南宁农产品物流综合竞争力为 7.613，而来宾市只有 0.935，前者是后者的 8.14 倍。随着南宁等作为区域中心的地位的巩固，区域内部“马太效应”将会凸显，出现强者越强、弱者越弱的局面。

(2) 从地理上看，广西农产品物流发展布局相对比较均衡。广西农产品物流竞争力最强的几个地区分布贯穿广西东北到西南的大部分区域，分布相对比较均衡，沿海沿边的区域竞争力较强。这种分布格局有利于中心区域向周围辐射，有利于提升整个区域的农产品物流竞争综合实力。从区位优势上来看，北海、钦州处于北部湾战略开发区，区位优势明显。

(3) 从组成农产品物流竞争力的内部要素上来看，广西个别城市农产品物流存在着物流竞争力要素脱节的现象，需要对症入药，补好“短板”。

从 2013 年广西农产品物流竞争力组成要素的分布情况来看，第一主成分是农产品物流经济与硬件环境因子，第二主成分是农产品物流政府与区位因子，第三主成分是农产品物流的软件环境因子，如图 6-15 所示，从第一主成分物流经济与硬件环境因子来看，柳州、北海、梧州、贵港并没有分布在比较平缓的下行曲线上。其中柳州、梧州、贵港的城市物流经济与硬件环境的发展水平高于它们的农产品物流综合竞争力的应有水平，而北海物流经济与硬件环境的发展水平则低于它的农产品物流综合竞争力的应有水平，北海市就需要提升经济发展水平，改善区域交通环境，以提升北海的综合农产品物流实力。从第二主成分农产品物流政府与区位因子来看，基本上综合竞争力越靠前的，政府与区位因子也越大，但是百色、钦州、北海、防城港、崇左并没有在整个趋势线之上，对于这些地区来说，如何运用好政策和区位优势，综合提升自身软硬件的实力，才是提升区域农产品物流竞争力的根本。从第三个主成分农产品物流的软件环境因子来看，各地区基本都在整体的趋势变化线之上，只有河池、崇左、防城港并没有在趋势之内，这些城市要注意扬长避短，河池的软环境较高，而崇左、防城港的软件环境低于其自身其他因子的发展，成为了阻碍其农产品物流综合竞争力提升的主要因素。分析各个城市在各成分之间的优势和劣势，有利于各城市扬长避短，特别是补好最短的“木板”，发挥优势，提高农产品物流的综合竞争能力。

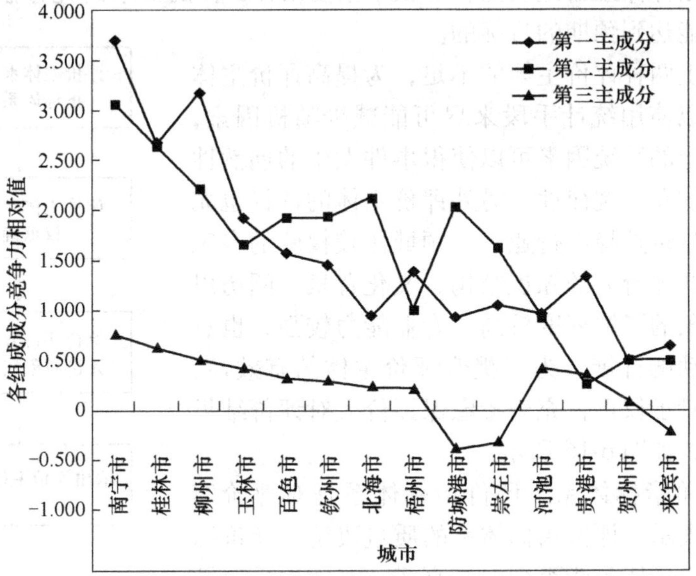

图 6-15　2013 年广西农产品物流竞争力组成因素分析

6.4.2　农产品物流竞争力评价的有效性

评价是评价主体按事先确定的指标体系及评价方法测定评价客体对象价值的行为过程。评价结果正确与否，与评价的主体、评价指标体系确立、评价的方法和评价的环境都存在很大的关系。

（1）评价主体。评价主体是影响评价有效性的重要因素之一。评价人是评价主体中最重要的要素，其在评价过程中主要有两种不利作用。

一方面评价人的评价具有主观性。人的主观判断是评价者对评价对象在大脑中的一种综合结果，他不可能从全面的角度客观地把被评价对象全部识别出来。不同的人的生活习惯、行为差异，观察的视角不一样，评价对象作用于大脑的反映也不一样。由于是大脑的综合结果，评价人在评价过程还会受到诸如评价环境、心理状态、个人情绪、社交背景等的影响。评价人的这些表现是一种以模糊形式存在的影响评价人判断的因素。它是随机变化的，不可控制的，这样的主观性对于客观评价结果是不利的，甚至不能充分地反映评价人自身的意愿。

另一方面，由于评价人的知识结构、文化背景、阅历以及已经获取到的评价对象的信息水平是相对稳定的，这些相对稳定的因素构成了评价人对评价对象的判断是相对客观的。但是已有评价都是将评价客体分解为不同层次的指标体系，然后赋予不同指标不同的权利。这种把主观判断量化的处理方法看起来是合理的，但是一次主观判断的结果是很难反映评价人真实的评价意愿，一旦评价人对评价对象的指标体系已经确立，那么不论使用什么样的数学研究方法，其最终的成果都不可能达到预期的目标的。

针对以上两种评价主体的不足，为提高评价主体有效性，可以使用统计手段来尽可能减少随机因素，采用相对固定的系统因素可以使得事件发生的偶然性呈现出必然的概率规律性。另外评价主体的选择也尤为重要，要尽量选择本行业、本领域比较权威的专家和学者，这样评价人的知识结构、文化背景、阅历以及对评价对象的了解程度较高，专业能力较强，也有利于评价活动的开展。为了提升评价主体的有效性，可以对专家赋予权重，充分考虑保评价人对评价结果的影响程度，如图 6-16 所示。

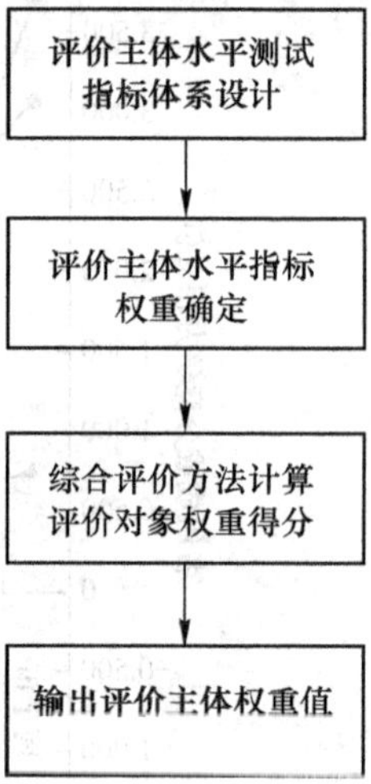

图 6-16　一种改进的专家评价权重输出方法

（2）评价指标体系。评价指标体系是对评价客体各属性的表示。评价指标体系的质量决定了评价结果的质量，指标体系能否全面、真实、客观地反映被评价对象的全部属性是评价结果是否正确、有效的关键。可以从以下几个角度考查评价指标体系的质量：

1）指标体系的构建要符合全面性的原则。作为评价主体对评价客体进行评价的依据，指标体系应全面、正确地反映评价客体的绝大多数属性，不能有偏差，更不能有较为明显的遗漏。如果遗漏了某些属性，评价的结果就会出现偏差。

2）评价体系中的各个指标要符合独立性的原则。各指标之间要尽量层次清晰，隶属明确，指标与评价对象要具有独立性，否则将影响评价主体对评价指标的理解和把握。

3）评价体系中的各个指标要符合易判断的原则。越是容易理解和操作的事情，执行的可靠性越高，提高各指标的易判断程度对于有效评价对象具有重要的价值。

由此可见，评价指标体系的构建要符合全面性、独立性和易判断三个原则。对于已经设计好的指标体系，还要进行二次评价。一般使用综合评价法对比指标体系与标准参照体系之间的差异，确定指标体系的有效性高低。也可以再次邀请专家对指标体系进行论证，听取他们的意见，分析每一个层次、每一个指标，层次结构划分是否合理，指标之间的隶属关系是否正确，适当剔除不合理的指标。

（3）评价方法。评价方法的选择是有一定技巧性的。每一种评价方法都有其优缺点和适用范围，研究者要确定自己熟悉研究方法的局限、长处和短处，特别是对数据的类型、指标的关系、层次的个数、结果的唯一性要有准确的认识。

不同的评价方法对同一评价对象的评价结果也是有偏差的，有些数据用于某些研究方法根本就不能得到结论。如灰色关联算法等对数据的缺失并不敏感，但是不能解决指标层次和信息交叉的问题。多目标决策法要求就比较严谨。

研究方法的选择，一是要考虑研究对象的具体属性、数据的来源和种类；二是要考虑评价方法的科学性、研究方法的局限性；三是要考虑研究方法的实用性，比如算法的计算难度是否太大，目标解是否是合理的、可以解释的，评价方法的解是否是最优解等。

（4）评价环境。评价环境包括两层含意。一是实际自然环境的，比如评价主体在测评过程中，有没有暗示性的画面，如印有某类参考目标的包装袋、有某企业标志的礼物等。二是社会环境的，主要包含权威意志、学派斗争、领导意愿之类的干扰因素，这些因素会影响评价结果的公正、公平性。处理的办法是一方面在测评过程中要尽量避免类似的不良因素，另一方面是预设此类指标的干扰系数，再通过适当的数学运算来尽量的削弱它的影响。

针对广西农产品物流竞争力评价的反思，从评价主体来讲，选取的评价人都是熟悉广西农产品物流的行业专家和从事相关教学、科研的知名教授，采用了较好的专家权重输出方法，有效地避免了主观性，提高了有效性。从评价方法来看，采用了因子分析、聚类分析、层次分析等多种方法的综合评价法，评价方法考虑了数据的类型和结果的特征，但是选择的数据主要为2013年广西经济、社会发展的相关数据，具有一定的滞后，并不能很好的代表目前广西农产品物流竞争力的实际情况。从评价环境来看，评价人之间并没有明显的学派之间，也尽量避免了广西本土出生的专家打分，评价环境客观公正，在评价的过程中，也考虑到了干扰系数。

6.5　提升广西农产品物流竞争力的对策

6.5.1　提升广西农产品物流竞争力的战略思路

广西作为“21 世纪海上丝绸之路”与“丝绸之路经济带”重要的衔接地，从国家战略上来讲，具有明显的区位优势。北部湾战略也给了环北部湾的钦州、北海、防城港等城市很好的机遇。根据上节的测度结果，南宁、桂林、柳州作为农产品物流发展较好的一级轴心城市，可以形成桂中农产品物流圈；玉林、百色、河池、钦州、北海、梧州、防城港、崇左作为广西农产品物流发展较好的二级城市，可以形成广西沿海沿边农产品物流圈；其他地市、县作为三级物流节点。为发展整个广西的农产品物流综合竞争力，笔者从强化核心节点、发挥区位优势、重视航空物流、构建区域联盟四个方面提出建议。

（1）强化核心节点。强化核心节点就是要构建以南宁、桂林、柳州为主的桂中农产品物流经济圈，强化南宁、桂林、柳州作为轴心节点的地位。虽然南宁节点竞争力已经与桂林、柳州节点拉开了一定的距离，但桂林、柳州节点也承担着整个桂北、桂东、桂中区域的农产品物资的集散作用。从单项得分的情况来看，南宁不论是物流经济因子、物流政治因子、物流地理因子，还是软硬件环境得分都较高，因此，今后一段时期要加强对桂林、柳州节点的建设工作，对其在政策、资金、技术三个方面加以倾斜，才有利于保证广西农产品物流“三核心”均衡结构的稳定性。从综合得分来看，柳州节点具备一定的核心优势，而且其地理位置处于双核心覆盖的中心区域，提升柳州节点的物流竞争力，对于缓解南宁的物流压力，有效连通桂林、南宁节点，实现农产品物资向北运输有重要的意义。由于桂林在第一主成分得分较少，加强这个节点城市的物流基础设施建设、大力发展经济建设、拉动农产品消费需求等尤其重要。

（2）发挥区位优势，推动中国-东盟农产品双向贸易物流建设发展。处于环北部湾的钦州、北海、防城港、玉林、崇左面临重大的发展机遇，要在做好中国-东盟农产品物流上做文章。钦州、北海、防城港要分析自己在综合竞争力中的不足，扬长补短，不断提升实力。比如防城港、北海在第三主成分因子中得分不高，因此要在加强高端物流人才的引进和培养，技术、制度、文化的创新，提高信息化水平等方面下工夫。总之广西要抓住国家北部湾战略和“一带一路”战略的重大机遇，充分发挥广西作为“21 世纪海上丝绸之路”与“丝绸之路经济带”有机衔接的重要门户的优势，加强与周边省市、东盟国家的资源交流共享，大力发展农产品物流产业。

(3) 重视航空物流。尽管目前来看，在农产品物流的运输中，航空物流所占的比重并不高，但是随着经济、社会的发展，人民生活水平的提升，人们对高端鲜活产品的需求将成为主流，因此应重视农产品航空物流产业的发展。特别是在农产品物流竞争力较强的尚没有布局航空机场的城市，如玉林、防城港、崇左、贵港等城市，要尽快落实民航机场的建设工作。发展农产品航空物流，要注重整合整体的服务链条和价值链条，注重空地一体，互联互通。在航空物流大背景下，各环节互连互通是非常必要的，广西农产品航空物流要与地面上的高铁、铁路、高速路、快递配送等不同运输力量联合起来，充分发挥多式联运的优势，力争用最短的时间、最低的成本、最好的服务来满足目标客户。

(4) 构建区域联盟。广西农产品物流竞争力测试的结果显示，广西大部分区域农产品物流还处于起步阶段，规模还不大，资源较分散，信息化程度也不高，急需资源共享、联合重组，形成技术水平先进、主营业务突出、核心竞争力强的现代农产品物流企业集团，通过拓展农产品物流线路网络和建设农产品物流信息网络两条途径，不断完善农产品物流网络的节点和连线，增强通达性和连通性。各农产品物流企业还应该大力建设物流信息平台，推进农产品物流的信息化、网络化，提高农产品物流服务的一体化、网络化水平。

因此，广西农产品物流应站在广西整体利益的高度，从大处着眼，通过强化核心节点、发挥区位优势、重视航空物流、构建区域联盟的思路来提高农产品物流的综合实力。

6.5.2 提升广西农产品物流竞争力的方法和手段

针对发展广西农产品物流的四点思路，思考如何在具体的政府工作、企业运作、农户操作等不同的层面上实践，把思路转化成为可以实践的方法和手段。下面从政府、经济、区位、环境四个角度，就如何提高广西农产品物流提几点可行性较强的建议。

6.5.2.1 政府的角度

政府应该从政策引导、市场引导、企业引导三个层面来发挥自己的作用。

从政策引导来看，政府要统一协调，因地制宜、科学合理地规划自己的区域"十三五"发展规划、物流发展规划、农产品物流发展规划。农产品物流涉及农业、农民和农村，同时也涉及运输、仓储、加工、配送等一系列产业，需要政府商业、规划、工商行政管理、交通、税务、科技、环保、海关、工信、农业、卫生、检验检疫等多个部门密切配合。应由地方政府主动牵头，落实区域发展规划中的各项问题，对农产品物流进行统一的规划和指导，在整个战略、整个广西物流格局以及在自己行政领域的辐射范围，重视空、海、陆等多式联运，重视与周边城市的衔接，构建一个顶层完整、协调发展、优势互补的农产品物流发展体系。

从加快产业结构调整，发展农产品物流市场体系来看，要规范农产品物流市场的管理，创造公平有序的市场竞争环境。要让市场机制在农产品物流市场中起主导作用，在资源配置中起基础性的调节作用。要大力发展第一产业，农产品的大发展，才是农产品物流快速发展的有效供给，政府要鼓励老百姓多做粮，做好粮。政府也要减少对农产品物流市场的干预，由农产品物流企业与农业合作社等机构主动协商，管理、协调农产品物流中的日常运作问题。对于非市场问题，如质量问题、食品安全问题、环境问题，政府还是要加强监管，形成良好的市场环境。对于农产品物流市场，政府应起到引导、指导和鼓励作用，并做好宏观调控和市场监督，市场要充分发挥自身的调节作用，通过市场自身的规范作用和协会进行市场管理，使市场在运作和发展中严格遵循所制定的法规体系。

从企业引导的角度来看，要加快农产品物流龙头企业的培育，提升区域农产品物流服务领域企业的水平。现代农产品物流是一个社会化管理的过程，强调物流的规模化、节约化、信息化、集成化、智能化的发展理念，需要大力吸引国内外高质量的农产品物流、电子商务公司进入本地市场，政府应该给予资金、土地、税收等各种优惠政策。同时，政府要积极培育和发展本土龙头企业，打造区域品牌效应，鼓励区域内外的沟通和合作，鼓励国内外农产品物流企业的交流和合作。总之，政府要尽快培育具有良好竞争实力的农产品物流企业来发挥示范作用。

6.5.2.2 经济的角度

从经济的角度出发，可以从积极推进农产品消费、促进农产品出口、加大农产品物流固定资产投资、构建良好的农产品营销体系、注重农产品流通渠道建设和加快国际合作，提升中国-东盟农产品的影响力。

从推进农产品消费来看，这是促进农产品需求的最关键的因素。社科院农村发展研究所胡冰川的研究显示，我国居民农产品消费呈现消费总量快速增长、消费结构快速升级的特征。这受益于两方面的因素。一方面，城乡居民收入的增长，带来了农产品消费总量的扩张和消费结构的提升，所以，今后要着力于提高城乡居民的可支配收入。另一方面，城镇化的水平提升进一步推动了农产品消费的增长。农产品消费出现三种特点：植物性消费下降，动物性农产品消费增长，健康性乳品、水果进一步增长。

从促进农产品出口来看，主要从利用好中国-东盟双向农产品贸易区域入手，做好农产品的出口工作，把广西优质的农产品输出到国外。

从加大农产品物流固定资产投资来看，优质的农产品物流配送体系和完善的物流基础设施可以加速农产品流通，减少农产品的流通成本，提升广西农业产业区域竞争力水平。广西地处中国西南边陲，地理位置优越。发达的珠江水系使广西林产品经水路直通珠三角地区及国外，四通八达的公路网建设成为农产品运输的又一重要途径，湘桂线、黔桂线、南昆线、洛湛线、贵广线等是中南及西南地区林产品出海的最便捷的铁路交通要道，再加上具有“深水良港区”之称的北部湾地区的港区建设，为农产品区域贸易提供了基地，因此加快农产品物流相配套的冷链设施与设备，完善公共交通环境等对实现广西农产品物流竞争力的提升提供很大的帮助。

从构建良好的农产品营销体系来看，广西农产品量大质优，但农产业营销水平仍然有待提高。农产品营销水平限制了广西农产品物流的发展，因此，广西要发展农产品物流业就必须重视农产品营销水平的提高。一方面可以大力引进营销人才，营建营销团队。另一方面，利用计算机网络功能，加快农产品电子商务的建设，也可以消除生产和消费信息不对称的现象。广西农产品应加快规范化的农产品营销组织的建设，建立健全市场信息服务体系，为农产品加工企业和农户提供及时、准确的林产品市场信息，提升广西农产品的品牌效应。

从注重农产品流通渠道建设来看，要充分发挥南宁、桂林、柳州等流通节点城市优势，综合农产品生产基地建设、销地所在区域、中转产品流通走向等要素，规划连接西南、沟通内地、服务东盟和粤港澳等地的西南农产品中转集散、广西-内地农产品流通、广西-东盟农产品流通和广西-粤港澳农产品流通等四条重要通道建设，有效衔接“三纵三横”的全国农产品流通骨干网络。西南农产品中转集散通道是依托南昆铁路、广昆高速、汕昆高速、兰海高速等区内交通干线，加快形成云南、贵州等地农产品经百色、河池到南宁，最终流通至我国内地及粤港澳地区的农产品中转集散通道。广西-内地农产品流通通道是依托湘桂铁路已开通的百色-北京铁路流通通道，发挥泉南高速、包茂高速等交通干线连接我国内地的交通优势的农产品流通通道。广西-东盟农产品流通通道是立足南友高速、湘桂铁路等交通干线基础，发挥百色、崇左、防城港沿边地区口岸优势，紧抓“泛亚铁路”规划建设等重大契机，加快推动崇左凭祥-谅山-河内、防城港东兴-芒街-下龙等公路项目建设，畅通广西到越南等东盟国家的农产品陆路流通通道。广西-粤港澳农产品流通通道是立足广昆高速、黎湛铁路基础条件，发挥广西区位优势，打造直通广东连接香港、澳门以“西菜东运”蔬菜为主的农产品流通通道。

从加快国际合作，提升中国-东盟农产品的影响力来看，广西农产品的发展必须重视研究全球化范围内产业调整及其对行业的影响，把握全球一体化的变化实质与发展机遇。广西临海、临水、临边的地区优势是参与国际竞争与合作的极大优势。广西农产品应顺势拓宽投资融资渠道，沟通国际资本市场，引进外资，吸引多元化投资，保障广西农业产业发展的资金来源。广西要特别重视对东盟的双边贸易，利用地理位置优势和国际发展机遇，引进先进设备，加快技术革新，不断提高农产品的数量和质量，打造出一大批高科技含量、高附加值、高效益、高市场占有率的拳头产品，提高区域竞争力，参与国内国际农产品市场竞争。

广西农业发展应该加快东南亚地区的农业项目合作，发展农产品国际贸易，提高农产品附加值，提升广西农业的国际影响力，促使广西农产品走出广西、走遍全国、走向世界，逐步参与农业产业的国际化竞争。因此，广西农产品应加快国际合作步伐，发展外向型经济，以开放促改革、促发展，在更大范围、更广领域、更高层次上参与国际合作与竞争，加速提高产业整体素质，增强产业群体竞争力。总之，广西农业必须立足国内，面向区域，放眼世界，在更大范围内获取更多的国际资源、国际资本、国际市场和国际技术，借助外资、国际先进技术和专业人才，尽快提升。

6.5.2.3　区位的角度

从区位的角度出发，广西各个城市都应该在区域战略规划中找到自己的位置，明确自己的优势。广西提出“两区一带”的发展战略，北部湾经济区、西江经济带和桂西资源富集区。北部湾经济区包括南宁、北海、钦州、防城港 4 个地区，西江经济带包括贵港、梧州、来宾、柳州，并涵盖桂林、贺州、玉林市航道。桂西资源富集区包括河池、百色、崇左三市所辖县市区。

目前北部湾战略、珠江-西江经济带战略都是国家级战略。另外广西的“十三五”规划已经明确提出了“两个新、三格局、五体系”的工作任务。“两个新”即培育发展新动力、构建发展新体制。“三格局”即形成开放发展新格局、三区统筹发展新格局、城乡一体化发展新格局。“五体系”即构建比较完善的现代基础设施体系、竞争力强的现代产业体系、和谐友好的生态文明体系、基本均等的公共服务体系、覆盖城乡的现代公共文化服务体系。其中“三区统筹发展新格局”，三区统筹是指北部湾经济区、西江经济带和左右江革命老区。左右江革命老区发展规划 2015 年也升级为国家级战略，涉及广西的崇左、百色、河池三个地区 32 个县，另外还有贵州独山县、都匀市等地以及云南的文山壮族苗族自治州。

各地区要找准自己区域在各个战略中的定位，特别是没有在三个国家级战略发展规划之中的地市，更要准确定位自身的位置，找到有利的因素，扬长补短，提升自己的综合实力。

6.5.2.4　环境的角度

从环境的角度出发，主要从技术创新、人才培养和信息化建设三个层面上推进。

从技术创新的角度来看，应积极推动农产品物流技术创新，提高区域农产品物流的核心竞争力，特别是农产品的冷链、保鲜、仓储技术。现代农产品物流设施与设备都是信息化的，现代农产品物流技术是包括计算机、网络通信、生物技术、分子技术、生命科学、制冷工程等一系列先进的科学科技为一体的技术。除了技术之外，还有管理制度和方法的创新，包括用于提升农产品物流企业的运营效率、降低其运营成本、提高其客户满意度的一些先进经营理念、运作模式等。现代农产品物流要在物流服务过程中，掌握和运用先进的现代物流设施设备引入现代信息技术，在一定的服务水平基础上，提供顾客满意的服务，并降低相对物流成本；掌握现代先进物流企业经营理念，并将其运作模式结合自身特点引入日常管理工作中，以此来提高区域物流的核心竞争力。鼓励各农产品物流企业和相关科研院所进行技术创新，建立和营造有利于技术创新的环境条件，从体制、政策、人才供应等方面为其提供保障。积极引导行业内企业、科研院所的交流，包括与国内外大型农产品物流企业和相关科研院所在技术、管理、经营理念等方面的交流，为区域内农产品物流企业竞争力的迅速提升创造良好条件。

从人才培养的角度来看，要加快农产品物流科研和人才培养、引进。首先，农产品物流科研机构应充分掌握现代物流管理技术及网络技术的构造要素和功能，对其所需要的硬件的主要设施与系统设备进行必要的经济技术分析，从中确立几个适合广西区域物流发展现状的方案。通过广泛的比较分析，了解广西各项服务体系的规范化水平和效率，最终对广西农产品物流在未来发展中竞争力的水平和定位有个科学的、前瞻的、合理的、符合实际的比较和选择方案。现代农产品物流产业的发展关键取决于农产品物流人才，需要从供应链角度了解国际经贸流程、熟悉国际法规，对农产品流通、市场需求、季节分布、食品安全、企业管理及网络信息技术具有综合能力的高层人才，要坚持“引得进来，留得下来，用得出来”的原则，要加大对农产品物流专业技术人才引进和培养的投入，制定农产品物流人才引进的优惠政策。在农村等区域还要重点做好短期培训、人才引进、定向选送培养和完善人才激励机制等工作，建立现代化的农产品物流人才机制。

从农产品物流信息化建设的角度出发，广西必须要努力构建农产品物流信息公共平台，提高区域农产品物流的信息化水平。要按照“政府统筹，市场导向，平台支撑，资源共享，专业运作，企业受益”的思路开展工作，大力发展现代物流信息技术，建立起区域综合物流信息平台，这是提高物流行业的现代化水平，保障物流信息及时、准确地传递，从而推动区域经济快速健康发展的有力保障。在农产品物流信息平台建设上，政府的主要政策和措施为完善为现代物流服务的信息技术网络及应用基础设施建设。要加强区域内信息基础设施的建设工作，建设新一代移动通信网、下一代互联网和数字广播电视网，推广三网融合，构建超高速、大容量、高智能信息传输网络，实现城镇和产业园区光纤网络全覆盖，农村宽带家庭普及率大幅提升。推广物联网、云计算、大数据等新一代信息技术应用，采用带宽较高的光纤接入方式，使农产品物流信息可以及时、高速、准确地交换、共享和使用。重视农产品物流信息平台的安全体系建设以及信息化相关政策法规的建设工作。加强物流信息平台的安全防护建设，加快研发和应用相应的安全技术、安全设备和安全产品，重视数据中心和异地备份中心建设，对物流信息平台加强安全监测。同时，不断完善对物流信息化建设进程中相关政策法规的建立工作，使物流信息化的建设有规范可循，也从制度上为物流信息化建设提供保障。农产品物流信息平台可以优化整合社会物流系统资源，为社会物流系统提供共享交互的载体，使物流企业能够提供高质量、高水平的物流增值服务，提高资源的利用率，实现农产品物流的竞争力的提升。

7 面向东盟的广西农产品物流策略分析

7.1 基于物流园区视角的广西农产品发展策略

物流园区是物流业规模化和集约化发展的客观要求和必然产物，是为了实现物流运作的共同化，按照城市空间合理布局的要求，集中建设并由统一主体管理，为众多企业提供物流基础设施和公共服务的物流产业集聚区。物流园区作为重要的物流基础设施，具有功能集成、设施共享、用地节约的优势。促进物流园区的健康有序发展，对于提高社会物流服务效率、促进产业结构调整、转变经济发展方式、加速物流业转型升级和提高国民经济竞争力都具有重要意义。本章着重分析物流园区建设视角下的广西农产品物流发展策略。

7.1.1 物流园区的概念

物流园区与工业园区、科技园区一样，具有产业一致性或相关性。对于物流园区的界定，当前社会各界有不同的看法，由此衍生出不同的名称，如物流园区、物流基地、物流港、海港、内陆港、公路港、无水港、货运市场、货运村、物流中心、交易市场等等。纵观国内学者对物流园区概念的研究，有代表性的有以下几种表述方式。

著名物流学者王之泰先生在2000年首次应用“物流基地”这个词对物流园区进行了概念表述，认为物流园区是“集约了多种物流设施，起到综合功能和指挥、基础作用的特大型物流节点，是集约化的、大规模的物流基础设施集中地和多种物流线路的交汇地。”

牛慧恩、陈璟（2000）认为物流园区是“政府为了缓解城市的交通压力，减轻物流产业发展对环境的影响，顺应物流业的发展趋势，实现‘物畅其流’，在郊区或城乡结合部的主要交通干道附近专辟的用地，通过逐步配套各项物流基础设施、服务设施，提供各种优惠政策，吸引大型物流（配送）中心在此集聚，使得其获得规模效益，降低物流成本，同时减轻大型物流配送中心在市中心分布所带来的种种不利影响。”

王战权、杨东援（2001）对于物流园区的界定是“一家或多家物流（配送）企业在空间上集中布局的场所，它是提供一定品类、一定规模、较高水平综合物流服务的物流集结点。物流园区主要是一个空间概念，与工业园区、科技园区等概念一样，是具有产业一致性或相关性且集中连片的物流用地空间”。

韩勇（2002）认为“物流园区是指由分布相对集中的多个物流组织设施和不同的专业化物流企业构成的具有产业组织、经济运行等物流组织功能的规模化、功能化的区域，其功能除了一般的仓储、运输、加工（工业加工和流通加工）等功能外，还具有与之配套的信息、咨询、维修、综合服务等服务项目。”

王国锋（2003）认为“物流园区是多家专业从事物流服务的企业和物流密集型工商企业在空间上集中布局的场所，是具有一定规模和综合服务功能的物流节点。它依托于经济发达地区的中心城市，位于大型交通枢纽附近，一般与两种或两种以上的交通运输方式相连接。”

国家发展与改革委员会综合运输研究所副所长汪鸣认为“物流园区是对物流组织管理节点进行相对集中建设与发展的、具有经济开发性质的城市物流功能区域；同时，也是依托相关物流服务设施降低物流成本，提高物流运作效率，改善企业服务有关的流通加工、原材料采购、与消费地直接联系的生产活动，具有产业发展性质的经济功能区。”

中国交通运输协会常务副会长、北京中交协物流研究院院长王德荣认为：“物流园区是指在物流作业集中的地区，在几种运输方式衔接地，将多种物流设施和不同类型的物流企业在空间上集中布局的场所，也是一个具有一定规模和多种服务功能的物流企业的集结点。其包括8个功能，即综合功能、集约功能、信息交易功能、集中仓储功能、配送加工功能、多式联运功能、辅助服务功能、停车场功能。其中，综合功能的内容为：具有综合各种物流方式和物流形态的作用，可以全面处理储存、包装、装卸、流通加工、配送等作业方式以及不同作业方式之间的相互转换。”

《物流术语》(GB/T 18354—2006)，对于物流园区的概念是这样描述的：“为了实现物流设施集约化和物流运作共同化，或者出于城市物流设施空间布局合理化的目的而在城市周边等区域，集中建设的物流设施群与众多物流业者在地域上的物流集结地”。2008年颁布的《物流园区分类与基本要求》(GB/T 21334—2008）继续沿用了这一概念。

由中国物流与采购联合会和中国物流学会于2012年共同完成的《第三次全国物流园区（基地）调查报告(2012)》对物流园区的定义如下：“物流园区是为满足货物转运、产业发展和居民消费等规模化物流需求，依托区位交通条件，与城市综合功能和产业体系相配套的公共性物流基础设施群，是由统一运营主体管理、众多物流业者经营的物流运作集结地，是布局集中、用地节约、企业集聚、经营集约的物流功能集聚区。”

2013 年 9 月 30 日，国家发改委联合 12 个部门共同印发的《全国物流园区发展规划》(发改经贸［2013］1949 号）认为“物流园区是物流业规模化和集约化发展的客观要求和必然产物，是为了实现物流运作的共同化，按照城市空间合理布局的要求，集中建设并由统一主体管理，为众多企业提供物流基础设施和公共服务的物流产业集聚区。”笔者比较认同这个概念，因此本书中所研究的物流园区也属于这个概念所规定的范畴。

对于物流园区的特征界定，不同学者有不同的看法，目前最新的是中国物流与采购联合会的界定思路。其对物流园区的特征界定如下：

（1）具有明确的物流园区、物流基地或“公路港”、“无水港”、“物流港”名称，依托铁路、公路、水路、航空或管道等多种运输条件，以物流服务为其主要功能。

（2）具备明确的法人运营实体与完备的运营管理机制。

（3）土地权属明确，园区占地面积不小于 0.3 平方公里（450 亩）。

（4）物流作业区域在总占地面积中的比例不小于 50%，具有相应的物流服务设施、信息系统和入驻商务条件。

（5）园区入驻物流企业在 10 家及以上。

（6）园区规划符合所在地城市总体规划、用地规划和交通运输规划，并通过评审。

由于土地面积的限制，特别是有些城市面积相对较小，很多园区并不能达到 450 亩以上。

7.1.2 物流园区建设对农产品流通的作用

物流园区主要有以下作用。

（1）有利于农产品的配送。随着我国城市化进程的加快，大量的人口向城市汇集，中国城镇人口占总人口的比例由 1980 年的不足 20% 增长到了 2011 年的 51.27%。城市人口的快速增长带来了严重的城市生活用品需求问题，特别是物流配送的“最后一公里”问题给城市的进一步发展带来了很大困扰。农产品是人们日常生活的必需品，在人们的生活中居于重要地位。为了满足城市居民的要求，近年来，一批以农产品配送为主要目的的物流园区在城市的周边纷纷建立起来。从农村运输来的农产品在物流园区完成分装工作，由城市配送车辆送到遍布于城市各个居民区的蔬菜市场、超市和便利店，极大地方便了人们的生活。

（2）有利于农产品的转运。随着我国经济社会的发展，地区间的产业分工逐渐深化，不同地区结合自己的产业优势和特点，积极制定适合自身主导产业的发展道路。桂林地区根据自己处于热带和温带结合部的特点，形成了独特的亚热带特色农产品种植体系，在这些农产品运输到需求量地的过程中，物流园区起到了至关重要的作用。农产品物流园区的建设对于桂林农产品转运的促进作用主要表现在以下两个方面：

1）促进农产品的集聚，便于实现规模效益。农产品由于附加值较低，不适合小批量、多品种的转运方式。农产品物流园区有利于周边的农产品以园区为中心实现汇聚，从而提高设施设备的利用率。

2）促进农产品的流转，便于提升客户价值。农产品的保质期较短，快速的流通环节是提升顾客满意度的关键。农产品物流园区能够加快货物集货速度，促进农产品流通。

（3）有利于农产品的保护。在当前农产品流通体系下，以果蔬为代表性的农产品在我国流通过程中的平均损耗率为25%～35%，而发达国家的平均损耗率为5%，美国仅为1%～2%。流通过程中大量农产品的损耗不仅导致了巨大的浪费，同时也推高了农产品的价格。农产品物流园区的建设能够起到农产品保护的作用，这主要体现在以下两个方面：

1）农产品的流通加工水平获得提升。入驻物流园区的农产品物流企业，往往具有较高的专业化水平和流通加工能力，能够在成本可承受的前提下最大程度地降低农产品损耗，先进的分装和保护措施有效地降低了农产品流通货损。

2）农产品的分类工作更为完善。由于农产品的数量较大，农产品物流园区可以根据农产品的特性、保值期和流通要求进行更好的分类，确保在不同运输方式和运输特点条件下的流通成为可能，提升了流通效果。

（4）有利于农产品的监管。随着我国居民生活水平的不断提升，人们对农产品的质量要求越来越高。为了加强对产品质量的管理，我国早在2006年就出台了《中华人民共和国农产品质量安全法》。然而，当前我国的农产品质量并不乐观。2013年的蔬菜质量安全合格率虽然达到了96.6%，但是农药残留超标情况依然比较严重。农产品物流园区的建设可以提升农产品的监管水平，其作用主要体现在以下两个方面：

1）便于集中化监管，降低监管成本。由于农产品的生产特点，监管起来较为困难，农产品物流园区的建设使得监管工作能够集中化进行，便于提升监管效果，降低监管成本。

2）便于信息技术的应用。农产品可追溯体系建设是现状农产品监管体系建设的重要内容。农产品物流园区的建设，使得追溯体系起到了很好的承接作用，有利于现代信息技术的引入。

7.1.3　物流园区建设视角下的发展策略

（1）构建农产品流通信息系统。信息化是产业现代化发展的重要手段，是促进商品流通的保障。在现代流通体系中，农产品流通信息平台的建设成了一个重要问题。许多学者围绕如何建设进行了系列研究，产生了大量的研究成果，但关于农产品流通信息平台的实施主体和盈利模式问题探讨得较少，这也是当前很多平台不能实现持续运营的重要原因。在物流园区建设视角下，这个问题能得到有效的解决。农产品物流园区管理方可以建设流通信息平台，进而吸引物流企业入驻园区，农民、农产品运销商、监管部门和客户都能依托信息平台实现资源共享，从而降低自己的信息搜寻成本。园区管理方可以根据业务的发展需要，及时对平台内容、结构等方面进行实时的调整，使得平台更有利于农产品流通。同时，园区管理方可以采取盈利提成的方式向平台使用方收取费用，以确保平台的持续盈利。特别是随着现代社会电子商务的快速发展，基于流通信息平台的农产品流通体系将会成为农产品流通的一种重要方式。

（2）成立农产品流通合作联盟。农产品规模化经营一直是国外农产品具有竞争力的重要保证，也是我国当前农业发展的不足之处。在我国农业的生产和流通过程中，存在着大量的个体农户、农产品运销商、农产品收购商、加工企业和零售商等经营主体，这些主体之间的恶性竞争行为使得我国农产品市场整体处于一种低端的经营态势。农产品物流园区的建设可以有效地解决这些问题。首先，物流园区是产业集聚的结果，园区建设将在很大程度上缓解运销商、收购商和零售商的规模不经济问题，为彼此建立合作联盟奠定了基础。其次，一些有实力的农产品加工企业通过自己建立的物流园区，可以实现农产品供应链的横向和纵向整合，促进农产品流通体系向集约化方向发展。最后，个体农户和客户可以通过农产品物流园区的运营主体实现对接。园区可以向客户提供定制性服务，满足客户的多样化需求。向个体农户提供订单式采购，解决农户种植的随意化和事后化行为。通过农产品物流园区的建设，农产品供应链上的各个主体可以在一定程度上实现合作，有效地降低流通成本。

（3）建立农产品质量安全体系。建立农产品质量安全体系是提升农产品国际竞争力、实现农业增效和农民增收必须解决的关键问题。农产品物流园区的建设可以促进农产品质量安全体系的构建，具体从以下几个方面着手：

1）建立农产品质量标准体系。在物流园区建设背景下，各种农产品的集聚有利于标准的建设和贯彻，确保标准的可执行性。

2）建立农产品检查的长效机制。依托物流园区，降低农产品质量的检查成本，农产品检查作为园区工作的一部分，便于实现长期落实。

3）应用推广农产品安全技术。在物流园区中，物联网技术、条码技术可以和农产品的流通和检查结合起来，建立农产品的质量可追溯体系，便于对农产品质量的监管。

4）建立农产品质量的预警体系。依托物流园区公共信息平台，可以实现农产品质量的“可视和公开”，对质量好的农产品和有问题的农产品实行信息公布，可对相关经营个体起到激励和约束作用。

7.2　基于城乡协同的广西农产品发展策略

1954年，英国经济学家刘易斯（W. A. Lewis）发表了《在劳动无限供给条件下的经济发展》一文，首次提出了城乡二元经济结构的概念，认为这一现象在发展中国家尤为明显。作为世界上最大的发展中国家，我国在工业化和城市化的进程中，同样面临着农村人口向城市转移，二元结构难题亟待解决的问题。协同学理论就是在这个背景下产生的发展理论。

协同学是德国物理学家H. Haken在研究激光理论的基础上于20世纪70年代初期提出的，并于1977年正式问世。所谓协同效应是指复杂系统中的要素存在非线性相互作用，当外界控制参量达到一定的阈值时，要素间的相互关联代替其相对独立与竞争而居主导地位，并产生较强的相干效应，从而使整体协同效应增强。协同效应理论是一种处理问题的综合的方法，注重从总体上把握对象，即着重研究各部分之间是如何以协同一致的动作来产生整体结构的，它是近十几年来获得发展并被广泛应用的综合性理论。

所谓城乡协同，就是指在城乡和谐发展的基础上，探讨影响其共同发展的诸要素的有机结合，最终建立起一个共同促进发展的模式。我国物流业的发展，最初诞生于城市，而随着近几年城乡依赖性逐渐增强，城乡物流逐渐开始成为一个新兴的领域。特别是随着我国农村土地流转制度的顺利推进，以及国家对于农村的大力支持，农村经济必将迎来新一轮的大发展时期，而伴随其产生的物流也将迅速增长。所以，这里将借助城乡协同理论研究城乡物流的发展。

（1）政府统筹规划，制定发展思路。城乡协同的农产品物流发展策略，就是要结合北部湾经济区、西江经济带、桂西资源富集区发展战略和左右江革命老区振兴规划，从政策的层面上发挥好积极的引导作用。首先政府对城乡协同的农产品物流要有合理的规划，对城乡协同的农产品物流发展各个阶段的发展方向、发展水平、建设情况要进行规划、引导和约束。同时，政府也要积极协调农业部门、商务部门、科技部门、海关、工商、物流企业等多方建立共识，积极推进城乡协同的农产品物流健康发展。由于城乡协同的农产品物流发展是城乡和谐发展的需要，而广西农产品物流还处于初级发展阶段，因此政府更应该在政策、资金、人才引进、税收优惠、技术支持等方面给予一定的扶持。广西政府还应该积极推动城乡协同的农产品物流信息平台、农产品物流园区、大型果蔬批发市场的建设工作，从基础设施、交通、信息化多个角度共同推进城乡协同的农产品物流发展。只有坚持“政府统筹、市场导向、企业运作”的思路，政府做好顶层设计，合理规划，制定好发展思路，从宏观政策和中观的产业链条出发，才能不断推进广西城乡农产品物流协同发展。

(2) 培育核心物流企业，优化资源配置。广西的物流市场依然落后，从事物流的企业较少，而且普遍水平不高。目前，在广西物流市场中，比较有影响力的物流企业是广西物资集团。广西需要通过制定措施，对物流核心企业进行积极的引导和支持，促使其向城乡物流方向发展，为以后城乡物流的需求奠定基础。同时，邮政物流由于其渠道优势，在城乡之间有着广泛的影响力，是目前城乡渠道最完善的物流企业。对此，政府需要积极促使其提高物流水平，完善物流能力，尽快从过去单一的信函模式向现代物流转变，充分利用其渠道优势，为广西农产品物流的发展提供支持。

(3) 发展物流中介服务，提高物流效率。目前，困扰物流企业的难题是找不到合适和充足的货源，由此造成车辆空载率居高不下。据相关研究发现，目前我国物流市场车辆的平均实载率只有56.53%，也就是说目前在路上行驶的物流企业车辆有近一半是不能满载的，这也正是公路运输成本居高不下的原因。同时，广大农业、工业、商贸、建筑企业却为找不到合适的物流运输企业而发愁。可以说，目前，由于物流中介的不足，物流效率已经受到了很大的影响。因此，为了促进广西物流业的健康发展，广西必须要加强物流中介市场的发展，以降低物流企业的成本，从而提高其竞争力。

8 电子商务驱动下广西与东盟农产品物流协同优化研究

8.1 电子商务与农产品物流发展

8.1.1 电子商务概述

电子商务的概念源于对实践的总结、概括和凝练，目前学术界还缺乏统一的定义。经合组织（OECD）对电子商务的定义为利用电子化手段从事的商业活动，基于电子处理和信息技术。国际标准化组织（ISO）的定义是：电子商务是企业之间、企业与消费者之间的信息内容与需求交换的一种通用术语。联合国国际贸易法律委员会的定义是：电子商务是采用电子数据交换（EDI）和其他通信方式增进国际贸易职能的一种商务模式。世界电子商务会议（1997）的定义是：电子商务是指实现整个贸易活动的电子化，交易各方以电子交易的方式进行各种形式的商业交易。IBM 提出的定义为：电子商务 = Web + IT，它强调在计算机网络环境下的商业化应用。

综上所述，电子商务的主要成分是“商务”，是在“电子”基础上的商务活动，应从以下几个方面来定义：电子商务的基础是商务信息电子化；电子商务的核心是人的社会化；电子商务的工具是以 Internet 为代表的现代电子工具；电子商务的活动从本质上来讲是商务活动的虚拟化。简单来讲，电子商务就是利用电子工具，从事以商品交换为中心的各种商务活动的全过程，如图 8-1 所示。

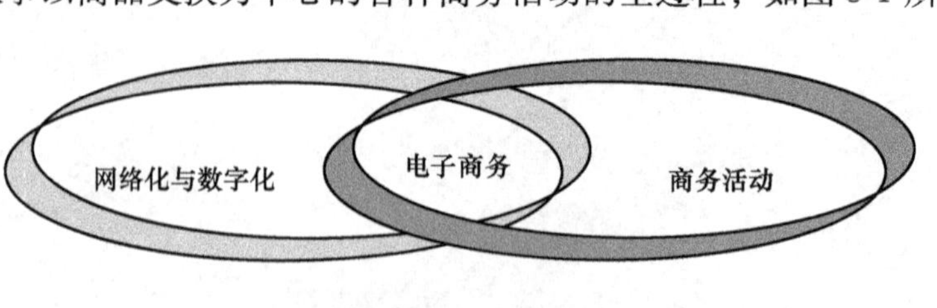

图 8-1　电子商务的基本概念

与传统形式的商务活动相比，电子商务具有虚拟性、跨越时空性、低成本、高效率等特点。

根据中国互联网络信息中心（CNNIC）第37次调查统计报告显示，截至2015年12月，我国网民达6.88亿人，新增网民3951万人。手机网民6.20亿人，比上年增长6306万人；农村网民1.95亿人，占整体网民比例为28.4%。中国域名总数3102万个，中国网站总数423万个。

互联网的发展也出现了一些新的特征。从企业的角度看，中国电子商务发展体现以下特点：企业广泛应用系统化、集成化的互联网工具开展生产研发、采购销售、客户管理、财务管理、人力资源管理等企业管理的全业务流程，“互联网+”开始融入企业管理之中；企业的网络安全防护意识增强；“互联网+”开始融入企业发展决策的战略规划；移动互联网营销发展迅速，微信营销推广使用率达到75.3%；互联网正在推动供应链改造，越来越多的企业在网上开展产品销售和采购。从个人的角度来看，全国互联网普及率为50.3%（见图8-2），超过半数，超过了全球的平均水平3.9%；手机成为了主要的上网终端；无线覆盖明显提升，网民无线使用率达到91.8%；网络支付迅猛增长；在线教育、在线医疗、在线约车已经形成规模。

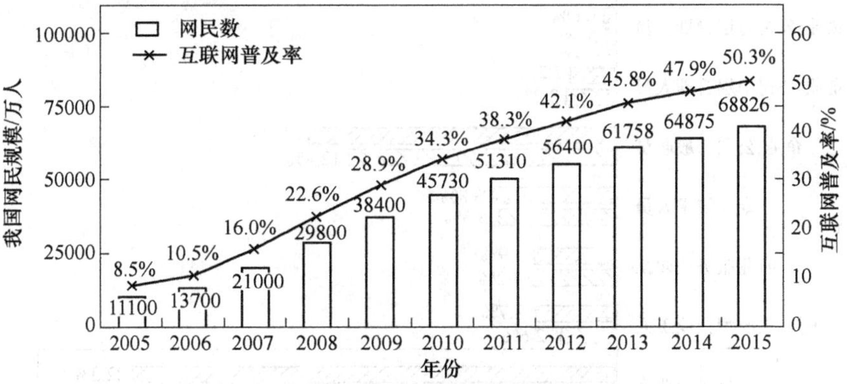

图8-2 我国网民的规模与互联网普及率

截至2015年12月，我国网民中农村网民规模已经达到1.95亿人，同比2014年增长9.5%，远高于同期城镇网民4.8%的增长速度，是城镇网民的2倍，反映出2015年网络在农村普及工作取得的成绩。随着互联网农村普及工作的开展，农村网民占比也将日益提升。

广西互联网的普及率只有42.8%，但增长速度较快，2015年增长速度为10%。网民的学历结构继续由高学历人群向低学历人群扩散，小学及以下学历占比2015年比2014年提升2.6%，如图8-3所示。

从图8-4所示的职业结构来看，网民已经从学生占主体发展到各个阶层，特别是农村牧渔劳动者、农村外出务工人员、自由职业者、企业一般职员、工人、

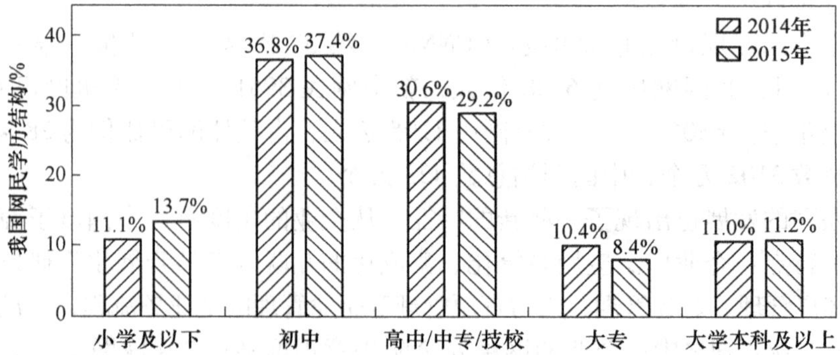

图 8-3　我国网民的学历结构

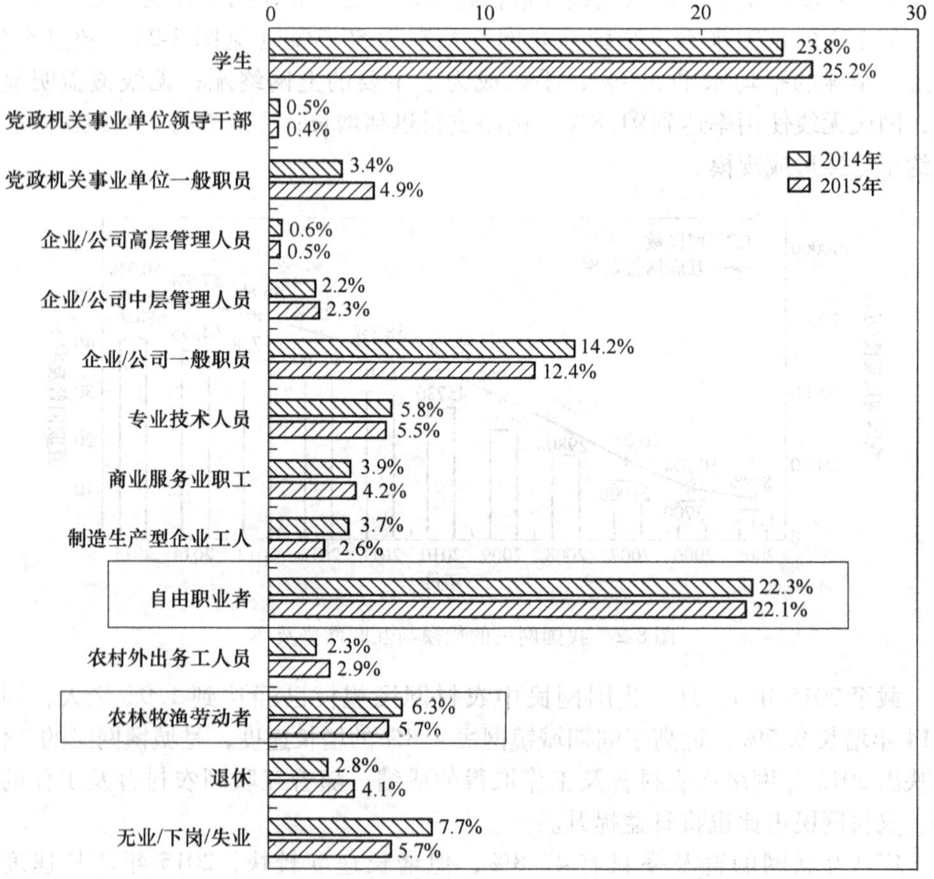

图 8-4　我国网民的职业结构

无业阶层占整个网民比例的 55.6%，已经远远大于了主体学生的 25.2%，说明电子商务已经渗透到社会的方方面面。

电子商务的发展历程，一般认为经历了基于EDI的电子商务、基于Internet的电子商务、E概念电子商务三个过程。我国电子商务飞速发展的同时，也面临一些问题。比如东部地区增速同比放缓，网上购物用户的增长速度和绝对增长量双双出现回落。在电子商务中，社会经济发展水平、互联网的普及状况、人群消费行为模式、物流配送服务能力、服务质量等都引起了学者的关注。例如电子商务立法的问题、网络支付安全的问题、税收的问题、信用的问题、观念渗透的问题、技术人才的问题、企业组织结构调整和运行方式转变的问题都曾经引起大众的关注，一时成为社会大众关注的焦点，引发较长时间的讨论和思考。

8.1.2 广西电子商务发展现状

为了测量广西电子商务的发展水平，根据经合组织《衡量信息社会的指南2005》提出的电子商务准备度概念，从经济环境准备度、ICT（Information Communication Technology）基础设施准备度、ICT资本准备度、信息人力资源准备度及信息资源开发利用准备度方面展开调查，通过设计调查表进行抽样调查，并根据问卷调查的结果、企业走访和历年广西统计年鉴披露的情况，对广西壮族自治区电子商务的发展现状进行概述。

8.1.2.1 经济环境准备度

随着北部湾战略的开发，广西经济综合实力迈上新的台阶。截至2015年，广西地区生产总值达到1.68万亿元，年均增长10.1%。财政收入达2333亿元，是2010年的1.9倍。人均地区生产总值3.5万元，经济发展总体进入中等收入阶段。地区经济结构调整不断突破，现代服务业发展速度加快。截至2014年底，广西千亿元产业增至10个，其中汽车、石化、机械等两千亿元产业增至7个。农业中蔗糖、畜禽、速丰林已经成为千亿元产业，粮食、水果、蔬菜已经成为五百亿元产业。从全区的范围来看高技术产业增加值增长3倍。现代服务业发展加快，电子商务交易额井喷式增长。

广西地区历年国民生产总值如图8-5所示。从广西壮族自治区各市的国民生产总值来看，南宁、柳州、桂林、玉林经济发展较快，都在1000亿元以上，而来宾市、河池市、贺州市则发展较慢，生产总值仅在500亿元左右，见表8-1。

8.1.2.2 ICT基础设施准备度

从ICT基础设施准备度来看，随着“互联网+”战略从国家层面上推进，近年来各地区ICT基础设施都有较大的改善。目前，全国网络出口带宽为5392116Mbps，年增长率在30%以上。在国际出口带宽中中国电信占3223639Mbps，达到总带宽的60%以上，其次是中国联通、中国移动。

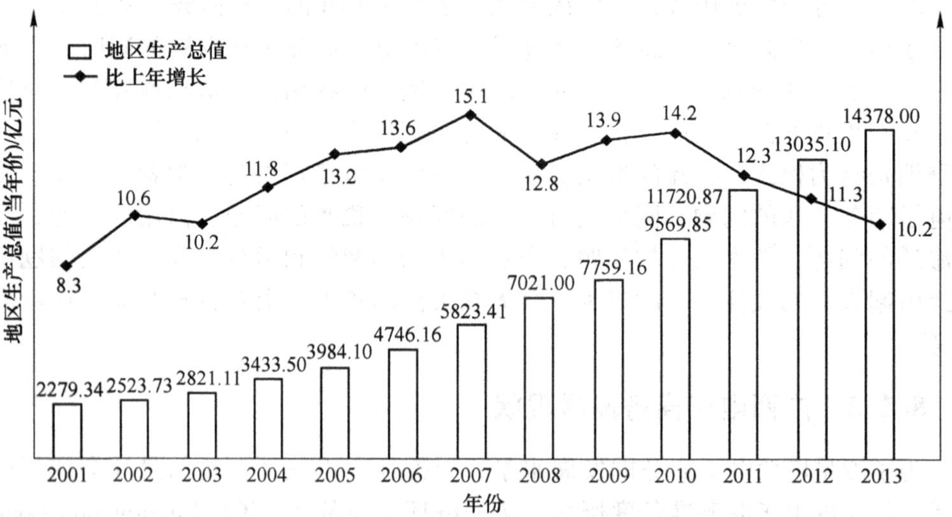

图 8-5　广西地区国民生产总值

表 8-1　广西 2013 年各市地区生产总值

指　标	南宁市	柳州市	桂林市	梧州市	北海市	防城港市	钦州市	贵港市	玉林市	百色市	贺州市	河池市	来宾市	崇左市
行政区域土地面积/平方公里	22099	18597	27809	12572	3337	6238	10895	10602	12838	36202	11855	33476	13411	17332
地区生产总值(当年价)/亿元	2803.54	2010.05	1657.90	991.71	735.00	525.15	753.14	742.01	1198.46	803.58	423.85	528.62	515.57	584.63
地区第一产业生产总值/亿元	349.93	159.29	299.44	115.32	142.81	68.45	181.77	160.76	243.83	148.76	92.58	133.78	134.45	149.44
地区第二产业生产总值/亿元　总体	1110.89	1274.93	792.87	654.83	373.65	296.08	316.85	303.35	526.62	432.60	196.30	189.78	219.51	248.24
地区第二产业生产总值/亿元　工业	820.60	1166.65	662.66	605.03	332.78	257.02	250.12	253.11	434.06	373.87	143.55	143.02	169.21	210.62
地区第三产业生产总值/亿元	1342.73	575.84	565.59	221.55	218.53	160.61	255.13	277.90	428.01	222.22	134.97	205.06	161.61	186.95
人均地区生产总值/元	38994	52342	31765	33710	46560	58810	23957	17650	21349	22762	21261	15440	24069	28886

广西目前已经建成核心层、汇聚层和接入层三层宽带城域网络。截至 2013 年末，城区光缆覆盖率和宽带接入率均达 100%，2010～2015 年期间，广西电信业务总量累计完成 2080 亿元，年均增长 17.5%；电信业务收入累计完成 1362 亿

元，年均增长6.2%（高于全国0.8%）；固定资产投资累计完成487亿元。截至2015年，全区电话用户总规模达到4093万户，平均每年增加234万户，电话普及率达到每百人86部；移动电话用户规模达到3653万户，占比达到89%；互联网宽带接入用户高速增长，用户规模达到770万户，平均每年增加用户88万户。

ICT基础设施城乡之间的差距正在渐渐缩小，目前广西互联网普及率为42.8%，100%的乡镇已通电话，预计2016年6月，广西将实现村村通宽带工程。3G和4G用户到2015年底达到2167万户，占移动电话的60%。信息平台方面，2009年南宁成为国家级电子商务首批示范城市，2014年南宁获批国家级跨境贸易电子商务试点城市，同年，桂林市获批第二批次国家电子商务示范城市。南宁、桂林较早开展电子商务公共信息平台的工作，如南宁（中国-东盟）商品交易网上平台、桂林社区商业电子商务综合服务平台、南宁电子商务公共信息服务平台等。随着互联网的发展，ICT基础设施建设进程加快，邮电、通信事业发展，基础设施将日渐完善。

8.1.2.3 ICT资本准备度

电子商务发展需要资本的支撑。数据显示，2015年广西固定资产投资完成1.57万亿元，规模以上工业总产值、金融机构存款余额突破2万亿元，其中电信固定资产投资完成129亿元，比上年增长30%。广西优越的区位，快速的发展趋势，吸引来大量的资本。近几年投资动力充足，电子商务、信息服务中介等新型第三产业发展迅速，社会资本投资的环境好，贡献率较高。

8.1.2.4 信息人力资源准备度

广西目前拥有广西大学、广西民族大学、广西师范大学、桂林理工大学、桂林电子科技大学、广西财经学院、广西医科大学、桂林航天工业学院、桂林医学院等77所高校，其中研究生培养单位12所，各高校绝大多数开设信息技术类专业。2013年，广西高校毕业生16.5万人，中等职业专业学校在校学生26.7万人，其中信息技术类学生5.47万人。随着工业化和信息化的不断深入融合，广西将吸引更多的信息人才。

2013年广西地区有计算机、通信及其他电子设备制造业企业107家（年主营业务收入2000万元以上），年工业总产值733亿元，从业人员75343人。可见，广西不仅有大量在职的信息人力，还有较为丰富的人才储备。不过同时也应注意到，广大的农村地区劳动力文化程度普遍较低，电子信息技术、网络技术知识匮乏。因此，需要加强对有一定知识水平的年轻农民的技能培训，大力开展电子商务知识下乡活动，积极推行各种信息服务。

8.1.2.5 信息资源开发利用准备度

广西地区目前已经建立覆盖城乡、高速率、大容量的基础通信网络，实现100%行政村通邮、通电话。2015年互联网宽带接入用户高速增长，用户规模达到770万户，平均每年增加88万户。

问卷调查显示各市城区大部分企业实现了产品的信息化，部分县乡镇也实现了农产品的信息化。对广西兴安县的调查显示，该县有耕地2.62万公顷，林地16.6万公顷，全年粮食总产量21.07万吨，蔬菜28.96万吨，水果24.43万吨，其中仅葡萄一项达11.598万吨。农产品约25%进入批发市场，网上交易量约10%。兴安县建有现代化的物流市场，通过商品代码对农产品进行信息化，建立中央数据库，使用管理信息系统对运输、销售、需求、库存进行全流程管理，并建设有专为新鲜蔬菜预冷包装后进行存放的冷库厂，年可以处理和运输果蔬4万吨以上。

根据桂林市电子商务发展规划的调查信息，以恭城瑶族自治县嘉会乡蔡家坝村为例，全村48户已有26户农民买了电脑，通过网络销售各类水果，普遍增收79%。问卷调查结果显示，广西地区农村企业在网站建设、在线支付、客户管理、供求信息发布等信息资源开发利用方面正在逐渐缩小与城市的差距，提高电子商务为经济、社会、生活服务的能力。

广西地区电子商务在整体水平偏低的中西部地区具备相对成熟的条件，随着ICT基础设施的不断完善、信息开发利用水平的持续提高，积极架构区域性电子商务信息公共平台，营造品牌化电子商务链，带动广西地区经济社会的发展，符合国家“互联网+”战略。这对提升产业和资源的组织化程度，转变经济发展方式，增强地区竞争力具有重要现实意义。

8.1.3 发达国家农产品物流发展的启示

8.1.3.1 日本模式

日本属于一个东西窄南北长的岛国，在20世纪70年代就建成了比较全面的物流公共设施。城乡差异也随着列岛间的流通状况改善而逐渐减小。由于地理环境因素，日本农业生产规模普遍较小，因此综合性的大型超级市场的发展远落后于欧美，不过遍布全国的批发市场有效地解决了物资流通与市场的矛盾。日本模式主要有以下几方面的特征。

（1）物流主体组织化、规模化程度较高。日本物流界遵循“采集计划化、配送共同化、运输直达化、物流大量化、管理系统化”原则。农村绝大多数农户都加入了“农协”组织，生产资料和农产品均由“农协”负责供销。物流主体组织化程度高，管理引进“看板管理”、“实时生产”、“零库存”等新的物流管理方式。

（2）农产品物流管理效率高，服务多样化。日本的第三方物流企业发达，随着电子商务的发展，面对城乡间多品种、少批量化的要求，他们通过改变和重组分销渠道，减少了批发数量和库存。日本物流企业非常重视库存成本，并以此来判断企业物流管理水平的高低。

（3）国际领先的物流基础设施。日本在20世纪60～70年代大规模进行物流基础设施建设，交通运输业发展很快，高速公路、仓库、码头大量投建，构架起空运、海运、路运三位一体的物流配送服务体系。集装箱船、汽车普及也极大促进了物流发展。国际海港、海上高速网络、干线公路网、新干线铁路网、市内环状公路等强化了基础设施国际领先的地位。

（4）比较健全的法律法规体系。日本政府制定了比较完善的法律法规体系来引导物流行业的发展，如《运输法》、《仓库法》、《食品卫生法》、《禁止垄断法》、《农协法》、《生协法》、《中小零售商业振兴法》许多相关法律、法规。

8.1.3.2 欧盟模式

总体来讲，欧盟各国的城乡物流都比较发达，具有比较明显的特征。

（1）发达的产业合作组织在流通中起到的重要作用。欧元区的形成加速了欧盟现代物流的发展，电子银行、电子商务活动的发展与普及也对物流起到很大的推动作用。欧盟的运输与物流业组织——除了欧洲货代组织（FEF）之外，各国通常设立工会、农业合作社、公司、行业协会等机构，在不同程度为产品的产前、产中、产后的仓储、配送和销售进行全方位的服务。以农业最为发达的荷兰为例，其农业合作组织就有2000多个，其中20多个属于全国性的，在全国、欧盟、全球建立了自己的销售网络。

（2）合理的网点分布和便利的交通设施。在欧盟，产品的流通网点主要是规模较大的批发市场与遍布全欧的零售市场。流通物流节点主要设在大城市和交通要道附近。欧盟除了发达的海上、铁路、公路运输外，航空运输也非常发达。

（3）普遍重视物流园区的建设。欧盟各国政府非常重视物流园区的建设工作，园区中各经营主体通过共享相关的基础设施和配套服务，发挥规模效应和优势互补，实现集约化、规模化、信息化的绿色物流理念。欧盟的物流园区除了具有运输、配送功能，还有储存、包装加工、中转集散、多式联运、信息服务等职能。德国不来梅的货运中心占地在4.96平方公里以上，纽伦堡的物流园区占地达7平方公里，荷兰的物流园区平均占地也有4.5平方公里。

（4）欧盟各国政府在金融、价格、行政等方面强有力的支持。欧盟是世界上商业文化发展最早的地区之一，其信贷机构比较发达，凡符合国家规划发展和政策要求的项目都可以给予优先贷款，享受优惠利率，差额利率由政府给予补贴。欧盟每年都从财政中拨款，对物流运输、储存、加工和销售项目进行补贴，包括修建铁路、公路、码头、仓库（包括冷库）和市场等基础设施。

8.1.3.3 美国模式

美国物流业的主要特征表现在完善的基础设施、先进的物流技术、标准化的组织制度、机械化和自动化程度高等。

（1）物流主体高度组织化、规模化。在美国，无论是农业产品还是工业产品，其生产都以高度的专业化、规模化著称。如纽约、华盛顿和密歇根三个州的粮食、水果的产量几乎占全美的70%。美国有世界上最强大的物流企业如UPS、FedEx、Ryder、Expeditors等，物流行业协会有美国物流管理协会（National Council of Logistics Management，CLM）、国际物流协会（The International Society of Logistics，SOLE）、供应链协会（Institute for Supply Management，ISM）、仓储教育与研究协会（Warehousing Education and Research Council，WERC）等。

（2）城乡物流信息化程度高。美国信息技术和网络技术全面普及，电子商务物流已经形成产业规模。通过电子商务，生产者和大型连锁超市可以建立长期合作战略关系，实现产品的直销。美国的产品可以从产地经过配送中心直接到达销售商，直销的规模在75%以上。美国几乎所有的大型第三方物流企业都将运输管理系统（Transportation Management System，TMS）集成到ERP系统中，广泛地运用射频识别技术（RFID），使得软件的功能性、可视性得以提高。

（3）完善的物流基础设施、设备及发达的立体交通网络。美国的物流企业全面吸收了各方面的先进技术，能够快速收集信息，根据生产和销售的具体要求，及时进行生产和供应；美国的洛杉矶、孟菲斯、迈阿密、纽约货运机场居世界前列，海运有洛杉矶港、长滩港、纽约港、奥克兰港等世界级大港，水运内河有3千多公里长的密西西比河。截至2013年底，美国高速路总长度9.2万公里，居全球第2位。

（4）国家强有力的政策调控。美国是世界上对物流立法最多的国家之一。美国政府一方面放宽运输市场管制，另一方面加强对环保和安全的监管，既搞活了市场，也保护了社会整体利益。美国政府在信贷政策、财政政策、税收等方面也对物流企业有宏观调控和支持。

8.1.4 电子商务驱动物流发展的内在机理

从供应链管理的角度来看，传统的物流是以物料制造供应为主体，从上游供应商向下游转移的“推动”模式。电子商务驱动的物流运作模式是市场需求刺激的“拉动”模式。它的发展主要表现在以下几个方面。

（1）电子商务拓展了物流服务的空间和资源。电子商务的发展强化了消费对生产的指导作用，同时通过B2B、B2C、C2C及O2O、B2G等创新模式改变了物流的流通渠道，大大缩短了从生产到消费的中间环节，加快了服务的反应速度，降低了物流服务的成本。据阿里研究中心的数据显示，2014年县域移动购物金额突破2000亿元，同比增速超过250%，远超过同期网络购物金额增速。电子商务扩大了物资流通范围，从时间上、空间上和客户上都对物流提出了更高的要求，客观上增加了物流的交易额。

电子商务延伸了物流服务的范围，如对成品的重新包装和组合，对食品和药品类客户提供低温冷藏服务，向客户提供全面意义上的供应链的解决方案，对服务客户企业的管理和技术物流资源的整合重组，对客户提供物流技术咨询等。

（2）电子商务强化了物流业的地位。根据2016年《中国互联网发展状况统计报告》显示，截至2015年12月，我国网民达6.88亿人，新增网民3951万人。手机网民6.20亿人，比上年增长6306万人；农村网民1.95亿人，占整体网民比例28.4%。中国域名总数3102万个，中国网站总数423万个。阿里研究院的数据也显示：2012～2014年，快递服务业收入复合年增长率达39.2%，而2009～2011年复合年增长率为25.8%。其主要原因是网络零售持续产生大量包裹，形成规模效应，对快递服务收入增长的贡献快速提升。国家邮政局数据显示，从2013年开始，来自网络零售的包裹比例超过60%。而部分快递公司这个比例甚至超过70%。电子商务的发展，极大地刺激了物流需求，提高了物流产业的地位。

电子商务的发展，消费者在网上购物，并通过网银支付，这样现实世界中的商店和银行的功能就被虚拟化和弱化。而物流不但没被省掉，反而责任加强了，任务加重了。物流成为了连接生产和消费、虚拟和现实的关键。在电子商务环境中，物流被提升到一个前所未有的高度。

（3）电子商务提高了物流的技术水平。传统经济中，规模效应比较明显，生产集中度很高，物流起着集散货物的作用。在电子商务环境下，需求的多样化和个性化不断增强。以天猫商城为例，供应商必须满足生产企业对物流的JIT（Just in Time）的要求，商家也必须满足客户对物流敏捷的要求。这就客观上刺激物流业必须引入条码技术、地理信息系统、全球卫星定位系统、管理信息系统等手段。

物流技术包括硬件技术和软件技术。电子商务下物流的特点，必然对物流所需要的材料、机械设施、仓库提出新的需求，对物流活动中的计划、组织、控制、评价等环节产生新的影响。

综上，电子商务拓展了物流服务的空间和资源，强化了物流业的地位，提高了物流的技术水平。因此大力发展广西区域电子商务，有利于农产品物流业向着规模化、集成化、网络化、信息化、自动化的方向转型，带动整个物流业的发展。

8.2 电子商务驱动下广西与东盟农产品物流协同优化分析

8.2.1 广西与东盟农产品物流协同优化的主体构成要素分析

农产品物流协同优化主要是指在互联网的条件下，以提高和创造利润和绩效为目的，以各主体因素之间信息和资源共享为手段，让农产品的生产者、销售者、运输者以更高的成本、更短的时间来解决农产品物流的问题。

一般来说，在研究农产品物流协同的同时，也会将反向物流的协同纳入研究范围，也就是要同时协调城乡农产品进城和农资、生活用品、其他工业品下乡。农产品物流协同相关构成要素组成一体化的有机整体，各要素之间通过互相作用、互相影响对整个体系产生影响，其主要构成要素有物流主体、物流路径、物流功能三个方面。

物流主体主要是农户、各种形式的合作社、农业协会、农资供应商、物流商、供销社、批发市场、便利店、超市、配送中心等。广西地区拥有农、林、牧、渔业组织 8.5 万个，从业人员 1748 万人，其中国有单位占绝大多数，为 8.47 万个，城镇集体单位 0.03 万个。交通运输、仓储和邮政业单位 12.82 万个，从业人员 81.7 万人。

物流路径主要是指从产地到消费地所选择的通路。商务部办公厅在 2013 年发文《关于 2013 年加强农产品流通和农村市场体系建设的通知》（商办建函[2013] 832 号）提出重点加强集散地和销地大型农产品批发市场、位于流通节点的大型农产品公共物流配送设施以及农产品公共信息服务平台等主要农产品流通基础设施建设，大力促进产销衔接，积极推动农产品流通创新，加快构建以农批对接为主体、以农超对接为方向、以直供直销为补充、以电子商务为探索的农产品现代流通体系。城乡物流路径问题的研究对降低车辆空载率，缩短产销交易链，节省物流成本有很大意义。

物流功能是指物流整个流通过程的物流服务业务，包括产品的运输、储存、配送、搬运、包装、信息处理、流通加工等。不同的物流业务实现不同的功能，运输主要是城乡之间距离较长的移动，而配送则是由物流中心出现的短距离小批量的输送。储存主要是为了调整产品的销售时间和价格，包装、流通加工是为了提高产品的附加值。信息处理主要是通过对商品信息化，实现商品数量、质量、流程管理以及商流的信息化和管理的过程。对比发达国家的农产品物流过程，广西农产品物流的附加值很低，特别是鲜活产品的附加值很低，因此农产品的航空物流发展缓慢，仅樱桃、蓝莓、螃蟹、海虾、海参、鲍鱼等高端产品航空配送。所以要重视农产品的品牌建设、流通加工、包装工作。

8.2.2　广西与东盟农产品物流协同优化的主导者、驱动力量和流程分析

8.2.2.1　广西与东盟农产品物流协同优化的主导者分析

广西农产品物流协同优化工作涉及“谁主导、谁建设、谁协同、协同谁”的问题，协同优化的关键任务在于减少物流中间环节，实现优质低价、高效率，满足农产品城乡间小批量、高频次的物流需求。广西农产品物流协同优化的主导

者，一般也是城乡物流一体化的集成者。从理论上来看广西农产品物流协同优化的主导者可为采购商主导的方法、第三方物流主导的方法和第四方主导的集成方法（由于第一方实力和组织能力较弱，予以忽略）。

从图 8-6 所示的理论模型可以看到，三个轴上的成员都有可能向原点趋近，成为集成物流服务商。而事实上农产品物流协同优化的主导者主要出现在 x 轴和 y 轴上，而 z 轴上本身从事运输、货代、仓储、配送的企业本身很难成为主导者。原因在于这些企业本身的优势在于其业务自身，而大型连锁超市、优质的第三方专业物流机构、信息中介公司、管理咨询公司、电子商务公司等具有强大的信息技术服务能力、先进的管理理念、良好的网络设施和对客户的整合能力。而这正是只有单一功能的操作性企业所不具备的。前文提到的农产品供应方处于产业链的弱势地位，一般不具备足够实力对整个物流体系的资源进行有效地整合。

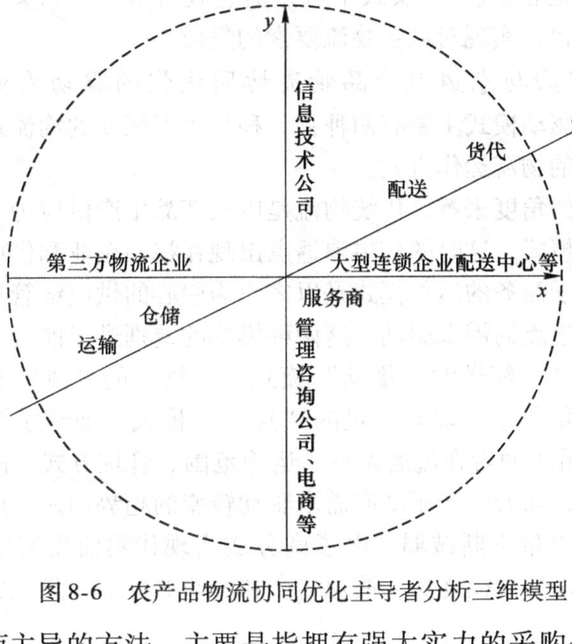

图 8-6　农产品物流协同优化主导者分析三维模型

（1）采购商主导的方法，主要是指拥有强大实力的采购企业，利用自己掌握的资源优势、信息优势、管理优势、资金优势实现对区域的城乡物流资源的规划和整合。如在“大型超市 + 物流商 + 农户”模式下，企业利用自己的管理信息系统，将物流商和供应商（农户）作为内部要素集成到 ERP 系统，从而实现从商流订单、物流、资金流、信息流的集成。

（2）第三方物流主导的方法，主要是指拥有专业优势的大型第三方物流企业，利用自己的行业影响力和管理、资金、信息、政策优势将区域内的物流主体、渠道、业务纳入自己的信息平台中进行集成，实现将城乡间分散的、零星业务积少成多，形成规模。这种方法可以采用加盟的形式对客户资源、能力资源、信息资源重新整合，对物流流程进行再造。

（3）第四方主导的集成方法，主要是指信息中介公司、顶尖电子商务企业、主要通信运营商、顶尖信息咨询公司等机构利用自己的垄断地位、资金优势、技术优势、信息优势实现对农产品物流要素的集成，从而将农产品物流集成到某个公共信息服务平台之下，实现一个决策指挥中心、多个操作中心、多方协同运作的网络格局。

结合广西地区现状，农产品物流集成有效运行的基础是统一的信息系统和发达的物流网络，目的在于对物流中的商流、物流、资金流、信息流进行优化和协同，减少市场失真产生的“长鞭效应”的影响。由于广西地区本地缺乏国内龙头采购企业和一流的第三方物流公司，因此可以考虑使用第四方主导的方法对城乡物流要素进行统筹，具体的思路是：“政府统筹，市场导向，平台支撑，资源共享，专业运作，企业受益”。实践中可以借鉴政府引导、龙头电子商务企业构建公共电子商务平台，实现对城乡物流要素的集成。

8.2.2.2　广西与东盟农产品物流协同优化的驱动力量分析

农产品物流的驱动模式主要有两种：一种是生产驱动的物流运作方式；另一种是电子商务驱动的物流运作方式。

从供应链管理的角度来看，传统物流是以农产品生产供应为主体，从上游供应商向下游转移的模式，这时的订单渗透点出现在核心企业和供应商、核心企业和零售商之间。电子商务的运作模式是以客户为中心的供应链管理，是以消费者自身需求的订单渗透点的需求驱动。这两种模式的差别进于前者是一种制造商预测客户需求进行生产、配送的“推动”模式，如物流的经典案例宝供物流；而后者是更加注重市场需求获取和满足的“拉动”模式，如苏宁易购、天猫商城等。从图 8-7 可以看出两者在流通渠道、运输范围、管理方式、能力要求等方面有明显的不同之处，随着生产驱动向需求驱动转变的趋势加速，原有的生产企业对物流发展的驱动力量不断减弱，电子商务成为现代物流发展的最主要的驱动力。电子商务能够发挥规模优势，缩短生产和消费的环节，降低成本，扩大交易范围。

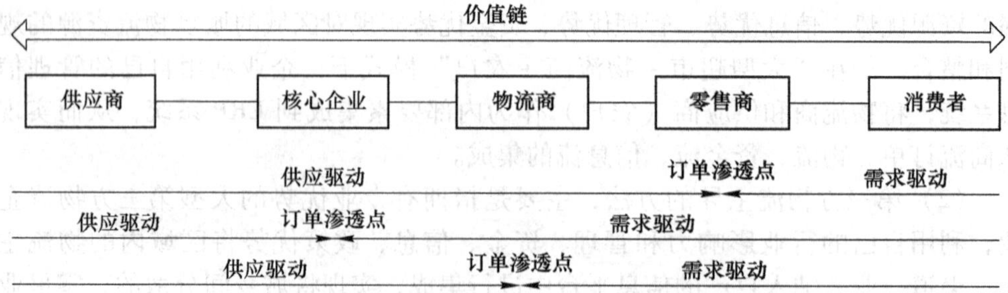

图 8-7　电子商务的需求驱动与传统生产驱动对比

电子商务驱动的城乡物流运作方式对传统的物流业有更高的要求，主要表现在电子商务驱动的物流是完全以客户为中心出发的，对个性化、多样化、及时性要求较高；要求农产品物流要以现代信息技术为支撑，要求农产品物流功能专业化、模块化、标准化等。

8.2.2.3 电子商务驱动下广西与东盟农产品物流协同优化的流程分析

电子商务驱动的广西农产品物流协同优化流程结构的基础是产品的信息化，特别是农副产品的信息化。如图8-8所示，在整个流程过程中，涉及商流、资金流、信息流和物流四流的统一。整个的交易流程是农户发布产品的供应信息，而采购者发布产品的需求信息，这里要求买卖双方的身份是确定的，认证信息对于信息平台而言是可视的。买卖双方经过协商签订采购合同，买方在网上发起支付业务，由第三方平台进行担保交易。卖方确认货款并发货，此时卖方农产品信息是可视的，也就是农产品的产地、生长周期、品质好坏、用药次数、图片信息都是可查的。信息平台协调平台内物流资源，指定物流商进行加工、包装、运输。这个过程中，加工、包装、运输的物流业务商可能是几家，也可能是一家，由信息平台根据协同算法和平台的物流资源池数据决定（这些对于买卖各方参与主体是透明的，对于物流业务本身的企业是可视的）。信息平台对物流过程进行可视跟踪。买方收货、验货、确认，担保平台将货款支付给卖方，合同结束。当然整个过程还应该有交易过程评价、质量认定、纠结协商、投诉平台等流程。

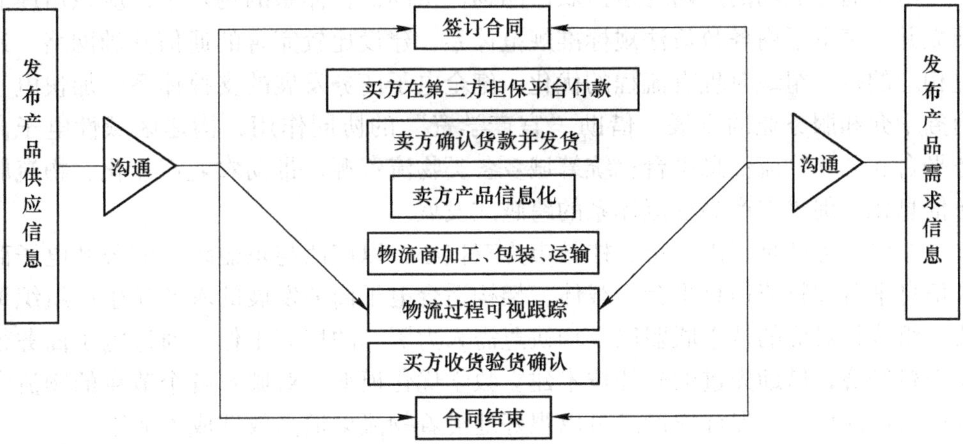

图8-8 电子商务驱动的广西与东盟农产品物流协同优化流程结构分析

其中商流是卖方经物流商到买方的单向流动；资金流主要是买方经第三方担保支付平台到卖方的单向流动（物流商有可能货到付款，未考虑退换货等情况）；信息流是买方、卖方、物流商、第三方之间交叉多向流动；物流主要是由卖方经物流商流向买方的过程。

在这个流程结构中，电子商务平台对整个过程进行监控，买方、卖方、物流商、电商中介、第三方服务商各取所需，各尽所能，各司其职。由此可见，只要提高电子商务的成交速率，即可客观带动农产品物流业的发展。阿里研究院的数据显示，淘宝网（含天猫）发往农村地区的订单金额占全网的比例，从2013年第一季度的8.65%，上升到2015年第一季度的9.64%。农村网络交易的规模成长速度呈现快于大盘的趋势。阿里巴巴集团推出的“千县万村”计划正在成为电商下乡的主流模式。截止到2015年6月底，农村淘宝已累计覆盖全国17个省，建立63个县级服务中心，建成1803个村点服务站，在推动中国农村互联网化的过程中发挥了重要作用。

广西既要加强农产品生产者的组织化程度，提高农产品的规模化交易，也要注重对其信息化意识和能力的培养和提高。农产品的电子商务模式可以参考“超市+合作社+农户”的农超对接方式，引导中心城区大中型连锁超市直接与鲜活农产品产地农民的合作社产销对接，鼓励农村合作社通过信息平台发布供应信息，开展网上签约和交易活动。

8.3　电子商务驱动下广西与东盟农产品物流协同优化体系构建

电子商务驱动的广西与东盟农产品物流协同优化体系的构建中，应该由政府建立并完善电子商务政策法规标准规范体系，建设比较完善的通信基础网络，通过相应的技术组织对现有流程的优化，健全电子商务发展的支撑体系，加快电子商务中介和服务业的发展，借助“官产学资”的协同作用，构建区域性电子商务平台和公共物流信息平台；统筹城乡各类物流资源，带动农业产业化、物流服务信息化，促进农产品物流体系的跨越式发展。

主要任务就是以南宁市、桂林市为双核心，以广西与东盟统一的公共电子商务信息平台和物流信息平台为载体，架构适合电子商务发展的农产品生产组织形式，组建相对应的技术联盟以及加快急需人力资源的培养工作。通过电子商务带动农村经济，借助先进的软件技术建立数学优化模型，对城乡各个节点的物流资源进行协同优化，保证农产品可以很好地沿着物流渠道高效低成本地流通。

广西存在着农产品物流发展建设的政策、法律、法规和制度不健全；城乡物流基础设施建设不足，冷链设备落后；农产品生产经营主体组织化程度低；农产品服务的第三方物流公司规模小，服务水平相对较低；农产品物流专业人才短缺；农产品信息化率低，物流信息化不足；对城乡批发市场的重视和管理不够等问题。针对以上问题，下面主要讨论电子商务驱动下广西农产品物流协同优化体系的政策支持、基础建设、组织建设、技术联盟建设和人力资源建设和物流集成问题，如图8-9所示。

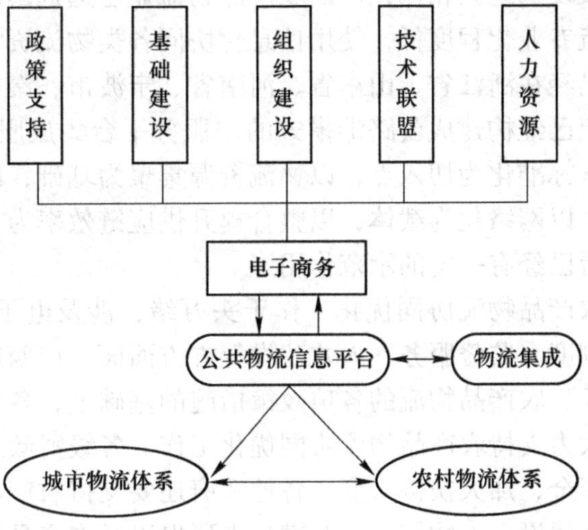

图8-9　电子商务驱动广西与东盟农产品物流协同优化模式构建

8.3.1　农产品物流协同优化体系的政策支持

近年来，广西积极响应党中央、国务院以及各部委的文件精神，在农产品物流发展政策建设方面做了大量的工作。南宁、桂林分别获批国家第一批、第二批电子示范城市，广西成为“南菜北运”的主要输出省份。

特别是2015年以来，国务院发布《国务院关于促进农村电子商务加快发展的指导意见》（国办发［2015］78号文），要求积极培育农村电子商务市场，扩大电子商务在农产品、农村中的应用；改善电子商务在农村发展的环境。随后农业部、发改委、商务部联合发布《推进农业电子商务发展行动计划》并提出了“要坚持市场主体、政府引导，统筹兼顾、重点突破，创新驱动、示范引领，规范有序、健康发展”四个基本原则。国务院发布《国务院办公厅关于加快推进重要产品追溯体系建设的意见》（国办发［2015］95号）并要求建立食用农产品、食品药品、稀土产品生产、流通、消费等环节的追溯体系，实现来源可查、去向可追、责任可究，强化全过程质量安全管理与风险控制的有效措施。商务部等部委也多次就农产品“绿色通道”、农产品流通和农村市场体系建设问题发文。财政部也曾就农产品产销衔接链条建设工作发文。发改委、税务总局、交通运输部等也曾就进一步促进冷链运输物流企业健康发展发布指导意见等。

广西根据国家的有关政策、精神，制定了广西的农业电子商务发展规划、广西“南菜北运”专项规划、广西冷链物流和农产品物流发展规划等政策，如

《广西电子商务进农村三年规划（2015—2017）》等，政策的落实工作也较为到位。

不过与东部较发达地区相比，广西农产品物流业已远远落后，主要体现在信息化能力弱，物流专业化程度低，使用信息化协同各类物流资源的经验缺乏。

第四方物流已经在浙江省、山东省、河南省、宁波市、秦皇岛市等地开始运作，浙江传化物流已经构建成公路港模式的“服务平台集成服务商”。他们“以组织化、信息化、标准化为切入点，以物流资源集聚为基础，以促进信息交易和服务效率为核心，以网络化为载体，以整合提升供应链效率为方向”构建的物流企业集群发展平台已经有一定的示范作用。

广西与东盟农产品物流协同优化工作千头万绪，涉及电子商务、物流技术、农业技术、管理制度、监督服务、人才建设等方方面面，广西应该在落实好国家关于农业电子商务、农产品物流的各项政策措施的基础上，各地依法规研究出台新的扶持政策，大力支持农产品物流协同优化工作。各级财政还要统筹农产品物流协同优化发展资金，加大扶持力度。各地政府还要支持农产品电子商务重大项目建设、服务体系建设、人才培训、关键技术研发以及农产品电商模式创新。要做到有省级电商与农产品物流公共信息服务平台，有省级统一的手机 APP 软件，有省级统一的标志，要有统一的二维码标准建设中心，要有省级统一的培训等。对于农产品电子商务标杆企业、国内外龙头电子商务企业落户和重大农产品物流项目建设，应该在政策和法律允许范围内给予土地、税收、资金、技术、人才等各方面的支持，确保项目落户广西。

8.3.2 农产品物流协同优化体系的基础建设

良好的基础资源建设是建设农产品物流协同优化体系的基础保障。基础资源建设主要包括硬件基础资源建设和软件基础资源建设两方面内容，其中硬件基础资源建设主要是指信息基础设施和物流基础设施（特别是冷链物流资源）建设，软件基础资源建设主要农产品物流行业标准化建设。

(1) 加快信息高速公路的建设，在广西农业信息网的基础之上构架广西与东盟农产品电子商务信息综合服务平台。加快建设移动通信网络、广播电视网络、无线网络、电子数据共享与交换平台、地理空间基础信息平台、电子商务服务平台和现代物流信息平台。

城市地区要实现政府企业和家庭用户光网全覆盖，行政村努力实现光缆架通率 95% 以上，吸引 5 家以上国内外电子商务第三方服务综合性龙头企业落户广西。培育广西农业供求信息网、桂农网等本土电子商务企业成为知名企业。建设具有广西特色的面向东盟的电子商务网站平台，构建起高速、安全的信息基础设施。加快经济和社会的信息化，推动农村无线宽带网络的建设，完善农村信息化基础设施，构建起多层次、多特色、全覆盖的信息网络。

农村信息化推广与基础设施建设大体有三种模式：第一种是政府主导模式，如宁夏政府在22232个乡村建立农产品信息服务站；第二种是电信运营商主导模式，如中国移动开展的农信通工程，中国电信在1000个县和1000个村开展信息化示范试点工程；第三种主要是行业协会、联合会合作模式，如北京大兴区庞各庄西瓜产销联合会。结合广西地区的实际情况，信息高速公路的基础建设可以采取政府统筹、电信运营商主导、行业协会和联合会合作等多种模式共存的发展途径。

由于城乡地域上的差异，城乡居民生活习惯、消费习惯、消费能力不同，城乡供应链条相对较长，环节复杂，市场信息比较滞后。这也是“菜贱伤农，菜贵伤民”的主要原因。平衡供需双方的矛盾，商流信息是关键。广西应该加快建设特色电子商务信息平台，使得农民通过网络就能了解市场的供求关系、价格水平、农业科技、物流资源、气象资料，还可以借助信息平台实现咨询、交易、转账付款等功能，彻底打破“市场信息不对称”的情况。

(2) 加快农产品物流基础设施的建设，主要包括交通、批发市场、配送中心、物流园区等的建设。由于目前广西各市间的交通已经比较发达，城乡物流基础设施薄弱环节主要在农村，因此要特别加强农村鲜活农产品产地的冷链设施与设备的建设。

农村“最后一公里”的配送是限制农村电子商务发展的主要瓶颈，围绕广西农村区域交通通达能力、人口密集度、网络光纤等情况，在市、县、乡镇合理布局物流配送网点及仓储中心，同时鼓励其他物流配送公司（顺丰、圆通、中通等）的加盟建设，形成完善的农村物流体系，保证农村消费市场的上行和下行路径。

建立农产品的货物交割点和物流仓储体系，为经营合作组织提供农产品分类储存的仓储环境和物流配送服务。县域农村电子商务物流体系应支撑农村消费品下行配送体系和农产品上行配送体系。在农产品的上行中，要建立两级物流配送中心，一级物流配送中心为县域农村电商的物流核心，是整个县域的物流聚集区，可承载多家物流企业和品控溯源企业入驻，具备综合物流服务能力，配套农产品分拣、清洗、加工、包装等初步加工和品控溯源功能。原则上，具有较大量生鲜产品上行的县（市），一级物流配送中心应支撑冷链物流功能。而农村消费品下行体系的物流支撑，在县、乡两级以各下行销售渠道自行配套的物流配送体系为主。

广西应该在14个地级市设立市级服务中心和仓储物流中心的主仓，在50个县行政单位设立子服务中心和分拨中心，在1万个行政村设立农村电商服务网点，形成覆盖全区的农产品电子商务物流服务网络。在具体的推进过程中可以围绕8个综合实力较强的全国农村电子商务示范县为核心，发挥示范扩散作用，而8个示范县较为均匀地分布在广西区域内，纵穿南北，横跨东西，有利于广西形成农产品电子商务物流“遍地开花”的局面。

在农产品物流中心选址时，要特别重视原有城乡农产品批发市场和大中小型配送中心。对广西水果、蔬菜主要产区桂北地区为例，根据其地理特点、经济社会发展的情况以及桂林市电子商务十年发展规划，重点先发展条件较好的全州、阳朔、临桂、灵川、兴安、永福、平乐、荔浦8个县城，各个县城区应该建设一级物流配送中心、大型农产品批发市场。

（3）建立与完善农产品信息化、农产品电子商务政策法规标准体系。广西应该按照2015年通过的《广西壮族自治区电子商务进农村三年规划（2015—2017)》的有关内容，高度重视农产品电子商务在经济社会发展中的重要地位，加快发展农产品电子商务，不断优化农产品流通环境。广西各有关部门应该出台类似《广西农商品信息化指导意见》、《广西农产品网络交易管理办法》、《广西农产品商务网站诚信服务管理办法》、《广西农产品商务电子信用管理办法》等专项政策，也应该建立各市区域间电子商务通关、商检、支付的沟通对接平台，强化电子商务与电子政务的协调能力。针对广西水果、蔬菜出口东盟的优势，还应出台类似《电子商务区域合作纠纷处理指导意见》等政策措施。

（4）重视物流的标准化的建设。当前桂北地区城乡物流的标准化工作还比较落后，存在很多不完善的地方。这是由于标准的制定、颁布、实施、监督都存在着不同程度的问题。针对物流具体包括仓储、配送、装卸搬运、运输设备、物流器具、信息传输等，桂北地区物流体系城乡一体化集成模式的标准体系应该有术语标准、包装标准、运输标准、装卸标准、信息数据传输标准、信息接口标准、产品检验标准等，如图8-10所示。

8.3.3 农产品物流协同优化体系的组织建设

电子商务驱动的农产品物流协同优化体系的组织建设最主要的问题在于农村农产品生产经营主体规模小，组织化程度低，从事商贸活动投资资金高，抵御风险能力较弱。

（1）建立起有地区特色的行业协会，形成规模优势。对比农产品物流建设比较完善的发达国家，相关的物流组织主体主要有农业公司、流通合作社、民间协会。美国的农业公司从生产采摘、加工处理、市场销售的各个环节实行一体化运作；法国通过农产品物流合作社物流运输的蔬菜量占到全国50%以上；丹麦蔬菜产销合作社发展程度高，完成蔬菜出口农产品数量的76%；日本农协会则具有准国家机构的性质，主导着蔬菜等农产品物流运输行业的发展。

广西正在形成具有地区特色的行业协会。以广西兴安县的葡萄生产、加工、

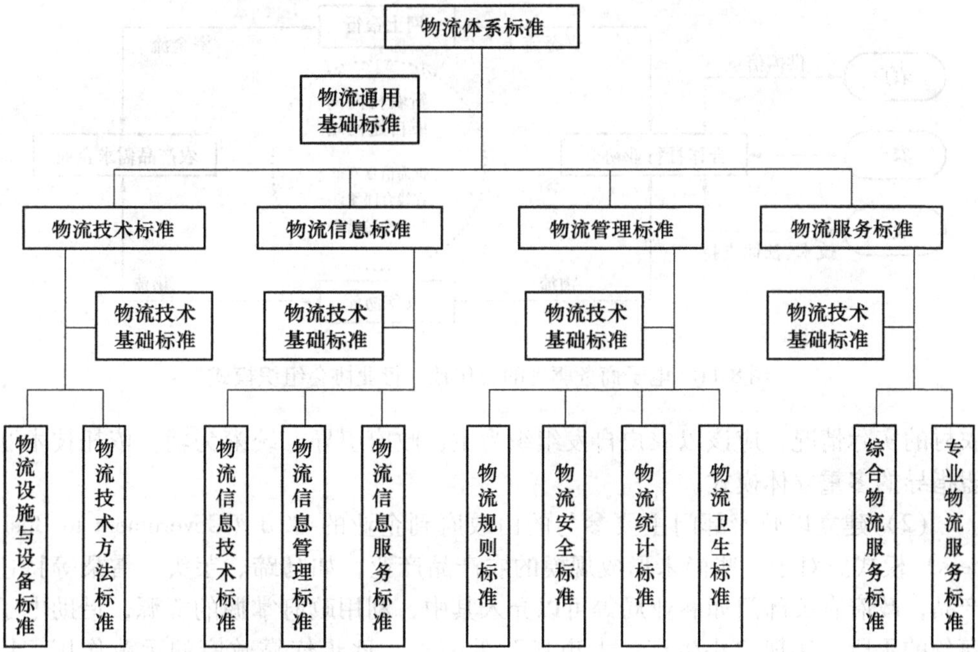

图 8-10 我国物流标准体系结构

（本图引自吴清一所编《现代物流概论》第 209 页）

流通以及电子商务经营为例，通过政府协调，农户自发组织的葡萄协会，提高了农户的协作关系，通过注册“漓江”商标，开展葡萄产业高峰论坛，听取专家意见，交流行业最新的动态和技术。行业协会的发展模式有利于建立品牌效应，提高地区知名度。兴安的溶江、严关、湘漓、漠川等地农户纷纷建设葡萄园，单兴安一个县葡萄种植面积就超过 12.5 万亩，品种 46 个，总产量超过 18 万吨，产值超过 12 亿元。兴安也因此被称为“南方吐鲁番”。

农户通过专业合作社、行业协会等多种形式的合作，形成规模之后，进行标准化生产，并建设了电子商务的网站，发布葡萄苗、葡萄供应、栽培技术、病虫害防治等信息。有的地方还形成了现代农业观光休闲农场，建设了现代化、信息化的具备冷库功能的物流园区、交易市场。单葡萄一项，在广西全州、平乐、阳朔等地形成了一定的规模和市场。各地建设有合作社和协会，兴安县还设立葡萄研究所，着力指导全县山地葡萄区域化、产业化的发展布局，做好葡萄新品种的引进、试验、示范、改良工作以及技术的标准化和推广工作。兴安县还定期组织葡萄节、展销会等多种形式的活动促进协会之间的交流和沟通。

如图 8-11 所示，合作社、行业协会的建设可以由若干形成规模的种植大户、养殖大户牵头，也可以由地方政府引导成立官方形式或非官方的机构。结合广西

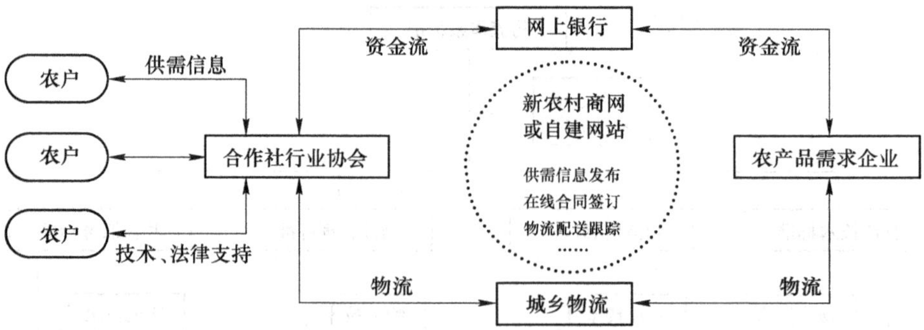

图 8-11 电子商务驱动的合作社、行业协会组织模式

农村的实际情况，应该以农户自发组织为主，政府引导、统筹为辅，依托技术联盟指导的多重立体模式。

（2）建立以政府部门主要参与的由政府到企业的 G2B（Government to Business）模式。对于一些尚未形成规模的农产品产业，如马蹄、芋头、雪梨等特色产品，政府有关部门如商业局等可以介入其中，利用政府掌握的资源，借助电子商务的手段，实现“小生产、大市场”的需求，逐步依靠政府的示范作用，培育龙头企业、合作社和行业协会。这种组织模式的流程如图 8-12 所示。

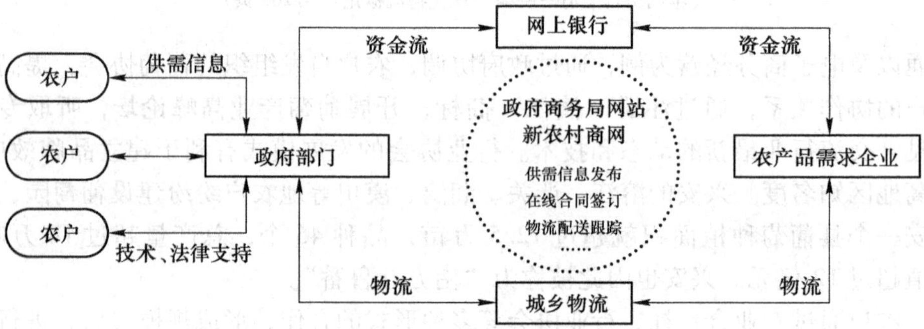

图 8-12 电子商务驱动的 G2B 模式

（3）加快电子商务服务机构的组织建设。一方面引导电子商务服务机构，特别是农村电子商务服务机构通过机构重组、合资、兼并等方式的组织再造，提高规模化；另一方面注重服务机构之间的协作、竞争关系，避免恶性竞争，保护市场规范化、平等化的有序体系。

（4）加强城乡批发市场、冷库、仓库、第三方物流企业的沟通和合作。第三方物流企业不从事生产和销售，有利于专注于物流的核心，承担流通服务。加强物流服务企业的组织关系，可以广泛开展联运业务，对于降低车辆的空载率和物流成本，提高整个社会资源的有效配置，提高物流行业的效率有很大的帮助。

8.3.4 农产品物流协同优化体系的技术联盟建设

电子商务驱动的农产品物流协同优化体系的建设需要大量的专业技术支撑。广西的部分企业还停留在建立网站、发布信息，或者通过网站销售产品和提供服务之上，并没有意识到电子商务是一种先进的生产力，蕴涵着巨大的商业价值。这就在客观上需要建立强大的技术联盟进行指导和培训。

8.3.4.1 内涵式技术联盟建设构想

广西缺乏在电子商务领域具备国内领先优势的核心企业。内涵式技术联盟建设主要是借助自身力量来发展自己，思路是搭建技术合作平台，创新合作机制，探讨并完善“官产学研用”合作模式。建议由政府商务局、工信局、中小企业服务中心等部门牵头，广西区内各高校合作，协同中科院广西植物研究所、广西柑橘研究所等研究机构以及广大企业主体，主要着力于电子商务下的安全保障技术、电子签名认证技术、软件开发技术、信用评价以及各产业群具体的技术支撑，加大对电子商务基础性研究、注重结合广西地区的实际情况和特点开展成果的转化、咨询、指导和服务工作。高校和研究机构不仅要承担射频识别、智能终端、网络集成、信息安全等技术性研究，同时也要加强对电子商务环境下相关的法律问题、纠纷问题、知识产权问题、商业模式创新问题、政务问题等的研究。

内涵式技术联盟的建设主要是通过契约或者合同的形式建立长期的合作关系。这是一种比较松散的联盟，它的好处在于管理成本较低，具有比较高的灵活机动能力，能够根据广西地区的特点来开展工作。其不足之处在于政府对联盟之间的控制和影响能力较低，如果缺乏必要的利益关系、激励机制，技术联盟运行的效率就会下降。

8.3.4.2 引进式核心技术联盟建设构想

同样是考虑广西地区缺乏国内顶尖电子商务优势企业，引进像阿里巴巴、京东等行业领军企业在广西落户生根。借助其技术、信息、平台的优势，企业与高校、科研机构通过加盟中国国际电子商务网产生合作和联动，实现由大企业带动小企业、大企业带动科研机构，最终构建关系复杂的技术联盟网络。这种核心技术联盟具有更好的稳定性，联盟内的信息和知识流动更加迅速，生命力更加顽强，产生的效果比内涵式更加立竿见影。

尽管引进核心电子商务企业需要花费大量的资金，但是其优点是联动效果相对明显，长远看，通过能力的聚合与整合，企业能够获得发展和学习的机会，从而提高核心竞争力。所以从广西地区的现状出发，引进式核心技术联盟的构架更有利于迅速缩小与东部发达地区的电子商务业的差距，发挥“后发优势”，更容易实现跨越式发展。

技术联盟的优点主要在于资源整合、信息共享、符合国家提出的协同创新机制。通过“官产学研用”的合作，可以最大限度地整合各个企业优势资源，如人力资源、财力资源、物力、核心技术等，实现联盟中各个企业知识信息资源的共享，能够在一定程度上避免市场的恶性竞争，实现一定时期内的利益均衡。

8.3.5　农产品物流协同优化体系的人力资源建设

电子商务驱动的农产品物流协同优化体系需要大量人力资源的支撑。广西电子商务、农产品物流发展所需的人力资源可以从以下几个方面来培养。

(1) 加快在高等和中等院校开设电子商务、物流工程专业，培养电子商务和物流的专业人才。广泛开展各种形式的校企合作机制，施行电子商务、物流人才的“订单式”教育、“定制式”培养方式。

(2) 快速推进电子商务、物流专业职业技能培训机制。推进电子商务、物流专业人才继续教育工作。可以引进专业人才培训机构，或者利用广西高校、众多科研机构的先天优势，开展电子商务专业职业技能等级考核制度，实行持证上岗机制。

(3) 做好高端人才的引进工作。政府应该创造条件，确保人才能够引得进、留得住，积极为其构造良好的教学科研环境和条件，实现来一个带动一片的良好局面。

(4) 加强农村地区电子商务的培训工作。一方面可以以电子商务培训、电商沙龙、电子商务创业大赛等活动为抓手，抓住建设“中国智能骨干网”广西核心节点的有利契机，结合广西电子商务发展的实际，全区通过扶持电子商务创业，营造全区电子商务创业氛围，培育壮大农村青年电商队伍，推动农村青年创新创业创优。另一方面可以通过与大专院校、职业学校、专业培训机构、电商企业和行业协会的合作，传授网店创业技巧和营销技能，培训一批农业企业高级管理及部门管理人员，培养一批农村、社区网店经营人员、个体和大学生（村官）电商创业者，确保每个电商村都有 2 ~5 名电商人才，为农村电商发展提供人才支撑和智力支持。可以考虑在县级行政部门设立电子商务人才服务部，组织企业定期开展电子商务技能培训，负责引进电子商务专业人才，建立专家信息库等工作。

8.3.6　农产品物流协同优化体系的物流资源协同

电子商务驱动的农产品物流协同优化体系建设的重点在于研究在电子商务驱动下的城乡物流资源协同优化的问题。目前主流的电子商务企业中的物流运营有自营模式和外包模式两种。

自营模式以京东商城为代表。京东商品物流的各个环节由自身筹建并与京东物流负责配送。这种模式主要的优点是系统化程度较高，可以满足客户的个性化需求和企业向外拓展的需求；不足之处在于在物流规模较小时，配送的成本较高。

外包模式是一种集成第三方物流的模式，主要以淘宝网、天猫、当当网为代表。电子商务企业把物流业务外包到专业的第三方物流企业，并把第三方物流企业集成到自己的管理信息系统，以达到对物流全程管理控制目的的一种运营管理方式。其优点在于成本比较低，有利于电子商务企业确立核心竞争力。外包模式为主流的电商平台所采纳。

结合广西地区的实际情况，自营模式适合于综合实力比较强、资本雄厚、有一定的核心优势的农产品电子商务公司。对于绝大多数中小型农产品电子商务公司而言，应该采取以第三方物流为主的外包模式。对第三方物流的集成主要考虑电子商务对物流系统结构和理念的影响，必须将物流信息化、自动化、智能化、弹性化，充分考虑电子商务驱动下的多品种、小批量、多批次、短周期的影响。

电子商务驱动下农产品物流资源的协同优化，一般分为运作层管理和作业层管理两个方面，图 8-13 从纵向上反映了城乡物流集成存在着运作层管理和作业层管理的关系。运作层主要对物流做规划，确定物流的运作方式，在电子物流信息平台的支撑下，制定协同运作计划，并对运作过程进行监控。作业层主要是对物流作业全流程，包括物流作业计划、实施、监控和评价，通过城乡物流集成化服务商的集成、指挥与调控来完成。

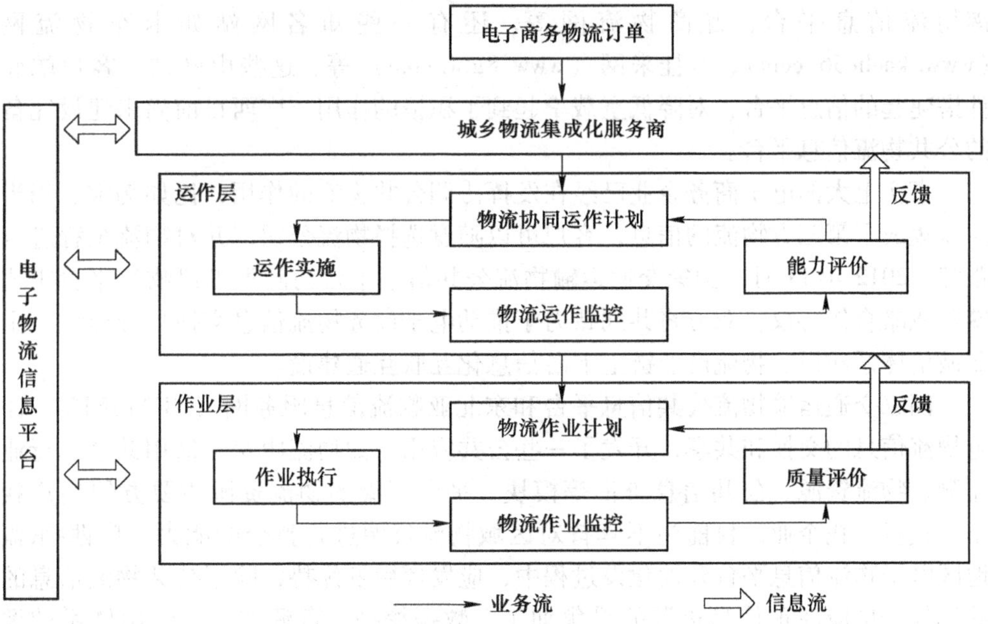

图 8-13　电子商务驱动下农产品物流协同优化分层

8.4　电子商务驱动下广西与东盟农产品物流协同信息平台建设

2011 年，交通运输部总规划师、部长政策咨询小组组长戴东昌提出：“信息化是现代物流业的灵魂，发展‘空中的无形高速’不仅是物流业自身发展的需要，也是交通运输业转型升级的主要抓手和突破口之一。”2012 年，中国工程院常务副院长潘云鹤院士指出：“建设物流信息平台这个工作，对于我们国家全球化、市场化、信息化、工业化、城镇化进程的加快都有十分重要的意义。”

区域性电子商务物流信息中心平台在现代物流体系中具有非常重要的意义。早在 2000 年，投资 8000 万元的华夏交通在线旨在实现全国公路货运信息的共享和交易，为提升整个物流行业信息化水平产生了积极的影响。2010 年 1 月，国家交通运输物流公共信息平台（LOGINK）上线，截至目前除广西、西藏、贵州、重庆、陕西、山西、甘肃、辽宁 8 个省（区、直辖市）没有加入平台，其他所有省份都参与其中。平台以公益性、开放性、共享性为原则，意在推进物流信息化的链接，致力于建设围绕物流信息服务的物流电子枢纽。目前单日交换数据量最高达 62 万次之多，截至 2016 年 2 月 22 日，累计交换数据 11.21 亿次。

早在几年前，各地纷纷建设区域性物流信息平台，如山东物流信息平台、河南物流信息平台、晋商物流网等，还有一些知名网站如卡车物流网（www.kache56.com）、八挂来网（www.8glw.com）等。这些由网站、客户端软件搭建起的信息平台，对降低空载率起到了积极的作用。广西目前尚未建设完备的公共物流信息平台。

事实上大的电子商务企业已经在发挥协调公共物流的作用，比如淘宝、当当网就集成了第三方物流的信息，客户可以随意选择物流公司，并对物流全程进行跟踪。2012 年 11 月，国家交通运输物流公共信息平台与阿里巴巴物流平台正式签署战略合作协议，双方将共同致力于推动电子商务物流信息交换标准建设、企业诚信体系建设、物流产业链上下游信息化互联互通建设。

国家交通运输物流公共信息平台和东北亚物流信息服务网（NEAL-NET）注重物流信息的交换和共享，开发了一些公共应用，如物流跟踪、信用共享、行业监测、物流资源、公共信息查询等模块。平台汇聚的物流资源主要方便用户找车、找货、找企业，目前尚不具备对区域物流资源进行整合的能力。广西-东盟地区电子物流信息平台开发建设过程中，应发挥后发优势，除了公共物流信息的共享外，更应注重信息资源的采集加工、数据挖掘、资源整合、信用体系的评价等。

8.4.1 信息平台总体的设计思路

区域性电子物流信息平台的建设是非常复杂的工程，一定是要经过反复调研、立项、需求分析、编码设计、测试、修改、验收上线、运行维护等过程。根据国家交通运输公共信息平台的顶层设计，借鉴相关省份的物流信息平台运行的成功经验，广西提出电子商务物流信息平台总体设计按照“政府统筹，市场导向，平台支撑，资源共享，专业运作，企业受益”的思路进行构建。信息平台主要由政府统筹，由中内外顶尖电子商务企业研发、运作，所需经费主要来源于政府投入和各类专项扶持资金，部分来源于电商企业及加盟会员单位自筹，其余部分可以采取市场化运作的方式解决。

8.4.1.1 关于系统的架构思路的设想

区域性电子物流信息平台的架构（见图 8-14）就是要统筹城乡物流资源，把生产、加工、销售、消费等一系列活动组织起来，形成一个有机的整体，从而实现信息的共享和资源的高效率流通。

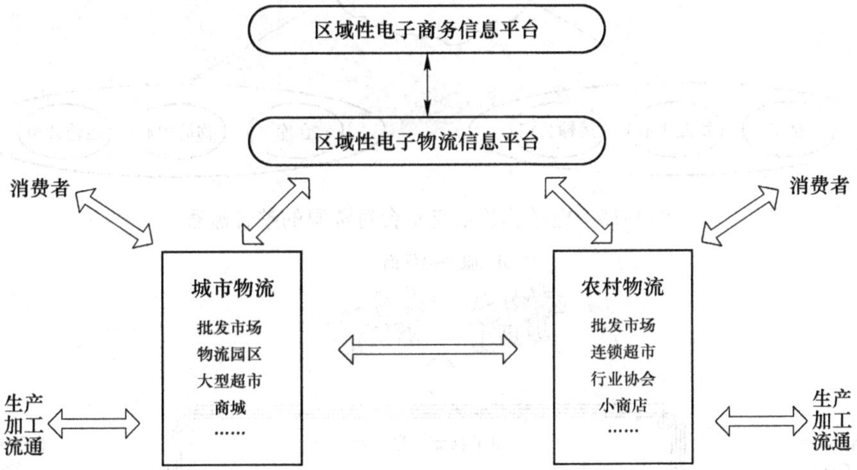

图 8-14 电子商务驱动的区域性物流信息平台的架构

如图 8-15、图 8-16 所示，通过农产品的信息化和电子商务网站来匹配农产品的供需两方面的信息，通过城乡农产品第一方、第二方、第三方的物流资源的信息化，将农产品订单信息自动导入电子物流信息平台，信息平台根据一定的优化算法，自动在区域农产品物流资源中分配出最合适的加工、仓储、配送、运输等业务单元。系统根据审核后将优化后的物流指令分发给物流资源池中的各业务单元，并对各业务单元的工作进行跟踪监控，并将跟踪信息发给交易各个利益相关者。

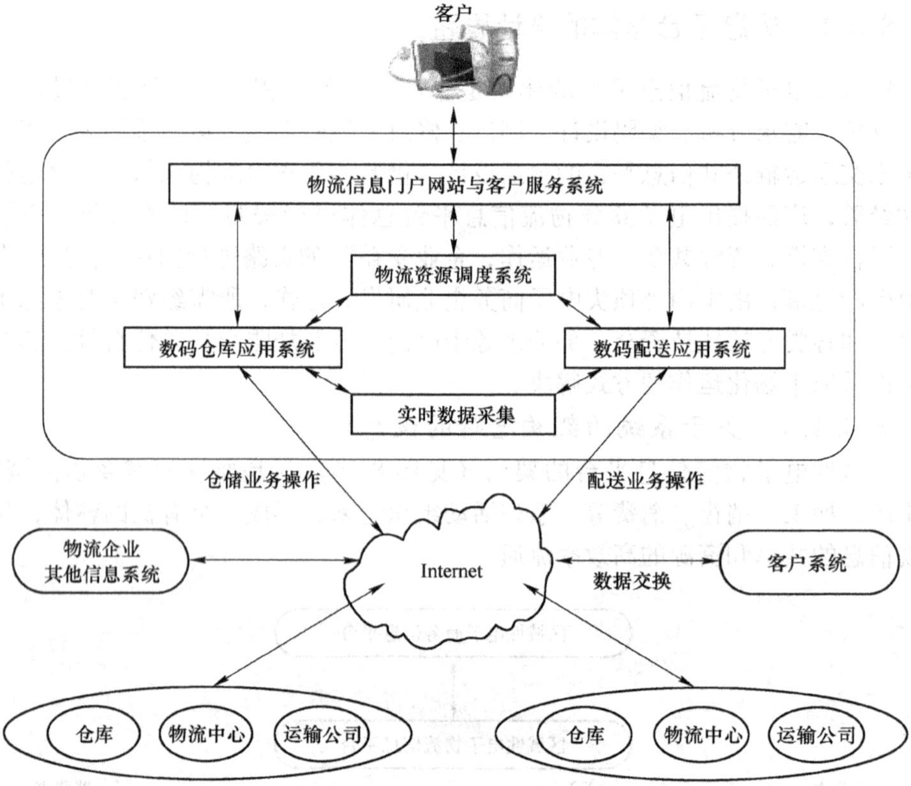

图 8-15　电子物流信息平台对资源的整合流程

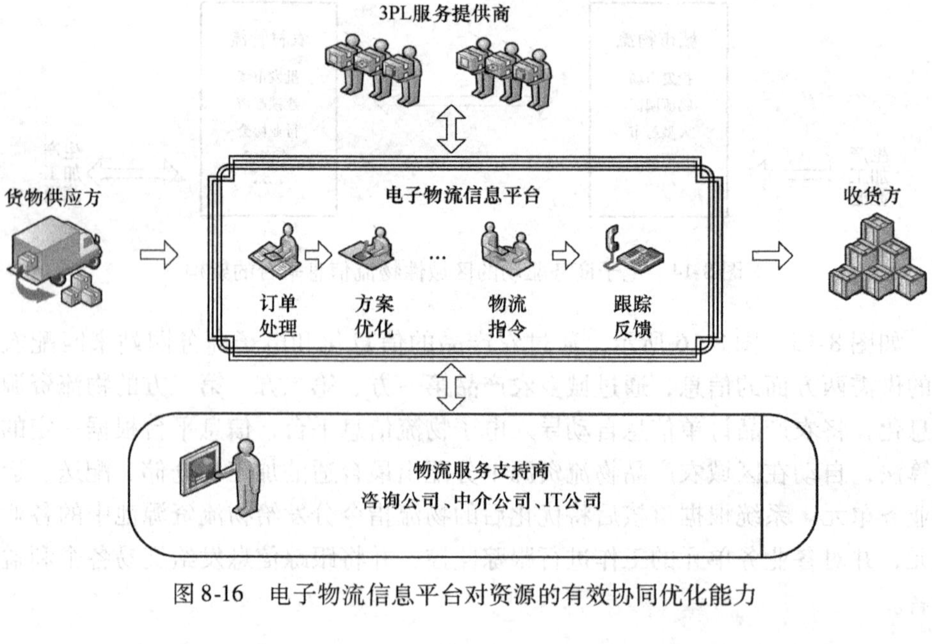

图 8-16　电子物流信息平台对资源的有效协同优化能力

8.4.1.2 区域性电子物流信息平台的需求分析

不同层次的参与者对物流信息平台的需求是有差异的。例如：政府部门更注重物流发展的宏观和总量信息，以方便政策性规划和行业引导；第三方物流企业则需要物流需求和货物跟踪等信息；生产企业和大型超市等更关注物流的供给等信息。因此在区域性电子物流信息平台的开发中，要注意协调平台各方参与者的利益，尽量满足不同层次参与者的合理需求。

8.4.1.3 电子物流信息平台系统体系结构的设想

电子物流信息平台涉及第三方物流、地理信息系统（GIS）、全球定位系统（GPS）、电子商务系统、电子政务系统以及其他服务提供商的信息系统。这些信息在数据定义和数据格式方面有较大的差异，因此必须提供统一数据格式的接口。同时由于地理格局上的分布性，电子物流信息平台必须考虑其分布、异构数据利用和共享的问题。其体系结构比较复杂，可以用图 8-17 表示。

图 8-17 电子物流信息平台的体系结构

整个电子物流信息平台分成硬件数据采集层、资源层、接口层、业务层、会话层和应用层六层。每层分别实现不同的功能。

数据采集层主要完成必要的信息采集，使用专用的数据采集仪或者车载GPS、无线红外扫描设备等来采集系统所需的信息。通过专用的数据采集程序，把收集到的数据上传到指定的数据库以供程序调用。

资源层主要提供电子物流信息平台所需的信息资源，包括电子物流公共信息库、物流知识库、服务库、算法库、决策库、物流整体方案解决库等。

接口层主要完成第三方物流、政务、金融、个人、管理维护人员的信息共享与交流，保证商流、信息流、资金流和物流能够在平台上无差错地流动和传输，为业务的顺利进行提供有力的保证。

业务层是电子物流信息平台的核心层，主要满足各个层次的使用者的不同需求。对于第三方物流企业而言，业务层涉及订单的各个业务，如订单的录入、订单的优化、决策、物流指令下达、跟踪、监控、调度以及资金的回流等。对于政务人员，业务层可以从宏观上提供本地区的物流情况，供制定政策和决策时参考。

服务层主要是为应用层服务的，应用层所需的服务，由本层负责查找、解析、调用相应的组件，完成相应具体的业务流程。

应用层是与终端用户交互的界面，负责解释与反馈用户发起的操作，返回相应的处理结果。用户可以使用办公电脑、笔记本、智能手机、平板电脑、专用设备等工具随时随地登录电子物流信息平台接受相应的服务。

8.4.2　基于移动互联网的广西与东盟农产品交易平台

8.4.2.1　基于移动互联网的农产品交易平台研究概述

针对广西农民拥有电脑少，但手机的普及率却在90%以上的特征；开发基于联动互联网的农产品的电子商务交易平台，不仅符合农民流动性强的特点，还具有成本低、效果好、受众广的特点。

从理论研究角度来看，电子商务网络交易平台的规划与设计（Planning and Designing for Cyber Marketing Platform，PDCMP）理论框架在国内外主要有两大学派：一种是基于“4Ps”（Product，Price，Place，Promotion）的PDCMP理论，主要由美国密歇根大学E. J. McCarthy教授（1960年）提出，并由Dutta和Segev（1999年）等人拓展到互联网领域；另一种是基于“4Cs”（Customer，Cost，Convenience，Communication）的PDCMP理论，主要由Don E. Schultz教授（1991年）提出，并由Philip Kotle等人拓展到互联网。

黄丽娟、廖进球（2008年）指出这两种PDCMP理论的三点不足之处，并提出一种考虑网上消费者购买行为、供应链以及线下物流活动的e-SC PDCMP理论。该理论包括e-SC网上消费者购物行为理论、e-SC网上营销理论、e-SC网下物流理论。随着4G时代的开启，广西移动互联网用户移动电话用户规模达到

3653 万户，占比达到 89%。移动互联网时代的网络交易与传统意义的网络交易有着较大的差异，主要表现为非正式的人际传播演变成市场中最强大的控制力，用户更加重视口碑传播。王金波、冯子威（2013 年）提出移动互联网提出了“4O”理论：创新策略（Originality）、开放合作策略（Open and cooperation）、电子商务策略（Online to Offline）、运营策略（Operation），指出移动互联网时代应以市场合作与开放为导向，需要客户化的语言进行个性化的交互。

在实践中，综合借鉴移动互联网时代的特点，应对传统的 PDCMP 理论进行补充完善，以适应时代发展的需要。在借鉴 e-SC PDCMP 理论，提出一种考虑创新因素的“O(Originality)-e-SC” PDCMP 理论。这种理论应包括 O-e-SC 消费者行为理论、O-e-SC 网上营销理论、O-e-SC 网下物流理论三大理论框架。

8.4.2.2 基于移动互联网的农产品交易平台建设

基于 O-e-SC PDCMP 理论的交易平台在设计上主要考虑平台使用者的组织模式，广西地区建议实施以地区特色的行业协会（含合作社）模式为主，政府到企业的 G2B 模式为辅的运作体系。此外，平台的使用者还可能有以农产品采购为主的超市、农副企业，由第三方物流企业组成的联盟，由第三方金融、咨询等服务机构组成的联盟，政府机构，农户个体等。不管何种使用者，都希望利用创新思维，利用供应链管理的理念，更好满足客户个性化的需要，实现优势互补、资源共享，从而提高整个 O-e-SC 的盈利能力，提高单个组织与个体的利润的提高。

农产品网络交易信息平台更重要的是起到信息共享的中介作用。网络销售关键在于信息的无差别共享。平台主要共享农产品的供给信息和农产品的需求信息两方面信息。农户可以通过手机扫描功能直接将农产品种类、数量、成熟期等信息上传到平台，并建立供需双方信用评级体制，以确保交易质量。农产品营销信息平台交易模块及信息流向如图 8-18 所示，信息平台外面同心的大小两个圆分别代表了供应链上各方之间的口碑传播关系。

农产品交易信息平台应紧扣移动互联网时代创新、口碑传播的营销理念。平台应采用开放的接口，兼容各种信息接口，实时定方向向使用者推送 WAP、短信、彩信、实用 APP 等。政府、咨询服务机构可以建立区域网点，把新品种、新技术、农产品市场分析等信息通过点对点的方式发送给农户。政府及相关机构可以建立反馈机制，掌控农业经济信息以及大致了解新产品推广、农村政策的执行情况。

通过交易信息服务平台，供应方可以发布产品，选择性推送给指定客户，也可以实现有偿短信群发。需求方可以了解农产品行情趋势和发展动态，根据需求查找到最新的农产品信息、促销信息，也可以直接将自己的需求有选择地推送到指定供应商，同时也可有偿短信群发。在双方沟通协商签订订单之后，通过平台

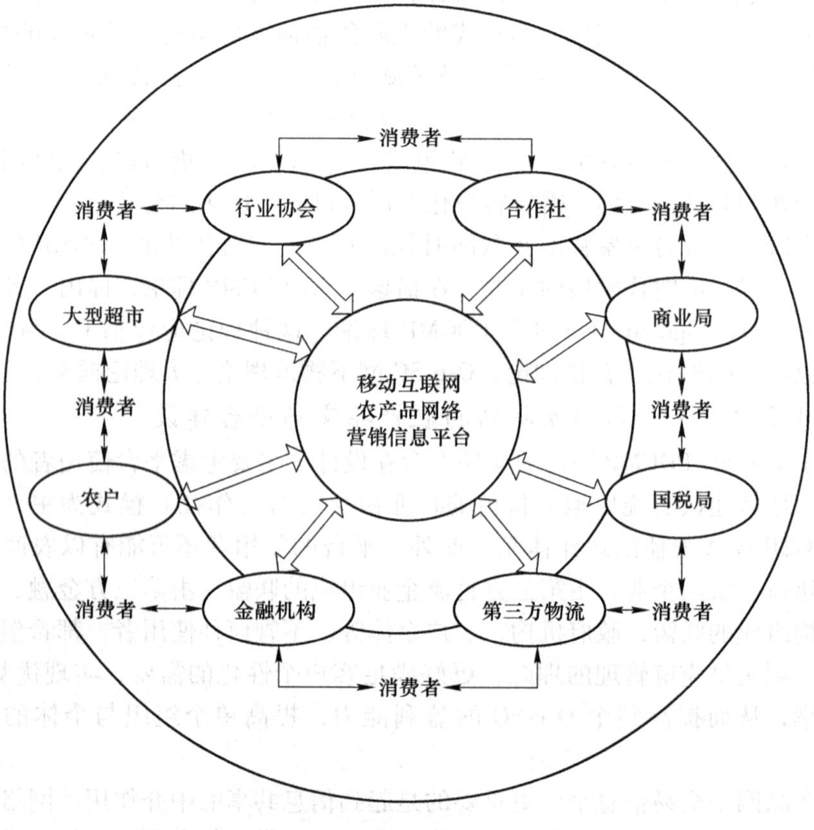

图 8-18　农产品营销信息平台交易模块及信息流向

的评价机制，实现供需双方的互动，利用双方的口碑传播效应，实现良性互动和多方共赢。平台应建立信息发布奖励机制，鼓励实时手机发布原创信息。

农产品交易信息平台应建设开放的移动 APP 软件库，鼓励企业用户开发农产品交易主题的 APP 游戏软件，如介绍健康果蔬的挑选、搭配、食用等信息的水果忍者，吸引用户下载和使用。企业还可通过与移动运营商进行流量分成获利。此外软件中还可以添加诸如农家乐、新农村乡村旅游等信息。总之，开放、合作的移动软件平台库有无限的想象空间。

随着移动终端和技术的快速变革，移动互联网的应用类型、覆盖范围和方式、用户群体等不断发生改变，其社会化应用的广度和深度也将不断拓宽。基于移动互联网的农产品交易平台还可以引入农产品质量追溯信息系统，对农产品的全流程信息进行跟踪，对可能的质量问题进行追责。

8.4.2.3　中国与东盟跨境农产品双向贸易枢纽建设

从广西发展战略定位出发，中国与东盟跨境农产品双向贸易枢纽建设是依托中国与东盟自贸区框架和国家“一带一路”战略，南宁作为跨境贸易电子商务示范城市，打造中国与东盟跨境农产品电子商务综合服务平台是必要的，也是必需的。同时，借助北部湾经济区建设契机，发挥北部湾经济区作为华南经济圈、西南经济圈和东盟经济圈结合点、“丝绸之路”和“21世纪海上丝绸之路”衔接点的地理优势和交通优势，打造连通境内和国外的农产品国际贸易综合体系，并与广西农村电子商务交易平台进行全面对接，依托农产品电子商务枢纽建设，吸引更多来自华南、西南地区的农产品借道出海，以及更多来自东盟的农产品由广西借道入关。另外，打造中国与东盟跨境农产品双向贸易枢纽建设，也是广西要打造成为连接西南、面向东部的我国西部地区农产品大通道的战略定位的需要。

从现实需求出发，广西作为国内唯一与东盟各国在海陆均有相连的省份，是中国面向东盟开放合作最便捷的陆海通道。虽然广西与东盟各个国家地理位置接近，但是在农产品中依旧有着强烈的互补，如广西的果苗、绿茶等依旧热销东南亚。

从体系保障来看，在“一带一路”和中国与东盟自贸区框架下，确定广西涉农产业优势与特色，借助电子商务促进涉农产业优化布局和发展思路，建立跨境农产品双向贸易平台。同时，广西要积极提升广西农村电子商务信用；加大农业特色电子商务网站建设力度；加强农村电子商务网站的宣传力度，调动农民参与网上交易的积极性；完善农村电子商务发展的法律体系，完善广西作为中国与东盟跨境农产品双向贸易枢纽的保障体系。

8.4.3 云配送视角下广西与东盟农产品物流协同优化基础研究

现代电子商务物流尽管通过协同配送、联合配送、区域配送等方式在物流资源配置、调度、协同和管理方面取得了较大的进步，然而在进一步扩大和优化社会物流资源，提高配送能力时，不论是服务平台还是运作模式都面临难以解决的挑战。从服务模式上来看，现有的电商物流未能实现服务集中管理，没有将不同地理空间上的物流资源汇聚成管理上集群的资源池以对物流服务的质量、效率、成本、时效进行管理。在配送能力上，现有电子商务物流在组织结构和资源分享上是一个相对松散的独立整体，系统中总的配送能力、业务范围和运作方式是固定的，在面临季节性（如农产品）、节日性（如国庆节）的突发需求时，很难做出供给和需求的动态平衡。在信息安全方面，现有的电子商务物流配送在协同工作中，由于参与链条较长，参与企业由于利益和信任问题，信息交流有所保留，阻碍了配送系统整体服务质量的提升在内部管理上，各物流企业整体规划能力低，网络范围覆盖有限，信息支撑能力弱，物流联盟内部及与客户之间的关系稳定性较差。

综上所述，从社会物流资源整体角度分析，针对农产品“多品种、小批量、多批次、短周期”的特点，现有的电子商务物流配送方式不能实现物流资源的共享和动态的供需平衡，迫切需要一种利用网络化和云服务来整合资源、盘活存量以实现按需分配、高效率、低成本运营的物流新模式。

8.4.3.1　云配送物流研究现状概述

自从 Eric Schmidt 自 2006 年提出“云计算”概念以来，人们围绕网络计算、并行计算、分布式计算、虚拟化、效用计算、网络存储技术、负载平衡从多个角度展开研究。对比云计算所展现出来的扩展性、虚拟化、交互性、经济性、个性化等特点，目前电子商务物流呈现出社会化大规模定制服务特征，它需要云计算作为服务平台和智能工具为其提供良好的技术支持环境和计算能力。

学术界对“云配送”概念的提法已经较为清晰。云配送是云计算在物流配送中的应用，是利用网络和云服务配送平台整合物流配送资源，为用户按需提供配送服务的一种网络化配送新模式。它通过物联网技术和嵌入式技术等实现物流配送资源的自动接入、管理、监控和共享，并通过虚拟化技术实现物流配送资源的全面互联、感知与反馈控制，将物流的配送资源转化为虚拟配送资源池，构建一个自治的、动态扩展的配送服务云体系，并在高性能计算技术的支持下，实现配送云服务的自动搜索、智能匹配、成本优化、智能结算、数据安全等管理，通过任务匹配、动态结合与分解为配送云的终端用户提供按需服务的物流快捷配送服务平台。

目前国内外对云配送的研究主要集中在概念演绎、算法研究、模式研究、网络演化等方面。概念演绎方面，王娟娟（2014）对电子商务时代的物流配送发展进行分析，认为物流是电子商务的短板，提出电子商务时代应该构建动态开放、匹配电子商务的物流信息化系统的战略思想。算法研究方面，葛显龙博士（2011）对云配送模式下固定需求、动态需求的车辆调度问题用量子遗传算法进行研究，并就云配送模式下联合配送的车辆调度问题用云量子遗传算法进行二阶段求解；李保伟（2013）、张晓雯（2014）就多配送中心选址、协同配送车辆路径问题进行了研究。模式研究方面，张树梁（2014）就电子商务时代物流云配送模式的需求、组织、管理、运作进行了探讨；韩小改（2014）对大数据时代电子商务物流信息反馈机理进行研究，提出打造大数据物流体系。网络演化方面，李屏（2014）就云配送网络特征进行研究，认为云配送网络具有高度优化、智能化、集成化、可视化、柔性化、顾客导向、动态性、开放性、环保性、多方共赢、模式可复制性的特点。李帅（2014）就电子商务环境下闭环供应链和不确定环境下闭环供应链鲁棒模型进行研究。

具体到农产品云物流的研究，蒋智毅（2013）就电子商务平台下农产品供应链物流模式进行研究，提出建设集成化的区域物流配送中心，用电子商务平台协调整个供应链条上相关利益方。陈境羽（2014）利用模糊综合评价法对电子商务环境下生鲜农产品冷链物流固定区域自提点布局进行研究。赵志田、何永达、杨坚争（2014）通过构建农产品电子商务物流识别模型，利用维度层因子结构模型和高阶因子结构模型，采用模糊综合评价方法，收集226家企业数据，对农产品电子商务物流发展水平进行了测度和分析。

总体来看，农产品云配送在模式研究、车辆调度等方面取得了一定的进步，但研究还处于起步阶段，多侧重于理论、模式、算法的探讨，缺乏定量分析和实证研究。

8.4.3.2 云配送视角下广西与东盟农产品物流协同优化模式研究

广西是农业大省，也是我国“南菜北运”最重要的试点省份之一。广西农产品产地集中化特征比较明显，主要分布在环北部湾区域、右江河谷带、湘桂通道和西江流域带。随着农商网、广西农业信息网等农产品电子商务交易平台项目的推进，广西各市县出现了一批农产品电子商务公司和农产品第三方物流公司，同时一些中小型超市由于在城区业务受到打压等原因发展重心向县乡级中心城镇转移，也对农产品的配送起到良好的推动作用。这些为农产品云配送提供了客观的物质基础。

针对农产品物流配送具有明显的“多品种、小批量、多批次、短周期”的特点，个别鲜活品种还需要专业冷链物流支持。考虑广西地区农产品第三方物流企业普遍较小、管理能力弱、配送半径短、业务量低、空车率高等特点，参考冯诺依曼计算机体系结构，云配送物流模式实现思路如图8-19所示。

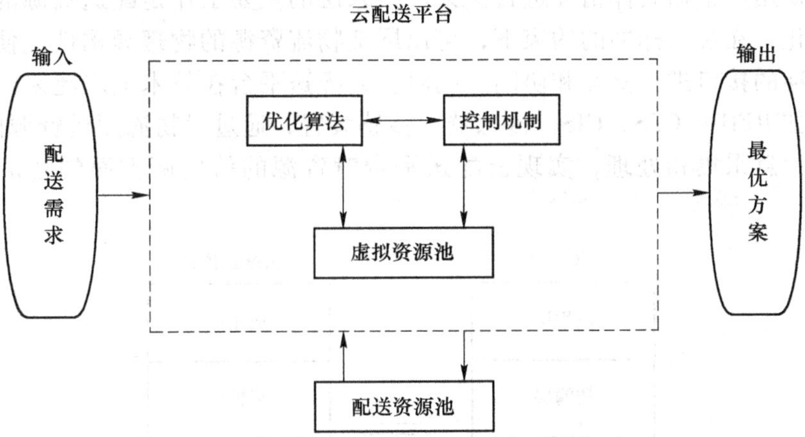

图8-19 电子商务下广西农产品云配送物流模式实现思路

农产品云配送物流模式的主要参与者有配送资源的需求者、配送资源的提供者、云配送平台运营者三类。云配送平台在这种模式中占有核心地位，因此云配送平台的运营者一般是物流信息的集成者，可以是政府、非政府的行业组织，也可以是本身具有信息集成能力的物流企业、电子商务公司。

根据电子商务环境下物流主体不同，现行的几种物流模式可以分为供应方物流模式（如京东商城自营物流）、需求方物流模式（大型超市自行采购）、第三方物流模式、集成物流商模式。具体的配送业务主要由需求方、供应方和第三方物流企业完成，具体到农产品，由于供应方经济实力和运输能力所限，配送业务主要由需求方和第三方物流企业完成。

云配送平台根据需求者的指令对系统配送资源池的数据进行组合、优化，完成配送任务。在这个过程中，平台本身既是信息平台，又是技术平台、服务平台，其软硬件设备及管理、维护完全与客户无关，用户按需支付相应的费用。

参考计算机网络TCP/IP协议，云配送体系应分为四层，分别是应用层、运输层、网络层、接入层（见图8-20）。应用层主要为云配送的相关参与者提供多种模式的应用服务，如支持WEB站点门户PC接入、移动智能终端接入，支持跨平台移动APP开发等。农产品云配送的主要参与者包括云物流服务提供商、农户、农业行业组织、运输公司、仓储公司、第三方物流企业、电子商务公司、银行、保险公司、政府机构等。运输层主要指线下的物流实际运输，具体涉及运输管理、基于GIS和GPS的过程管理、运输财务管理等。网络层是整个体系的核心部分，主要指线上云平台对配送资源池依据约束条件（如配送路径、成本、时间、费用）进行算法优化求解的过程，最后展示给客户若干种端到端的配送方案，以供用户根据具体情况进行决策。接入层的主要工作是配送资源的虚拟化和信息化，在统一标准的约束下，可以屏蔽物流资源的物理异构性，使服务能够以标准的接口进行交互和协同，同时，云配送平台在技术上广泛采用物联网手段，如RFID、GPS、GIS、传感器等传感装置，通过对物流配送资源的感知、识别、信息采集和处理，实现云配送平台对资源的软硬两方面的智能识别和管控。

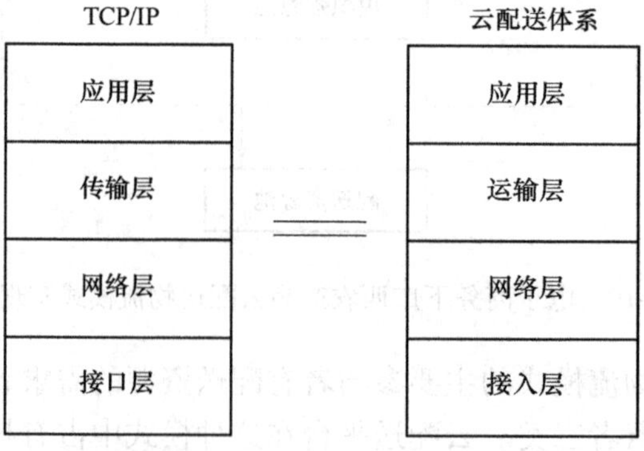

图8-20　电子商务环境下云配送体系结构与TCP/IP协议对比

8.4.3.3 云配送视角下广西与东盟农产品物流协同优化网络演化研究

目前主流的配送网络结构主要有集中型、分散型和多层次三种，如图 8-21 所示。集中型配送网络是指只有一个配送中心，所有资源需要在此中心完成任务。分散型通常是某固定区域内单层次的多配送中心，配送任务按规定的原则分区由多个配送中心完成任务。多层次配送网络可以分为多级多层次和两级两层次配送网络。多级多层次配送网络一般采用自上而下的逐级配送方式，如中央配送中心—区域配送中心—基层配送中心—配送公司等，两级两层次配送网络是多级多层次的一种特例，是指只有一级和二级配送中心、多个配送站点的配送网络，是目前比较常用的配送方式。在农产品配送网络结构中在某个区域多见的是市县二级两层配送中心方式，这主要是由于经济、文化、交通、物流、信息技术在市县两级相对发达，且农产品需求与供应形成了一定的规模。

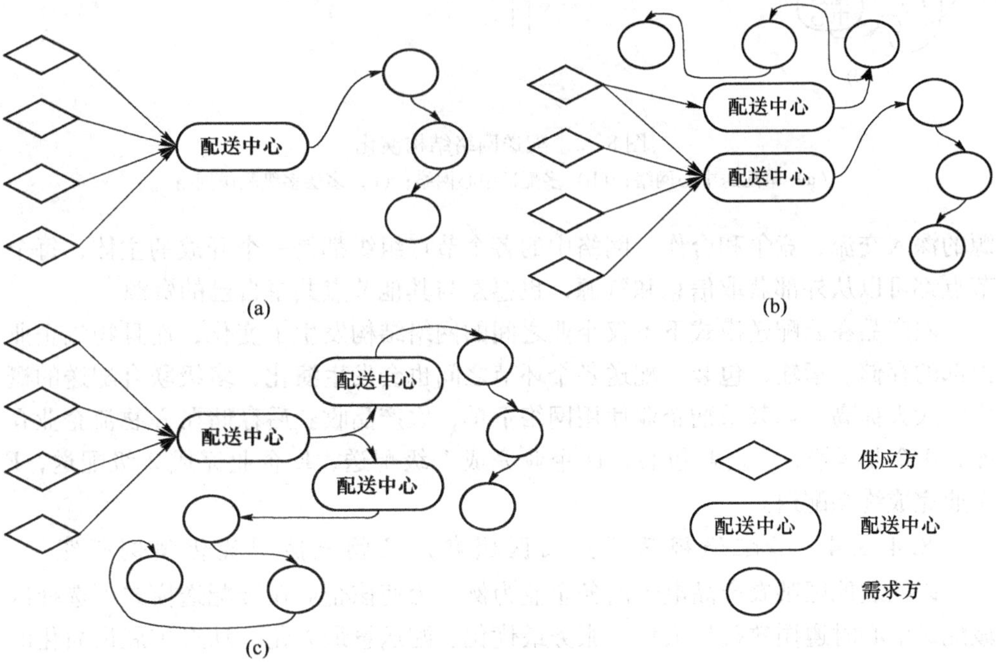

图 8-21 配送网络结构

(a) 单配送中心网络；(b) 多配送中心网络；(c) 多层多级配送网络

如图 8-22 所示，农产品在云配送模式下的物流组织间形成一个动态的网络结构，以适应市场变化、柔性、速度、革新的需要。在这种网络中，不断有新生的配送资源进入，有不能适应市场化需求的配送资源进行资源重组或者被组织淘汰。整个网络处于一种不断重构的动态演化过程中。云配送模式加强云内配送资

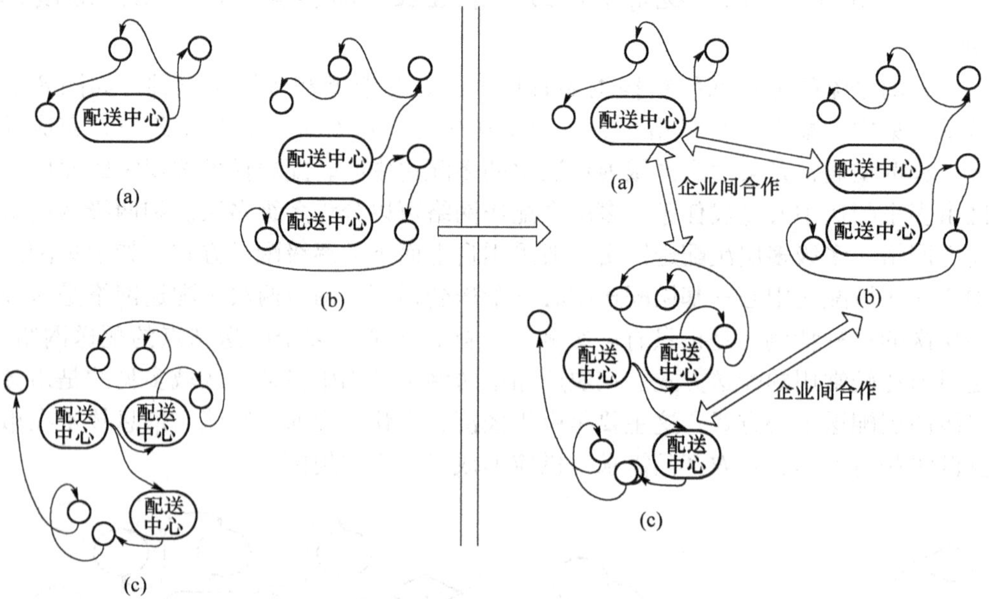

图 8-22　配送网络结构演化

（a）单配送中心网络；（b）多配送中心网络；（c）多层多级配送网络

源的深入交流、竞争和合作，网络中的各个节点组织都是一个开放的主体，每个节点都可以从外部获取信息和资源，也愿意与其他节点共享自己的资源。

农产品在云配送模式下不仅企业之间的网络结构发生了变化，而且物流企业内部的存储、运输、包装、配送各个环节之间也会发生演化，多级联合配送的概率将大大提高。如某采购企业使用网络下单，农产品收获后存储在 A 物流企业仓库，B 企业运输，C 企业包装，D 企业完成 1 级配送，E 企业完成 2 级配送，F 企业完成终端配送。

8.4.3.4　云配送视角下广西区域农产品物流协同优化案例研究

以桂北地区某农产品电子商务企业为例，为使该企业在云配送模式下选择区域配送中心时遵循效益最大化、服务最优化、配送量最大化、动态扩展最简化的原则，提取了自然环境、社会经济环境、信息化成熟度、行业环境、交通条件、仓库设施、成本费用、风险为准则层构建了此公司配送中心综合评价体系。

用 Origin 软件对这个公司生鲜产品需求点在地图上对坐标位置取点分析，用 Excel 软件对需求点进行两两相减求出直线距离，再经过 SPSS 软件进行简单聚类分析，得出需求点聚类分析图，再根据企业的实际需求，按照参考高度将 32 个需求点分为 6 个区域，企业分别在全州县、兴安县、桂林市区、阳朔县、永福县、荔浦县设立 6 个配送中心点。目前 6 个配送中心点已设立并运行半年以上，配送中心全部都位于特色农产品原产地，运行良好，确实降低了配送成本，提高了配送效率，客观上也有利于当地农产品外销，对提高当地农民生活水平也做出了贡献。

由于广西自身的原因，农产品云配送网络在发展中也面临一些问题和困难。例如：广西农产品第三方物流企业数量偏少，质量不高；云配送平台在建设过程中面临技术、资金、运营管理等实际问题；农产品物流行业标准缺失；云配送数据安全性需要提高等问题。但从长远发展来看，从整体社会资源的动态共享、合理分配、绿色环保等角度考虑，农产品的云配送物流已成为广西发展农产品电子商务的必然选择。

8.4.4 电子商务驱动下广西与东盟农产品物流协同优化业务的实现

电子物流信息平台除了共享公共物流信息外，其核心的业务是对第三方物流资源智能协同优化。以阿里巴巴物流为例，主流物流信息平台的客户服务流程是查询路线、选择物流公司、下单成功、物流公司揽件发货、货物跟踪、签收确认、评价。

不论是查询路线智能配对物流公司，还是自主选择物流公司，系统都会对比初步的预算和方案，由决策系统经过业务优化模块进行优化，主要包括智能调度、运输路径优化、运输载体优化等。智能调度主要由软件调度系统根据配载计划表平衡不同第三方物流企业的运力，根据客户的不同需求，如冷链配送、成本最省、时间最省等，可以实现软件智能配置的多式联运和多方物流企业协同配送功能。最后系统会明确各方义务、物资及资金并提交订单，进入下一环节的操作。具体的业务流程如图 8-23 所示。

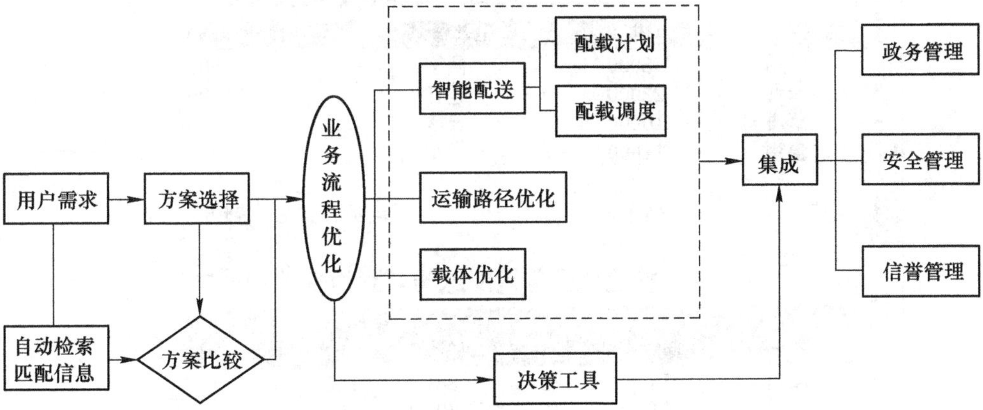

图 8-23 电子商务驱动下农产品物流协同优化核心业务的实现

配载计划问题是一个线性规划问题，它可以描述为物资有若干个产地和销地，若已知产量、各个消费地的需求量以及产地到各消费地的单位成本，应如何规划，使得总成本最省。我们可以这样建模：假定有 m 个产地，n 个销地，定义 a_i 为第 i 产地 A_i 的供应量，b_j 为第 j 销地 B_j 的需求量，C_{ij} 为从产地 A_i 到销地 B_j 的单位运费，X_{ij} 为从产地 A_i 到销地 B_j 的运输数量。这里 $i=1, 2, \cdots, m$；$j=1, 2, \cdots, n$。则数学模型为：

$$\min z = \sum_{i=1}^{m}\sum_{j=1}^{n} c_{ij}x_{ij}$$

$$\text{s. t.}\begin{cases}\sum_{i=1}^{m} x_{ij} = a_i & (i = 1,2,\cdots,m)\\ \sum_{j=1}^{n} x_{ij} = b_j & (j = 1,2,\cdots,n)\\ x_{ij} \geqslant 0 & (i = 1,2,\cdots,m;\ j = 1,2,\cdots,n)\end{cases}$$

同样以广西水果、蔬菜主要生产基地桂北地区向南宁、桂林、长沙、广州运输葡萄的具体问题为例（在给定的约束条件下，配载计划向哪里运输对算法本身没有影响），说明配载计划优化的实现。为计算简单，假设供应的总和与需求的总和是相等的，也就是说供需是平衡的（一般在实现情况下出现的概率不高）；各地的消费需求是指对桂北地区的消费需求，只能由此地区来满足；运输的成本与配送的数量是线性比例关系，总成本可以简单地认为是配送单位成本乘以数量。例证中数据参照实际情况进行虚拟，并用 Excel 的规划求解进行运算，具体数据与运算结果如图 8-24 ~ 图 8-26 所示。

	A	B	C	D	E	F	G
1	桂北地区葡萄产能和各地消费需求						
2							
3	产地	产量（吨）		消费地		需求（吨）	
4	阳朔	8000		南宁		8500	
5	兴安	22000		桂林		11000	
6	荔浦	10000		长沙		11500	
7	全州	14000		广州		23000	
8							
9	合计	54000			合计	54000	
10							
11	桂北地区各地配送葡萄到消费地的成本						
12							
13							
14	产地	南宁	桂林	长沙	广州	(单位：元/吨)	
15	阳朔	78	45	86	110		
16	兴安	84	41	79	103		
17	荔浦	80	53	76	118		
18	全州	90	65	55	140		
19							

图 8-24　广西桂北地区向各地运输葡萄需求与单位成本

	A	B	C	D	E	F	G
11	桂北地区各地配送葡萄到消费地的成本						
12							
13							
14	产地	南宁	桂林	长沙	广州	(单位：元/吨)	
15	阳朔	78	45	86	110		
16	兴安	84	41	79	103		
17	荔浦	80	53	76	118		
18	全州	90	65	55	140		
19							
20							
21	运输计划（吨）						
22							
23							
24	产地	南宁	桂林	长沙	广州	合计	
25	阳朔	0	7000	0	1000	8000	8000
26	兴安	0	0	0	22000	22000	22000
27	荔浦	6000	4000	0	0	10000	10000
28	全州	2500	0	11500	0	14000	14000
29		8500	11000	11500	23000		
30	合计	8500	11000	11500	23000		
31							
32							
33				总成本（元）		4240500	
34							
35							

图 8-25 广西桂北地区向各地运输葡萄运输计划之成本最优解

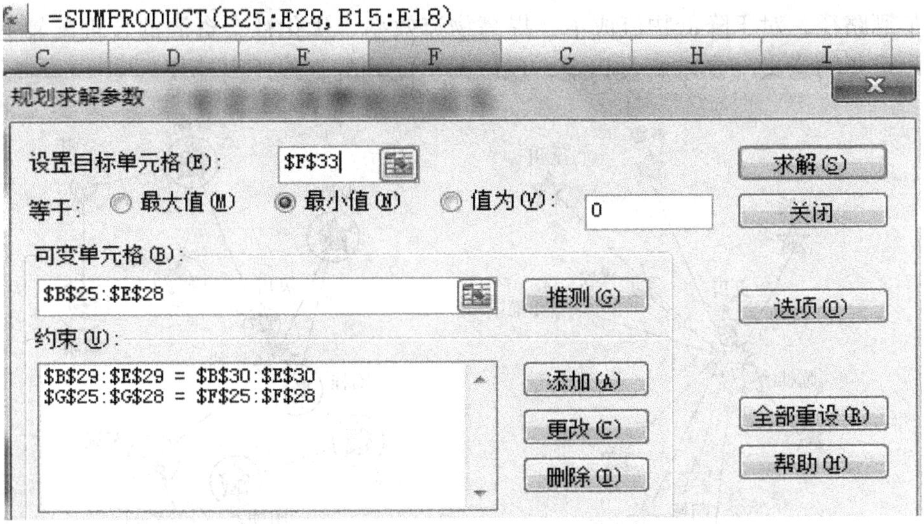

图 8-26 广西桂北地区向各地运输葡萄运输计划规划求解参数

当然现实生活中，供应和需求相等的情况很少发生。当总供应大于总需求量时，我们的数学模型可以转化为：

$$\min z = \sum_{i=1}^{m}\sum_{j=1}^{n} c_{ij}x_{ij}$$

$$\text{s. t.}\begin{cases}\sum_{i=1}^{m} x_{ij} = b_j & (j = 1,2,\cdots,n)\\ \sum_{j=1}^{n} x_{ij} \leqslant a_i & (i = 1,2,\cdots,m)\\ x_{ij} \geqslant 0 & (i = 1,2,\cdots,m;\ j = 1,2,\cdots,n)\end{cases}$$

原因是我们虚拟了一个消费地 B_{n+1}，其需求 b_{n+1} 等于总供应量减去总需求量。将其对应的运费 $c_{i,n+1}$ 记为 0 即可。同理，总供应量小于总需求量的情况，也可类比推出。

车辆路径问题（Vehicle Routing Problem，VRP）是物流配送优化中的一个重要问题，本质上讲，VRP 问题是数学中的旅行商问题（Traveling Salesman Problem，TSP）。TSP 以图论的形式描述为：给定图 $\boldsymbol{G}=(\boldsymbol{V},\boldsymbol{E})$，其中 $\boldsymbol{V}$ 是点的集合，$\boldsymbol{E}$ 为各个顶点互相连接组成的边集，设 $\boldsymbol{D}=(d_{ij})$ 是由顶点 i 和顶点 j 的距离所组成的距离矩阵，要求计算出当且仅当一次遍历所有顶点的最短距离。

假设车辆的容量是可以满足的，笔者严格按照城乡地理区域的分布、地图的标准比例绘图，对广西桂林市配送农资用品到 12 个县区的 VRP 问题进行分析，并与传统的车辆配送路径进行对比，如图 8-27 所示。对比结果发现，科学地规划车辆路径，对于降低物流成本、提高物流效率、优化社会资源的合理配置有着非常重要的意义（在求解过程中，仅以两点之间的直线距离建模）。

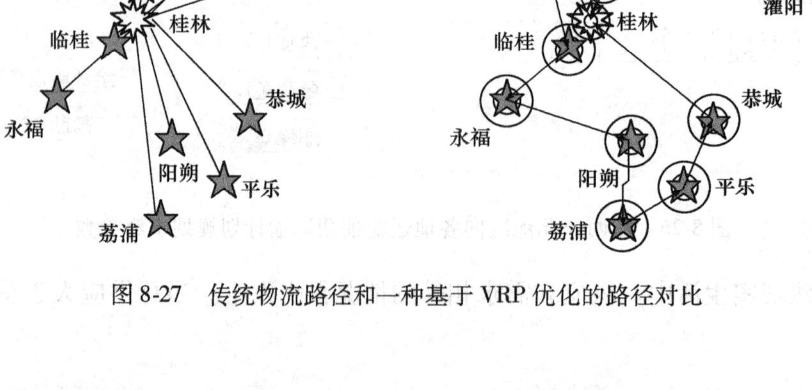

图 8-27　传统物流路径和一种基于 VRP 优化的路径对比

TSP、多旅行商问题（MTSP）是比较典型的非线性的完全难题，在网络路由、物流工程、生物工程等多个领域都普遍存在。对于TSP算法的求解，传统算法主要是分支定界法、改良回路法、贪婪算法、MST算法、MM算法、插入法等；现代优化算法包括模拟退火算法、人工免疫算法、遗传算法、蚁群算法、粒子群优化算法、禁忌搜索算法、Hopfield神经网络算法等。物流VRP问题实质上是一个满足某些特定条件的TSP、MTSP问题，如物流商的运力，某地实际的需求量等。这些约束条件在电子物流信息平台的需求分析、规划设计、程序编写和测试的过程中都应该引起重视。

9 面向东盟的广西农产品航空物流发展研究

9.1 国内外航空物流研究概述

9.1.1 航空物流的概念

《物流术语》(GB/T 18354—2006) 对于航空物流定义为：以航空运输为主要的运输方式，在物品从供应地向接收地的实体流动过程中，根据实际需要，将运输、储存、装卸、搬运、包装、流通加工、配送、信息处理等基本功能实施有机结合。

航空物流的形成，一方面得益于航空飞机技术和数量的发展和航空基础设施的建设，另一方面是由于经济发展呈现过高速化、国际化的特点。许多生产周期短、附加值高、对运输要求较高的产品客观上需要航空运输。航空物流就在这样的背景下发展演变而来的。从概念上看，航空物流并不能简单地等同于航空运输，它是以航空运输为基础，包含了储存、装卸、包装、流通加工、信息处理等物流服务的全过程。一方面，航空物流的发展使得专业的第三方物流企业和航空公司形成战略合作伙伴关系，开展航空物流的业务；另一方面，一些传统的民航公司也积极扩展出航空物流的新业务，使得航空物流业务范围从工业、农业、医药、商务拓展到更加广泛的领域。

9.1.2 航空物流的特点

目前世界上较大的航空物流企业有 UPS、FedEX、DHL、TNT 等，它们都是由航空快递业发展而来的，业务类型包含航空快递、货运服务、综合物流、管理咨询等。相对其他物流方式，航空物流具有以下特点。

(1) 速度快。到目前为止，飞机依然是最快的交通运输工具，飞机的时速基本在 1000km/h 以上。航空运输速度快、时间短的特点，使得一些贵重物品、精密仪器、急需药品等附加值较高的商品流通方便。特别是对一些季节性很强、鲜活农产品，航空运输在长距离的货物运输中，优势明显，货物在途的时间短，周转速度较快。

（2）环节少。航空物流过程中，很多地区都实现了“绿色通道”政策，实行快速过关、快速过检等。与其他运输方式相比，航空物流管理制度更加完善，流程更加简单。飞机的机动性很强，能够很快将地理上很远的两个地方连接起来，实现定期和不定期的飞行。

（3）安全可靠。在所有的运输方式中，飞机的安全性是很高的，加上航空公司一般都有非常完善的运输管理制度，货物的破损率很低。航空运输过程中如果使用集装箱，则更为安全准确。

（4）不受地面天气条件影响。航空物流不受运输途中所经区域地面的气候的影响，这对于很多受地形限制、交通气候恶劣的内陆地区非常有利，有利于当地的资源、农产品等特色资源的输出。

9.1.3 航空物流的相关研究

从航空物流系统的角度来看，近几年关于航空物流的研究基本集中在航空货运及航空物流服务、航空物流流程分析、航空货站作业、航空货物装卸、航空运输优化、航空物流配送、航空物流网络等方面。

航空货运及航空物流服务方面，Lederer（1993）研究了航空货运承运人的竞争和结构。Anming Zhang（2004）分析了中国航空货运的发展特点，研究了航空公司在组建货运联盟后，整体竞争力提升的问题。Yuhern Chang（2007）对航空货运的发展策略进行了概括，对给出的18个策略进行了评价研究。

在航空物流流程分析方面，学者主要是对现有的航空物流作业流程进行分析，发现存在的问题，并提出可行的解决方案。Paul Baron（1976）对航空货运系统进行了研究，提出了提升运输的效率的措施。M. R. Rotabkhan（2000）利用企业流程再造技术对航空货运处理系统进行了优化，提出了5个优化目标。Paul W. Forster（2002）对航空物流供应链中各方参与方的电子信息整合问题进行了研究。

航空货站作业方面，由于货站作业涉及空中和地面运输的衔接，货站的作业效率非常重要。已有的研究主要是以欧美国家的大型航空货站为例，以模型优化、系统仿真等技术来分析货站作业方面存在的问题。Aaton L. Nsakanda（2004）对航空货物流动过程进行仿真分析，优化操作流程和操作方式。C. Lee 等人（2005）探讨了航空货站自动化立体仓库的库存策略。Henry Y. K. Lau 和 Ying Zhao（2006）研究了在航空货站自动化处理系统的协调运作的问题。

航空货物装卸主要是使用数学模型来分析提高货物装载率的策略。Israel Brosh（1981）在给定了体积、重量和结构的条件下，利用序列线性规划算法对问题进行求解。Shangyao Yan 等（2008）建立了在随机需求情况下的航空货运集装箱装载的数学模型，通过对这个非线性的整数规划模型，进行了模型优化求解。

航空运输优化的问题主要考虑了航空运输的时间和成本两个约束条件，运输优化涉及航空公司、机型、航班、机场等要素，国内外很多学者都是通过数学建模的方法对其中的某一要素或者几个要素进行综合性的研究，也有通过仿真的方法进行研究的。常用的算法有拉格朗日松弛算法、遗传算法、列生成算法以及基于拉格朗日松弛的启发式算法等。Cheng-Cheng Lin（2001）、Paul 和 Ulrich（2004）等人在不同约束条件下，建立了货物运输的优化模型，并用列生成算法或者拉格朗日松弛算法对模型进行了求解。Ching-Hui Tanga、Shangyao Yan 等利用网络流技术构造客运、货运、飞机的混合航班计划优化模型。

航空物流的配送属于地面运输的最后一公里问题，因此配送中心的选址、线路的优化、配送工具的优化、配送时间的优化也成为学者们研究的热点。类似问题也都是通过数学建模求解最优解来研究。Yat-wah Wan（1998）研究了航空配送中心选址的问题。Shih-Che Lo（2008）通过建立航空快递服务中心建立地面卡车信息平台，并用时间序列法和非线性模糊理论对运输时间问题进行了研究。

从航空物流运输网络的角度上，目前对航空网络结构的研究主要集中在拓扑特征、航空“轴辐式”网络、航空网络复杂性、航空枢纽的竞争力分析几个方面。周蓓以四川民用航空网络的拓扑结构为研究对象，研究了航空网络的演化机制，通过研究航空网络的平均距离和簇系数，探讨了航空网络的形成机制。

航空网络“轴辐”系统的研究主要有轴辐式网络的理论与应用理论（李阳，2006）、区域物流系统与轴辐式网络研究（杨晗熠，2010）以及各地航空物流网络系统的轴辐式应用（张建松，2006；焦敬娟，2014；等）。

航空网络的复杂性研究近年来成为航空网络研究的一个热点。刘宏鲲（2007）、王姣娥（2009）等学者运用复杂网络的理论与工具对区域内的航空节点建立复杂网络的模型，得出的结论是中国航空网络是一个小世界网络，有着幂律下降的双段度分布曲线，网络中存在度小但是介数大的节点。网络平均路径长度和簇系数在变小，表明网络结构在不断优化。

航空节点竞争和航空枢纽甄别研究主要集中在中国，周一星（2002）、王姣娥（2011，2015）分别撰文研究了中国航空网络结构特征，并对主要的枢纽进行了分析。学者们使用的主要研究方法有统计分析法（周一星，2002）、重力模型法（顾朝林，2008）、基于复杂网络中心性分析（莫辉辉，2010）、基于图论分析法（宋伟，2008；王成金，2010；王姣娥，2015）。

9.2 广西农产品航空物流发展研究

9.2.1 广西农产品航空物流的现状

国家非常重视航空物流的发展。2012 年，国务院发布《关于促进民航业发展的若干意见》，就科学规划安排国内航线网络明确指出："完善货运航线网络，推广应用物联网技术，按照现代物流要求加快航空货运发展，积极开展多式联运。" 2014 年，国务院发布《物流业发展中长期规划（2014—2020 年）》，明确指出"优化航空货运网络布局，加快国内航空货运转运中心、连接国际重要航空货运中心的大型货运枢纽建设。"

广西也非常重视民航产业的发展。2014 年，广西政府发布《关于促进民航业发展的意见》，指出要把广西建设成为西南、中南地区开放发展的新的战略支点。广西机场集团的数据显示，自 2004 年成立以来，航线由 119 条发展到 2013 年的 212 条，翻了近一番，可通航国内 69 个城市（含港澳台）以及国外 16 个国家的 18 个城市，其中国际航线由 3 条发展为 19 条。东盟航线不论是航线数量还是持续飞行时间，都在全国排名前列，成为中国-东盟政治、经贸、文化交流的主通道。

从 2004 年以来，广西航空物流发展迅速。2014 年，广西 GDP 总值为 15672.97 亿元，经济增长速度还保持在 8.5% 以上，高于全国的平均水平。经济的发展，特别是对东盟贸易的较快增长，催生了航空物流的巨大需求。航空旅客吞吐量（见图 9-1）、航空货邮吞量（见图 9-2）保持较快增长，货邮吞吐量由 2004 年的 4.17 万吨增长到 2014 年的 13.3 万吨，增长 218.94%。

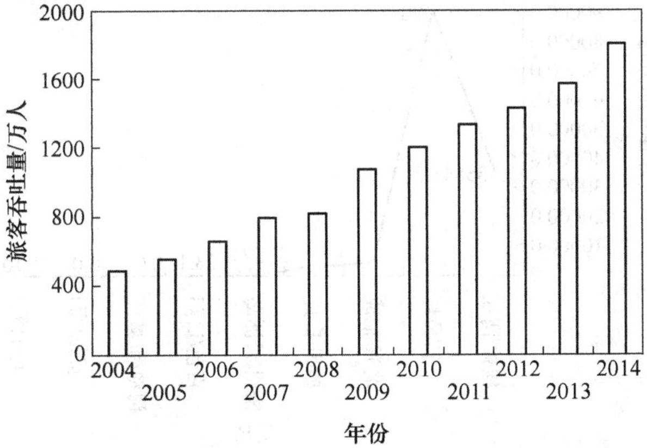

图 9-1 2004 ~2014 年广西的航空旅客吞吐量变化

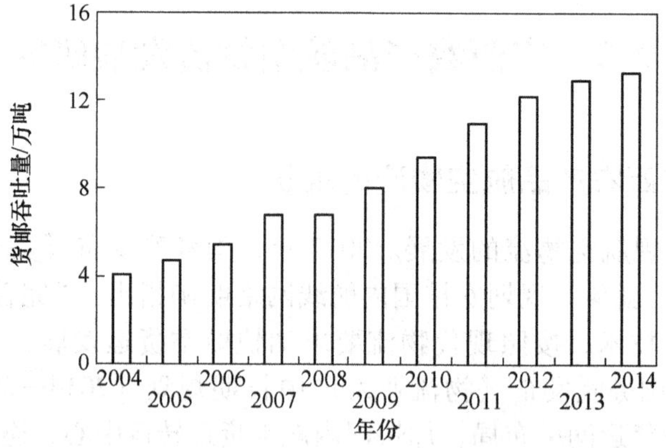

图 9-2　2004 ~ 2014 年广西机场的货邮吞吐总量变化

截至 2015 年底，广西南宁、桂林已经基本实现了与全国全部省会城市、计划单列市、重要旅游城市的航线连通，开通了东盟 9 个国家的 19 条航班航线，驻场飞机 41 架，2014 年全年完成民航固定投资年 27 亿元。广西直达粤港澳的西江黄金水道港口年吞吐量超过 1 亿吨。广西高铁动车运营里程 1500 多公里，通达全国 13 个省份。北部湾港开通了 12 条直航东盟国家港口的集装箱班轮航线，年货物吞吐量超过 2 亿吨。

如图 9-3 所示，从 2014 年各机场货邮吞吐量的分布情况来看，桂林两江机场和南宁的吴圩机场成为广西各机场中最重要的两个货运枢纽，两个机场总吞吐量为 12.6 万吨，占整个广西货邮吞吐总量的 94.7%。农产品航空物流原来的“航空贵，发不起”的观念已大大转变，除了樱桃、蓝莓、螃蟹、海虾、海参、鲍鱼等高端产品航空配送之外，大量的常见果蔬也开始使用航空来运输。

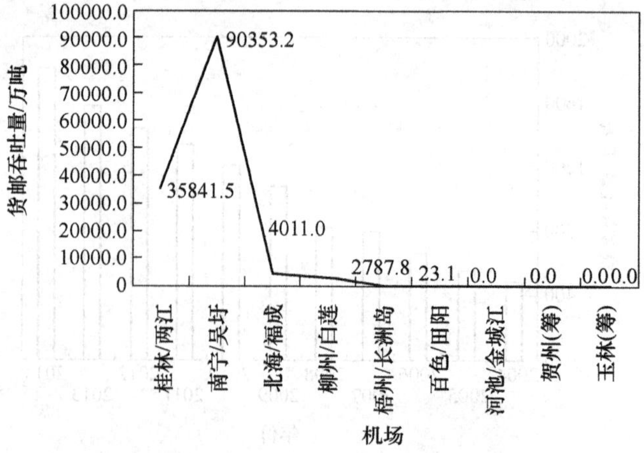

图 9-3　2014 年广西各机场的货邮吞吐量

根据桂林航空物流公司的数据，果蔬等农产品航空配送的成本大大减少，如桂林—北京线，批量运输的航空费用最低在每公斤0.8元。航空物流专门在各个果蔬批发市场设点，推出农产品批量接货业务，全程对农产品航空物流进行跟踪，确保农产品能够保质保量配送到客户手中。广西农产品航空货运的2014年发运量同比增长在20%以上。

优质的服务，较低的成本，使对配送时间和质量有较高要求的农产品，特别是鲜活农产品对于航空物流有天然的亲切感。如今海鲜肉类、活体禽苗、水果蔬菜、鲜花苗木都渐渐开始使用航空物流，在长远程和国际运输中，航空物流还牢牢占据着市场。

广西要面向东盟建设与“一带一路”有机衔接的重要空中门户，新型航空物流已成广西必选项。广西已经开始着力于加快推动保税仓和监管仓“两仓”建设，积极与海关等单位沟通协商，为进出口货物、保税货物提供更加便利的存储、转运条件；协助地方政府建设空港保税物流中心，培育物流产业，争取将南宁市保税物流中心向空港经济区延伸；主动加强与口岸单位的协调配合，共同做好航空机场口岸的通关服务；进一步培育全货航线，与邮政航空、顺丰速运公司开展合作，吸引邮政航空及顺丰速运有限公司在广西投入全货机运力。

除了大力发展民航物流，广西还在大力推进通用航空物流的建设。通用航空产业将成为广西区域经济发展的新增长点。通用航空是指除定期与非定期商业航空运输以外的所有民用航空，主要应用于社会公共服务、经济建设及航空消费三大领域，包括工业、农业、林业、渔业、矿业、建筑业的作业飞行和医疗卫生、抢险救灾、气象探测、海洋监测、科学试验、遥感测绘、教育训练、文化体育、旅游观光等方面的飞行活动。广西正致力于30个通用机场的前期工作。

9.2.1.1 南宁机场

广西打算用3年时间，把南宁机场打造成为面向东盟的门户枢纽机场，形成“一带一路”的重要空中节点。截至2015年7月，南宁机场已开通国际航线23条，可通航国外17个城市，地区航线5条，与东盟国家13个城市通航，在全国仅次于广州、上海、北京、昆明，排名第5位，为南宁机场打造面向东盟的门户枢纽机场奠定了坚实基础。

南宁航空物流吞吐量近几年增幅较大，自2010年突破5.5万吨以来，每年以20%的速度递增，广西民航产业发展有限公司（隶属广西机场管理集团）在南宁空港城项目的基础上，全力将南宁打造为国内乃至亚洲最大水产品、水果及特色农产品航空物流集散中心。

作为面向东盟的国际门户枢纽机场，南宁机场近几年航空物流运量增长迅速。据了解，水产品、水果和特色农产品占总运量的70%，每天出港近百吨，但目前航空运输还远远不能满足市场需求。2011年，广西机场管理集团成功开通了南宁至孟加拉达卡货运包机航线，这是广西第一条由大型全货机执飞的国际货运航线。广西机场管理集团还将陆续开通广西至越南胡志明、新加坡、印度马德拉斯、斯里兰卡科伦坡等国际及地区货运航线，加速把南宁建设成为面向东盟的国际航空物流枢纽。

9.2.1.2　桂林机场

桂林地处广西东北部，航线资源丰富。桂林机场有 24 家航空公司飞行 48 条定期航线，其中国际航线 10 条，国内航线 38 条，通航国内及国际地区 39 个城市。桂林机场每周进出港航班将达约 1028 架次，平均每天起降航班 147 架次，预计总进出港航班达 2.26 万架次。丰富的航线资源为广西现代化农业架起了“走出去”的空中走廊，为广西现代化农业品牌战提供了空间上与时间上拓展的有力保障。数据显示 2014 年 1 ~ 11 月从桂林机场始发的果蔬运输量较同期增加了 25.65%，达到 1591 吨。而 10 年前果蔬运量只有 3.79 吨，10 年间增长了 418 倍。

桂林航空物流公司根据现代农业的规模化、企业化、合作化、品牌化、无害化、标准化的特点，认为鲜活农产品对运输工具越来越挑剔，对航空运输依赖程度越来越高。针对现代农业化的特点及运输要求，联系航空公司针对果蔬运输享“特价”，价格相对海鲜及普货运输低很多，大部分只收取操作费，并组建“微营销”团队力推产地品牌优质果蔬直销，搭建一个信息共享、交流互动的平台，扩大农产品交易与市场推广渠道，构筑一条服务三农、快捷、价廉、破损率少、便利的通道。

桂北是广西主要的农产品生产示范基地，广西共建立富硒农产品生产示范基地 46 个，示范面积 4.2 万亩，示范的作物有水稻、花生、茶叶、食用菌、葡萄、猕猴桃、蔬菜、火龙果等，生产出的富硒农产品达 8000 多吨，总产值 2 亿多元，比普通农产品增值一倍多。传统农业向现代农业转变步伐不断加快，广西农交会将永久落户桂林。桂林航空物流公司将利用这“天时、地利、人和”的优势，为当代农业现代化发展服务。

9.2.1.3　柳州机场

毗邻桂林两江机场的柳州机场发展很快。广西民航产业发展有限公司下属的柳州航空物流部积极向农产品贸易迈进，主动走访产地果蔬商家，了解市场销售动态，根据客户需求提供相应航线信息及最经济实惠的运价信息。

2014 年第二季度，柳州航空物流部出发货邮量 430.1 吨，其中百香果、荔枝、杧果、莲藕、辣椒、蔬菜（大白菜、油麻菜、空心菜、菜花）等果蔬类货航出发量达 11.26 吨。秋季柳州航空物流业的果蔬货量也非常可观。

总体来看，广西至东盟国家在飞定期航线主要有南宁—胡志明市、南宁—新加坡、南宁—吉隆坡、南宁—万象、南宁—仰光、南宁—曼谷、南宁—金边、桂林—新加坡、桂林—吉隆坡、桂林—曼谷等。从面向东盟的农产品航空物流的源头“物”的角度来看，广西的土豆、柑橘、蒜头等纷纷走出国门。如广西富川的立新农场，1.3万多亩的柑橙每年的产量将近5万吨，一半以上经加工包装后，出口泰国、马来西亚、新加坡等国家。目前，广西已有30多家农业龙头企业到东盟国家合作，协议投资总额3.1亿美元，中方协议投资额2.8亿美元，重点开展木薯、稻谷、果蔬等的种植与加工，投资所在地包括越南、柬埔寨、缅甸、老挝等东盟国家。随着中国-东盟战略的推进，广西农产品航空物流必将有更大的发展。

9.2.2 广西农产品航空物流存在的主要问题

（1）广西农产品物流基础设施特别是冷链设施薄弱。近年来，广西航空基础设施得到了较大的改善，特别是针对东盟开通了一系列的航线。如2015年，南宁机场共引进亚洲航空、泰国东方航空等19家国内外航空公司，开通了27条东盟航线，东盟通航点超过20个，入境旅客总吞吐量达90.1万人次，同比增长22.9%，创历史新高。北海机场也首次开通了至泰国曼谷的国际航线。但是从总体来看，广西布局的机场数量还较少，只有南宁、桂林、柳州、北海、百色、梧州、河池7个机场，今后在尽快在贺州、玉林等地按规划建设民航机场。

农产品物流运输中，特别是鲜活农产品的运输，需要冷链物流设施与设备的支持。广西目前农产品的冷链设施还远远不够，要发展农产品的航空物流运输，就必须在南宁、桂林、柳州、百色等主要的农产品流通中心建设大量的冷链仓库。开展农产品的冷链物流工作，可以大大提高农产品的质量，还可以减少运输途中的损耗。

（2）广西农产品航空物流呈现明显的“集中分化”现象。广西农产品航空物流主要集中在南宁和桂林两个机场，占总体运输量的90%以上，而北海、柳州、百色、河池、梧州货运量很少，尤其是河池等还没有开展航空物流的工作。由于政治、经济、地理位置等优势，南宁的农产品物流增长很快，每年都在20%以上，而由于“虹吸效应”，广西其他机场的货物量则明显不足。这从一定程度上加大了农产品运输的不利。如北海的海鲜产品不能够在北海机场直接输送上飞机，空运到国内外主要的发达城市，还要经陆路运输到南宁，再经南宁机场转运到北京、上海、广州、深圳以及东盟各国。

（3）广西农产品航空物流信息化程度低。广西农产品信息化程度很低，而现代物流对规模化、信息化、智能化的要求很高，特别是航空物流对于农产品的信息化程度要求较高。尽管目前广西航空物流已经建设了自己的货运平台和信息管理系统，但是并不能很好地与广西各地的农产品批发市场、农产品物流园区的信息系统对接。而且从广西航空物流公司本身来看，他们的物流信息平台与海关、政府有关的监管机构之间的信息对接也有问题。这就造成整个农产品航空物流链条上，信息不通畅，运行效率不高。

（4）广西航空物流与临近省份的竞争加剧。2014 年全国机场吞吐量的排名中，广西最好的机场南宁机场排在第 25 位，桂林两江机场排在第 31 位，北海机场排在第 64 位，柳州排在第 84 位。同期，同为“南菜北运”重要省份云南的长水机场全国排名为第 7；海南的三亚凤凰机场排全国第 18 位，海口美兰机场排第 19 位；长沙黄花机场全国排名为第 12 位。可见广西航空物流在与区域主要的机场竞争中处于明显的弱势地位。

（5）广西农产品航空物流的企业规模还较小。广西农产品航空物流的企业主要是从各机场货运部门分离出来的。如桂林航空物流有限公司、柳州航空物流有限公司都是广西机场集团的下属单位，也有少数一些小型的物流企业加盟。但目前为止，还没有大型的第三方物流企业与之对接。各机场的航空物流公司在物流的规模性、信息化、专业化程度方面与第三方专业的物流公司相比还有较大的差距，客观上也限制了农产品航空物流的发展。

（6）广西农产品航空物流的专业人才缺乏。农产品航空物流正处于高速发展的阶段，农产品物流、航空物流的专业性，对物流人才、技术人才、管理人才的要求都很高。广西作为西部地区，在航空物流人才、农产品物流人才的培养和引进等方面都存在不足。这就导致了广西在农产品航空物流的发展过程中，面临专业化人才积累不足的困境。

9.3 广西农产品航空物流节点竞争力评价与优化

9.3.1 广西农产品航空物流节点的竞争力评价

在广西农产品航空物流快速发展的大背景下，对广西航空物流各网络节点竞争力进行测度，对航空物流网络空间结构进行优化，可以更加合理地配置航空物流资源，有效降低区域物流成本，提升物流的整体效率。这对广西经济、社会的发展具有重要的现实意义。

区域农产品航空物流评价指标体系的构建应结合物流产业结构和地区的产业特色等要素，目前很少有文章做此类研究。

本书参照波特的钻石模型理论和农产品航空物流产业发展特点，并参照王圣云的区域物流评价指标体系和第 6 章介绍的广西农产品物流竞争力评价模型，建立广西农产品航空物流评价的指标体系。本章主要选择了政府、经济、区位和环境四个大类的要素，具体指标模型如图 9-4 所示。

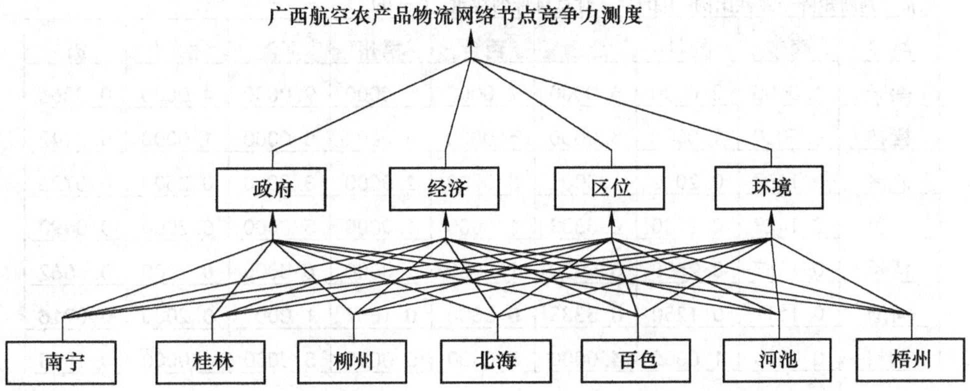

图9-4 广西农产品航空物流竞争力评价模型

作者根据构建的层次分析模型，邀请了7位农产品物流领域的专家、学者对各航空物流节点表现按1~9重要性进行打分。

政府主要依靠区域战略发展规划、农产品物流产业发展规划和民航产业发展规划来影响区域农产品航空物流的竞争力。区域战略发展规划属于宏观影响因素，农产品物流发展规划和民航产业发展规划属于中观的产业影响因素。

经济包含三方面的含意。第一方面是农产品航空物流市场的供给，这是农产品物流市场的存在基础。主要的指标有航空物流固定资产投资、航空物流企业数量、航空物流企业从业人员数量、农产品物流园投资、飞机数量、机场规模。第二方面是农产品物流市场的需求，这主要考虑农产品物流市场的需求是由消费反映出来的。主要指标有进出口商品总值、地区GDP、农业总产值、社会消费品总额。第三方面是经济包含了航空物流产业本身，主要指标是航空物流中货邮吞吐量、农产品航空的吞吐量。

区位因素主要是指交通区位优势，一般在北部湾经济区、沿海沿边或者重要的战略枢纽，区位优势比较突出。

环境因素考虑了两方面的内涵：一方面是硬件环境，主要是指支撑农产品航空物流的载体，选取的指标有农产品航空物流园数量、高铁总里程数、铁路里程数、高速公路里程数；另一方面是软环境，包含农产品航空物流人才的培养和农产品航空物流体制、机制、技术的创新。

参考图9-5~图9-8的判断矩阵，最终的评价结果如图9-9、图9-10所示，评价结果显示，广西农产品航空物流网络节点中，南宁、桂林、柳州的综合竞争力较强，北海、百色、梧州较弱，河池作为新建机场，综合竞争力最弱。

经济　判断矩阵一致性比例：0.0744；对总目标的权重：0.6909

经济	南宁	桂林	北海	百色	梧州	河池	柳州	Wi
南宁	1.0000	2.0000	6.0000	7.0000	6.0000	9.0000	4.0000	0.3866
桂林	0.5000	1.0000	5.0000	5.0000	4.0000	8.0000	1.0000	0.2242
北海	0.1667	0.2000	1.0000	3.0000	2.0000	3.0000	0.2500	0.0726
百色	0.1429	0.2000	0.3333	1.0000	1.0000	5.0000	0.2000	0.0490
梧州	0.1667	0.2500	0.5000	1.0000	1.0000	6.0000	0.2000	0.0562
河池	0.1111	0.1250	0.3333	0.2000	0.1667	1.0000	0.2000	0.0216
柳州	0.2500	1.0000	4.0000	5.0000	5.0000	5.0000	1.0000	0.1898

图 9-5　广西农产品航空物流经济判断矩阵

区位　判断矩阵一致性比例：0.0728；对总目标的权重：0.0538

区位	南宁	桂林	柳州	北海	百色	梧州	河池	Wi
南宁	1.0000	2.0000	3.0000	4.0000	7.0000	7.0000	9.0000	0.3616
桂林	0.5000	1.0000	2.0000	5.0000	5.0000	5.0000	7.0000	0.2533
柳州	0.3333	0.5000	1.0000	2.0000	4.0000	3.0000	7.0000	0.1549
北海	0.2500	0.2000	0.5000	1.0000	5.0000	4.0000	6.0000	0.1126
百色	0.1429	0.2000	0.2500	0.2000	1.0000	2.0000	5.0000	0.0524
梧州	0.1429	0.2000	0.3333	0.2500	0.5000	1.0000	4.0000	0.0448
河池	0.1111	0.1429	0.1429	0.1667	0.2000	0.2500	1.0000	0.0203

图 9-6　广西农产品航空物流区位判断矩阵

环境　判断矩阵一致性比例：0.0610；对总目标的权重：0.1191

环境	南宁	桂林	柳州	北海	百色	梧州	河池	Wi
南宁	1.0000	2.0000	3.0000	5.0000	4.0000	5.0000	4.0000	0.3128
桂林	0.5000	1.0000	4.0000	6.0000	6.0000	6.0000	5.0000	0.3081
柳州	0.3333	0.2500	1.0000	4.0000	4.0000	4.0000	5.0000	0.1645
北海	0.2000	0.1667	0.2500	1.0000	0.5000	0.5000	0.5000	0.0386
百色	0.2500	0.1667	0.2500	2.0000	1.0000	2.0000	1.0000	0.0653
梧州	0.2000	0.1667	0.2500	2.0000	0.5000	1.0000	2.0000	0.0573
河池	0.2500	0.2000	0.2000	2.0000	1.0000	0.5000	1.0000	0.0533

图 9-7　广西农产品航空物流环境判断矩阵

政府　判断矩阵一致性比例：0.0975；对总目标的权重：0.1362

政府	南宁	桂林	北海	百色	河池	梧州	柳州	Wi
南宁	1.0000	3.0000	7.0000	9.0000	9.0000	8.0000	4.0000	0.4514
桂林	0.3333	1.0000	6.0000	5.0000	5.0000	4.0000	2.0000	0.2237
北海	0.1429	0.1667	1.0000	0.5000	4.0000	4.0000	0.3333	0.0641
百色	0.1111	0.2000	2.0000	1.0000	4.0000	3.0000	0.5000	0.0787
河池	0.1111	0.2000	0.2500	0.2500	1.0000	3.0000	0.5000	0.0394
梧州	0.1250	0.2500	0.2500	0.3333	0.3333	1.0000	0.5000	0.0315
柳州	0.2500	0.5000	3.0000	2.0000	2.0000	2.0000	1.0000	0.1112

图 9-8　广西农产品航空物流政府判断矩阵

最终结果

备选方案	权重
南宁	0.3853
桂林	0.2357
北海	0.0696
百色	0.0552
梧州	0.0524
河池	0.0277
柳州	0.1742

图 9-9　广西农产品航空物流网络节点竞争力评价结果

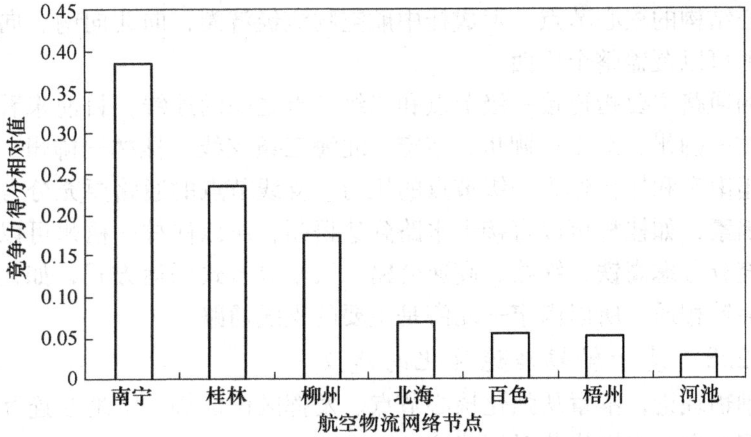

图 9-10　广西农产品航空物流网络节点竞争力评价结果

9.3.2 基于轴辐理论的广西农产品航空物流节点优化

广西农产品航空物流网络空间结构的优化主要基于轴辐理论，其理论特点是依据农产品航空物流竞争力得分把各物流节点划分为若干层次，处于支配地位的核心节点称为轴心，其他节点与轴心联系组成辐网。空间结构的优化有利于广西航空物流网络整体运营效率的提升。

9.3.2.1 确定轴心城市节点和其余节点的层次

轴心城市节点处于整个网络空间的中心，是整个航空物流网络的中枢神经，起着调控整个网络的重要作用。广西农产品航空物流节点竞争力测度结果显示，可以建立以南宁—桂林为核心的双核一级轴心城市圈，范围覆盖柳州、河池、梧州、玉林（筹）、贵港（筹）五个城市节点。柳州、北海、梧州、百色、可以作为主要的二级节点城市，主要辐射周边的县市和地区；河池、玉林（筹）、贵港（筹）、贺州（筹）、防城港（筹）、崇左（筹）五个城市属于广西民航“十三五”规划将要建设布局的城市（贺州节点已经开工建设），可以作为三级节点。这样在整个广西 14 个地级市中，只有钦州、来宾没有航空物流节点，其余地级市，均布局完成。

9.3.2.2 区域航空物流的通道分析

在以南宁—桂林为核心节点的轴辐式网络中，各节点之间还要连接，形成一个整体的网络。其中干线网络主要是南宁—桂林双核心网络，桂林主要辐射桂北、桂东贺州、梧州区域、河池区域和柳州区域。南宁作为中心节点，可以覆盖百色、河池、崇左、防城港、贵港、玉林、北海、贺州，向北辐射到柳州节点。柳州正好处于南宁—桂林双核心的中间区域，随着柳州经济的发展、航空物流软硬件设施的提升，其航空物流竞争力将有显著的提升，更适合建立南宁—柳州—桂林三核心结构的核心节点，形成桂中航空物流经济圈，向北向南、向东向西四个方向辐射可以覆盖整个广西。

支线的通路主要指连接一级节点和二级节点之间的连线，目前来看，主要的支线有桂林—柳州、南宁—柳州、南宁—北海三条支线，桂林—柳州、南宁—柳州可以分担南宁和桂林作为一级节点的压力。支线节点的通路要充分考虑空地互连互通的因素，如桂林可以直接走水路到达梧州，所以桂林—梧州可以作为支线通路；要充分考虑高铁、铁路、高速公路、汽车等多式联运方式，如桂林—南宁—北海有高铁相通，所以南宁—北海是主要的支线通路。

9.3.2.3 基于轴辐理论优化的建议

基于轴辐理论，本章从强化核心节点、发挥区位优势、空地互连互通、抱团建网共赢四个方面提出优化对策建议。

广西应该强化核心节点，构建以南宁、桂林为主的桂中城市群航空物流经济圈。强化南宁、桂林作为轴心节点的地位是必需的。南宁节点竞争力已经与桂林节点拉开了一定的距离，但桂林节点也承担着整个桂北、桂东、桂中区域的航空物资的集散作用，从得分的情况来看，南宁在政府、区位、经济、环境方面的得分都较高，因此，今后一段时期要加强对桂林节点的建设工作，在政策、资金、技术三个方面加以倾斜，才有利于保证广西航空物流轴辐式网络中“双核心”结构的稳定性。另外，从综合得分来看，柳州节点也具备一定的核心优势，而且其地理位置处于双核心覆盖的中心区域，因此提升柳州节点的航空物流竞争力，对于将来构建“三核心”结构的桂中航空物流城市圈具有重大的意义。综上，提升南宁、桂林、柳州节点的航空物流枢纽综合实力时，由于桂林、柳州在经济项得分较低，加强这两个节点城市的航空物流基础设施建设尤其重要。

广西应该发挥区位优势，推动广西-东盟国际航空物流建设发展。处于二级节点的北海、梧州、百色、河池以及将来要建设的防城港、崇左、贵港、玉林等城市节点，要在广西-东盟国际航空物流上做文章。根据分析结果，北海区位优势和经济指标较梧州、百色、河池更有竞争力，应用抓住国家北部湾战略和“一带一路”战略的重大机遇，充分发挥广西作为“21世纪海上丝绸之路”与“丝绸之路经济带”有机衔接的重要门户的优势，加强与周边省市、东盟国家的资源交流共享，大力发展航空物流产业。

发展航空物流，必须要注重整合整体的服务链条和价值链条，注重空地一体，互连互通。广西航空物流节点竞争力测度显示，广西各城市节点在物流环境硬件上还有比较大的提升空间，如高铁、铁路、高速路总里程等。在航空物流向现代物流转型的大背景下，各环节互连互通是非常必要的。广西航空物流在各环节上还是有割裂和脱节的，航空物流落地后，应与地面上的高铁、铁路、高速路、快递配送等不同运输力量联合起来，充分发挥多式联运的优势，力争在用最低的时间、最优的成本、最好的服务来满足目标客户。目前来看，航空物流主要面对的还是高端客户，运输的也主要是急件、鲜活农产品、药品、贵重仪器等高附加值的产品，这在客观上也需要空地更好地互联互通。

发展农产品航空物流，必须抱团建网共赢。广西农产品航空物流节点竞争力测度显示，广西航空物流企业起步较晚、发展较慢、规模很小、资源分散、信息化程度较低，急需资源共享、联合重组，形成技术水平先进、主营业务突出、核心竞争力强的大型现代物流企业集团，通过拓展航空物流线路网络和建设信息网络两条途径，不断完善航空物流网络的节点和连线，增强通达性和连通性。各航空物流企业还应该大力建设物流信息平台，推进航空物流的信息化、网络化，提高物流服务的一体化、网络化水平。因此，广西航空物流企业应该站在整体利益的高度，从大处着眼，通过联合重组、抱团取暖、完善线路网络和信息网络，实现互利共赢。

9.4　面向东盟的广西农产品航空物流发展策略

根据以上分析，笔者就面向东盟的广西农产品航空物流发展提出几条策略。

（1）加强广西农产品信息化程度。目前广西农产品的信息化程度低。航空物流对信息化要求较高，要求物流时间短、环节少、精度高。这客观上对农产品的信息化程度提出了较高的要求，因此面向东盟的广西农产品航空物流的发展，首先要解决农产品信息化程度低的问题。东盟地区的各个国家对农产品需求的标准是有差异的，如很多国家水果等是按个来交易的，对水果的大小、包装、信息化程度有较高的要求。加强广西农产品信息化的程度，首先要增强农产品生产的农户的组织化程度和信息意识，大力发展农户专业合作社、农业协会模式，通过培训提升他们对农产品信息化的相关技能，在农产品采购、流通环节加强农产品信息化的管理，加强农产品物流园区信息平台与航空物流信息管理系统的数据对接功能。

（2）完善航空物流基础设施建设。尽管广西在面向东盟的航空物流方面取得了较大的成绩，但是总体上看，广西只有 7 个机场，目前只有南宁和桂林农产品航空货运量较大，对于东盟的进出口双边贸易比较频繁。要加强贺州、玉林、贵港、防城港、崇左的机场建设，加强航站楼、跑道、飞机、航空公司的建设工作，加强和国内航空公司的合作，加强面向东盟的航线的建设工作。此外，还要大力加强农产品物流所需的冷链设施设备的投入，国外物流发达国家的经验告诉我们，要完成好农产品的航空物流工作，必须加强冷链仓库、冷链配送设施设备的投入。只有机场、航线、冷链等农产品航空物流的基础设施建设完成，整个农产品航空物流的成本降低下来，才会带动整个市场的农产品航空物流的快速发展。

（3）空地互连互通交通体系完善。大力发展农产品航空物流，必须完善空地互连互通交通体系，这是由于城市机场的建设一般都位于远离市区的空旷地区，如果空地交通衔接不通，就会大大影响鲜活农产品的配送时间。空地互连互通涉及最后一公里的配送问题，许多城市都设置机场农产品专用的“绿色通道”。对于广西南宁、桂林等机场，要考虑在机场附近建设较大规模的农产品物流园区，要有高速公路，要使有轨交通工具能够非常便捷地将农产品货物运输进入机场农产品物流园区。各机场还要着力建设机场与火车站、市中心各农产品物流园区、农产品批发市场之间的通道，建设空地互连互通的交通体系，实现农产品的无缝对接，提高集散的效率，达到多式联运、快速集散的目的。

（4）增强南宁面向东盟核心地位。南宁由于特殊的政治、经济、地理位置，已经发展成为西南地区面向东盟的门户城市，有 70% 的农产品作为货物由南宁机场发往国内外主要城市。南宁作为广西航空网络轴辐的核心之一，也是最重要的核心。发展面向东盟的农产品航空物流，必须增强南宁作为面向东盟农产品双向贸易的核心地位，借助中国-东盟农产品双向贸易电子商务试点城市建设，在基础设施、政策、人才引进、龙头企业培养等各个方面加强对南宁的倾斜，保持和持续增强南宁作为面向东盟农产品航空物流的核心地位，不断开通面向东盟的新航线，不断提升面向东盟的农产品货物吞吐量。只有这样，才更加有利于广西农产品航空物流的发展，才能实现从核心区域向非核心区域的扩散作用。当然，由于广西是比较典型的“双核”结构，在不断增强南宁面向东盟的航空核心能力的同时，也应该不断发展桂林机场作为桂北地区最重要的面向东盟的航空物流重要集散地，也要不断增强桂林面向东盟的农产品航空物流实力。

（5）培养引进专业航空物流企业。针对当前广西航空物流大多由广西机场集团下属的地区航空物流公司分包，航空物流公司的规模较小、主营业务较少、专业化能力较弱等现状，大力发展专业的航空物流企业是增强地区航空物流竞争力的根本。发展高水平的航空物流企业，要坚持“内部培养和外部引进”共同发展的原则。一方面，要加强对本土化的航空物流企业的培养工作，特别是有一定基础的航空物流公司。要积极引导它们做大做强，在土地、政策、税收等方面提供优惠措施，强化其对物流的加工、包装、仓储、配送等的能力。特别是针对广西农产品品牌建设能力弱的特点，航空物流公司应该在品牌服务方面确立自己的优势，为广西的农产品品牌的建设提供帮助。另一方面，要大力引进国内外龙头的专业航空物流企业到广西落户，大型的航空物流公司对于提升本地农产品航空物流的具有战略性的意义。大型航空物流企业不仅会带来资金，缓解基础设施建设中的资金压力，而且还会带来技术、管理和客户资源，因此，广西要着力于引进大型的专业航空物流企业。

（6）加强农产品航空物流人才培养。发展农产品航空物流，人力资源是最宝贵的核心财富。广西农产品航空物流还处于初步发展的阶段，面临着人才短缺的现象。一方面，可以和高校合作，特别是和具有航空航天背景以及工科背景的高校合作，培养航空物流的专业人才，培养农产品物流的专业人才，以满足人才的需求。另一方面也可以从原有企业中选拔一部分基础较好的员工，针对不同层次、不同岗位的农产品航空物流的各个节点进行有针对性的培训，以较快地解决农产品航空物流短期的人才缺口。当然，高端的农产品航空物流的人才也需要从外部引进，特别是发达的航空物流公司和国外的一些农产品物流专家。也可以安排广西的人才到国内外主要的航空物流企业去学习。

（7）面向东盟的农产品航空物流政策引导。发展面向东盟的农产品航空物流，必须要有政策长期的引导。目前广西已经出台了《关于促进民航业发展的意见》、《2015—2017 年全区农村电子商务工作实施方案》、《广西商贸流通业“十三五”规划》、《广西南菜北运专项规划（2015—2025）》等政策和规划，这些政策和规划在内容上都积极引导面向东盟的思路，积极配合国家“一带一路”和“中国-东盟”战略。对农产品航空物流的发展，政府要起到积极的引导作用。政府要合理规划，对农产品航空物流各阶段的发展方向、发展水平、建设情况要进行引导和约束。同时，政府要积极协调农业部门、商务部门、海关、机场企业等多方建立共识，积极推进农产品航空物流的健康发展。由于广西的农产品航空物流还处于初级发展阶段，因此政府应该在政策、资金、人才、税收、技术等方面给予一定的优惠。广西政府还应该在政策的制定上积极推动农产品航空物流信息平台的建设工作，只有按“政府统筹，市场导向，平台支撑，资源共享，专业运作，企业受益”思想进行建设，才能取得整体利益的最大化。因此，广西应该要持续做好面向东盟的农产品航空物流的政策引导工作，这样才能不断推进广西农产品航空物流事业的发展。

参 考 文 献

[1] Balassa B. Trade liberation and revealed comparative advantage[J]. The Manchester School of Economic and Social Studies, 1965, 32: 109-123.

[2] Finger J M, Kreinin M E. A measure of "export similarity" and its possible uses[J]. The Economics Journal, 1979, 89: 905-912.

[3] Grubel H, Lloyd P J. Intra-industry trade: the theory and measurement of international trade in differentiated products[J]. Journal of International Economics, 1975, 85(339): 312-314.

[4] Fare, Primont D. Multi-output production and duality: theory and applications[M]. Boston: Kluwer Academic Publishers, 1995.

[5] Malmquist S. Index numbers and indifference surfaces [J]. Trabajos de Estatistica, 1953, 4 (2): 209-242.

[6] Shephard R W. Theory of cost and production functions [M]. Princeton: Princeton University Press, 1970.

[7] Farrell M J. The measurement of productive efficiency [J]. Journal of Royal Statistical Society Series, 1957, 120(3): 253-290.

[8] Caves D W, Christensen L R, Diewer W E. Multilateral comparisons of output, input and productivity using superlative index numbers [J]. Economic Journal, 1982, 92: 73-86.

[9] Charnes A, Copper W W, Rhodes E. Measuring the efficiency of decision-making units[J]. European Journal of Operation Research, 1978, 3(4): 338-339.

[10] Banker R D, Charnes A, Cooper W W. Some models for estimating technical and scale inefficiencies in data envelopment analysis[J]. Management Science, 1984, 30: 1078-1092.

[11] Andersen P, Petersen N C. A procedure for ranking efficient units in data envelopment analysis [J]. Management Science, 1993, 39: 1261-1264.

[12] Tone K. A slacks-based measure of efficiency in data envelopment analysis [J]. European Journal of Operational Research, 2001, 130: 498-509.

[13] Liang L, Wu J, Cook W D, et al. The DEA game cross-efficiency model and its nash equilibrium [J]. Operations Research, 2008, 56: 1278-1288.

[14] Kalakota R, Whinton B. Electronic commerce: a manager's guide[D]. Addison-Wesley, 1997.

[15] Srimanee Y, Routray J K. The fruit and vegetable marketing chains in Thailand: policy impacts and implications [J]. International Journal of Retail & Distribution Management, 2012, 40 (9): 656-675.

[16] Omar Ahumada, Rene Villalobos J. Application of planning models in the agricultural food supply chain: a review [J]. European Journal of Operational Research, 2009(195): 1-20.

[17] Srivastava S K. Green supply-chain management: a state-of-the-art literature review [J]. International journal of management reviews, 2007, 9(1): 53-80.

[18] Stevens G C. Integrating the supply chain [J]. International Journal of Physical Distribution and Materials Management, 1989, 19(8): 3-8.

[19] Anonymous. Barriers face logistics systems in developing lands [J]. Frozen Food Age, 1998,

47(1)：42.

[20] Sinner G W. Marketing and social structure in rural China[J]. Journal of Asian Studies, 1965, 4(2)：56.

[21] Goldman Arieh, Ramawami S, Krider Robert E. Barriers to the advancement of modern food retail formats：theory and measurement. Journal of Retailing, 2002, 78(4)：281-295.

[22] Brookes R. Recent changes in the retailing of fresh produce：strategic implication for fresh produce suppliers [J]. Journal of Business Research, 1995(32)：149-161.

[23] Hodder B W, Ukwu U T. Markets in west Africa [M]. Ibadan：University of Ibadan Press, 1969.

[24] Fagerlurd V G, Simth R H T. A preliminary map of market periodicities in China[J]. Journal of Developing Area, 1970(4)：333-347.

[25] 张立国. 我国物流业转型升级研究综述[J]. 技术经济与管理研究, 2015, 1：125-128.

[26] 张立国. 物流园区平台下城市物流发展实证研究[J]. 商业时代, 2009(35)：21-22.

[27] 张立国. 物流园区研究综述[J]. 物流技术, 2015, 3：1-3.

[28] 张立国, 李东, 龚爱清. 中国物流业全要素能源效率动态变动及区域差异分析[J]. 资源科学, 2015, 4：754-763.

[29] 张立国. 广西北部湾经济区物流园区建设政策优化研究[J]. 物流技术, 2015, 11：1-4.

[30] 张立国. 物流园区视角下桂林农产品流通体系构建研究[J]. 人力资源管理, 2015, 10：182.

[31] 张立国, 葛莉. 低碳物流园区的界定、特征与运作策略[J]. 商业时代, 2012, 1：40-41.

[32] 张立国. 物流业能源消耗与碳排放研究进展[J]. 技术经济与管理研究, 2016, 1：119-123.

[33] 张立国. 梯度理论视角下广西北部湾经济区物流园区规划研究[J]. 特区经济, 2011, 8：290-291.

[34] 张立国, 李东, 周德群. 中国物流业二氧化碳排放绩效的动态变化及区域差异——基于省级面板数据的实证分析[J]. 系统工程, 2013, 4：95-102.

[35] 葛莉. 基于协同理论的物流业发展对策[J]. 物流科技, 2009, 9：112-113.

[36] 张立国. 基于城乡协同的桂北物流业建设研究[J]. 广东农业科学, 2009, 12：238-240.

[37] 程国辉, 谢頔. 基于移动互联网的桂北地区农产品营销信息平台研究[J]. 物流科技, 2014, 12：36-39.

[38] 程国辉. 桂北地区第四方物流信息平台的架构分析[J]. 桂林航天工业学院学报, 2013, 2：130-132.

[39] 程国辉. 电子商务驱动的桂北地区物流体系城乡一体化集成模式研究 [D]. 桂林：桂林理工大学, 2013.

[40] 何勇. 中国与东盟农产品贸易研究[J]. 世界农业, 2014, 2：131-134.

[41] 何勇, 张一纯. 农业产业化与农产品贸易之间的关系探讨[J]. 行政事业资产与财务, 2014, 3：106-107.

[42] 何勇, 张一纯. 浅谈农业产业化与农产品贸易之间的关系[J]. 中国高新技术企业,

2014，6：1-3.
[43] 何勇．广西与东盟农产品产业内贸易影响因素的实证分析[J]．广西社会科学，2013，9：39-44.
[44] 何勇，陈辉．广西-东盟农产品贸易发展及对策分析[J]．桂林航天工业高等专科学校学报，2011，2：177-182.
[45] 何勇，屈海群．北部湾经济区物流园区运作模式研究[J]．物流技术，2012，21：106-108.
[46] 毕玉平．山东生鲜农产品物流供应链模式研究[D]．杨凌：西北农林科技大学，2011.
[47] 张丽．中国-东盟自由贸易区：背景、利益与前景[D]．天津：天津财经学院，2004.
[48] 张杰．中国-东盟自由贸易区争端解决机制研究[D]．大连：大连海事大学，2010.
[49] 张建平，李肖祎．中国-东盟自由贸易区合作的进展情况、问题和展望[J]．经济研究参考，2008，17：7-15.
[50] 李碧珍．农产品物流模式创新研究[D]．福州：福建师范大学，2009.
[51] 朱自平．我国农业产业化历程中农产品物流问题研究[D]．天津：天津大学，2008.
[52] 许金立．基于供应链战略协同的农产品物流运行机制研究[D]．北京：北京交通大学，2012.
[53] 艾小玲．农产品物流的发展对农业产业化的促进机制研究[J]．物流科技，2014，6：51-53.
[54] 宋娟娟．农产品物流特性及相关问题研究[D]．重庆：西南大学，2006.
[55] 刘全喜．甘肃农产品物流发展的实证分析与对策研究[D]．兰州：甘肃农业大学，2006.
[56] 王广平．山西省农产品市场体系建设研究[D]．杨凌：西北农林科技大学，2007.
[57] 刘伟．农产品物流配送中心选址问题研究[D]．武汉：武汉理工大学，2010.
[58] 张敏．基于农户视角对陕西省苹果物流模式的研究[D]．杨凌：西北农林科技大学，2009.
[59] 孟凡胜．中国农产品现代物流发展问题研究[D]．哈尔滨：东北农业大学，2005.
[60] 洪琳．供应链管理视角下的浙江农产品物流模式研究[D]．南昌：南昌大学，2012.
[61] 李大胜，罗必良．关于农产品流通的若干理论问题[J]．南方农村，2002，1：30-32.
[62] 张杰．广东与泰国农产品贸易关系的实证分析[J]．珠江经济，2008，11：64-70.
[63] 荣静，杨川．中国与东盟农产品贸易竞争和贸易互补实证分析[J]．国际贸易问题，2006，8：45-49.
[64] 文小燕．基于比较优势的东北亚区域木材贸易研究[D]．哈尔滨：东北林业大学，2012.
[65] 叶威．东亚商品贸易结构：全球金融危机后的演变及趋势分析[D]．沈阳：辽宁大学，2013.
[66] 吕亚楠．新丝绸之路背景下对中土贸易的现状分析与建议[J]．现代商业，2015，15：47-48.
[67] 曹剑飞．从欧洲一体化看泛北部湾经济合作途径[J]．地域研究与开发，2010，3：15-18，62.
[68] 刘珊．中国东盟农产品贸易问题研究[D]．长沙：湖南农业大学，2010.
[69] 张忠勇．中国-东盟自由贸易区成效与问题分析[J]．山东纺织经济，2009，5：5-7.

[70] 张建中. 广西与东盟农业弱质性对比分析[J]. 湖南财经高等专科学校学报, 2009, 5: 38-41.
[71] 旷乾, 汤金丽. 中国与泰国农产品的贸易竞争性与互补性分析[J]. 理论探讨, 2012, 5: 82-86.
[72] 崔奇峰. 中国-东盟自由贸易区建立的经济影响分析[D]. 南京: 南京农业大学, 2009.
[73] 罗振东. 中国与东盟区域经济合作研究[D]. 长春: 东北师范大学, 2006.
[74] 姜元武, 庄丽娟. 广东与东盟农产品贸易结构及变动趋势分析[J]. 华南农业大学学报(社会科学版), 2008, 2: 15-20.
[75] 时如愿. 我国蔬菜种业竞争力问题研究[D]. 泰安: 山东农业大学, 2012.
[76] 贺梅英, 方旖旎. 广东与东盟农产品贸易的竞争性与互补性分析[J]. 国际经贸探索, 2008, 11: 31-35.
[77] 广西壮族自治区统计局, 国家统计局广西调查总队. 2013 年广西壮族自治区国民经济和社会发展统计公报 [N]. 广西日报, 2014-03-31(010).
[78] 黄丽娟, 廖进球. e-供应链网络营销平台的规划与设计理论框架及策略探讨——以中国图书供应链为例[J]. 财贸经济, 2008(3): 92-97.
[79] 广西壮族自治区统计局. 2014 广西统计年鉴[M]. 北京: 中国统计出版社, 2014.
[80] 林桂红. 中国-东盟自由贸易区框架下广西农产品加工业的 SWOT 分析与对策[J]. 中国经贸导刊, 2012, 4: 54-55.
[81] 葛显龙. 面向云配送模式的车辆调度问题及算法研究[D]. 重庆: 重庆大学, 2011.
[82] 王娟娟. 基于电子商务平台的农产品云物流发展[J]. 中国流通经济, 2014(11): 37-42.
[83] 韩小改. 大数据时代电子商务物流信息反馈机理研究[J]. 江西社会科学, 2014(8): 232-235.
[84] 张树梁. 电子商务环境下云配送物流模式研究及其应用[D]. 重庆: 重庆大学, 2014.
[85] 张晓雯. 电子商务环境下多物流配送中心选址及协同配送问题研究[D]. 西安: 西安理工大学, 2014.
[86] 赵志田, 何永达, 杨坚争. 农产品电子商务物流理论构建及实证分析[J]. 商业经济与管理, 2014(7): 14-20.
[87] 蒋智毅. 电子商务平台下农产品供应链物流模式研究[D]. 重庆: 重庆理工大学, 2013.
[88] 李屏. 云配送网络特征的研究[J]. 印制电路信息, 2014(8): 65-67.
[89] 李帅. 基于电子商务的物流与供应链网络优化问题研究[D]. 沈阳: 沈阳理工大学, 2014.
[90] 杨聚平, 杨长春, 姚宣霞. 电子商务物流中的间接配送模式研究[J]. 商业研究, 2014(5): 162-170.
[91] 胡宝芳. 云配送中面向客户优先级的多配送中心改进遗传算法[J]. 物流技术, 2013(8): 168-170.
[92] 余明举, 李秋香. 第四方物流信息平台及其基于 Open API 的架构设计[J]. 物流工程与管理, 2012(7): 66-68.
[93] 徐精晶, 沈羚茵, 熊静, 等. 基于 SOA 的第四方航空流信息平台架构分析[J]. 物流科技, 2012(8): 21-24.

[94] 江瑜，金海波．基于 Web Service 的第四方物流信息平台架构模型研究[J]．工业技术经济，2010，29(4)：75-78.

[95] 李晨毓．电子商务模式下对第四方物流发展的探索[J]．经贸观察，2011(3)：66.

[96] 万冬生．第四方物流平台设计与实现[D]．上海：上海交通大学，2009.

[97] Michael Porter. 国家竞争优势 [M]．李明轩，等译．北京：华夏出版社，2002.

[98] 王圣云，沈玉芳．我国省级区域物流竞争力评价及特征研究[J]．中国软科学，2007，10：104-110.

[99] 郝京京，戢晓峰．云南省物流网络空间优化研究[J]．交通信息与安全，2015(4)：119-126.

[100] 秦璐．城市物流空间结构特征及演化理论研究[D]．北京：北京交通大学，2012.

[101] 韩锋，张永庆．物流业集聚对于区域空间重构的动力因素及作用机理[J]．中国流通经济，2015(9)：26-32.

[102] 谭观音，左泽平．海峡西岸经济区城市物流竞争力的动态比较[J]．经济地理，2012，32(3)：107-113.

[103] 张鹏．区域物流发展水平测度研究[D]．长春：吉林大学，2010.

[104] 秦岩．我国航空物流体系发展研究[D]．西安：长安大学，2006.

[105] 谢如鹤，祝强，陈宝星．区域物流产业竞争力指标体系及其应用[J]．工业工程，2008(1)：109-102.

[106] 刘宝．我国物流发展的城乡“二元”形态及其破解思路[J]．经济问题探索，2008(4)：47-49.

[107] 唐运艳．广西农产品物流发展问题研究[D]．南宁：广西大学，2007.

[108] 李远远，刘光前，徐斯．基于云计算的广西农产品物流公共信息平台规划[J]．南方农业学报，2014，45(6)：1117-1120.

[109] 孙静．城乡统筹背景下农村物流运作模式研究[D]．武汉：武汉理工大学，2011.

[110] 韩喜艳．农产品流通组织化研究[D]．北京：中国农业科学院，2013.

[111] 蒋宁．林产品物流企业竞争力研究[D]．南京：南京林业大学，2013.

[112] 王家旭．我国农产品流通体系效率评价与优化路径[D]．哈尔滨：哈尔滨商业大学，2013.

[113] 郭淑缓．河北省农产品物流发展及对策研究[D]．保定：河北农业大学，2005.

[114] 王蕾．基于供应链的新疆北疆农产品物流体系优化研究[D]．石河子：石河子大学，2014.

[115] 唐步龙．我国农产品物流现状及对策研究[J]．安徽农业科学，2008，36(7)：2984-2986.

[116] 王永康．我国农产品物流现状及其冷链发展对策[J]．改革与战略，2011，27(9)：93-95.

[117] 张光明，祝新．基于钻石模型的广西物流产业竞争力研究[J]．开放导报，2011(5)：42-45.

[118] 邓慧玲．中国对东盟鲜活农产品物流风险管理研究[D]．南宁：广西大学，2014.

[119] 王志鹏．重庆城乡统筹农产品物流体系构建研究[D]．重庆：重庆交通大学，2009.

[120] 奉钦亮．广西林业产业区域竞争力评价研究[D]．北京：北京林业大学，2010.

[121] 牟能冶．地区物流竞争力识别体系及动态评估研究[D]．成都：西南交通大学，2009.

[122] 李卫东．企业竞争力评价理论与方法研究[D]．北京：北京交通大学，2007.

[123] 肖盛峰．区域核心城市及其竞争力研究[D]．大连：大连理工大学，2011.

[124] 李建军．区域物流协同成长研究[D]．南昌：江西财经大学，2013.

[125] 景保峰，唐琮沅．区域物流竞争力的灰色综合评价研究——以广西北部湾经济区为例[J]．中国管理信息化，2009(9)：82-84.

[126] 谭涛．区域物流竞争力水平分析与评价研究[D]．成都：西南交通大学，2007.

[127] 肖艳．区域物流竞争力评价研究[D]．重庆：重庆大学，2007.

[128] 欧阳小迅，黄福华．区域物流竞争力评价指标、方法和实证——以湖南省为例[J]．湖南商学院学报，2010，17(2)：69-74.

[129] 王景敏，隋博文．面向中国-东盟自由贸易区的广西物流业发展研究[J]．物流科技，2010(11)：44-46.

[130] 杨晗熠．区域物流系统及轴-辐网络研究[D]．天津：天津大学，2010.

[131] 李建军，舒辉．区域物流协同成长实证研究[J]．中国流通经济，2014(9)：40-45.

[132] 赵炎．我国物流企业竞争力评价与对策研究[D]．哈尔滨：东北林业大学，2005.

[133] 潘峰．信息化背景下物流网络资源动态整合模式及流程研究[D]．北京：北京交通大学，2015.

[134] 韩立清．物流产业竞争力成长分析与深圳实践研究[D]．成都：西南交通大学，2015.

[135] 韦正球．中国-东盟框架下粤、桂、滇物流竞争力比较研究[J]．经济问题探索，2004(6)：120-123.

[136] 潘永．中国-东盟框架下广西物流竞争力研究[J]．改革与战略，2004(6)：4-7.

[137] 广西壮族自治区统计局，国家统计局广西调查总队．2014 年广西壮族自治区国民经济和社会发展统计公报[N]．广西日报，2015-04-18(006).

[138] 王树祥．我国农产品现代物流发展战略研究[D]．北京：北京交通大学，2005.

[139] 杨平．基于供应链的湖北农产品物流服务体系研究[D]．武汉：华中农业大学，2008.

[140] 朱占峰．物流企业管理[M]．武汉：武汉理工大学出版社，2011.

[141] 张红，徐学军．广船公司价值链结构特征及其优化策略研究[J]．工业工程与管理，2004(5)：111-114.

[142] 周兴建．基于价值工程的物流价值链优化研究[D]．武汉：武汉理工大学，2012.

[143] 孙玲．协同学理论方法及应用研究[D]．哈尔滨：哈尔滨工程大学，2009.

[144] 科埃利．效率与生产率分析引论[M]．王忠玉，译．北京：中国人民大学出版社，2008.

[145] 孙巍．效率与生产率的非参数分析——方法、软件与应用[M]．北京：社会科学文献出版社，2010.

[146] 王群伟．全要素视角下的能源利用和二氧化碳排放效率测度研究[D]．南京：南京航空航天大学，2010.

[147] 孙立成，周德群，李群．能源利用效率动态变化的中外比较研究[J]．数量经济技术经济研究，2008(8)：57-69.

[148] 朱超. 中国银行业效率动态变化的 Malmquist 指数研究：2000—2004[J]. 经济科学，2006(5)：51-62.
[149] 魏权龄. 数据包络分析[M]. 北京：科学出版社，2004.
[150] 盛昭瀚，朱乔，吴广谋. DEA 理论、方法与应用[M]. 北京：科学出版社，1996.
[151] 王可山，洪岚. 农产品物流研究的理论、方法与进展[J]. 中国流通经济，2007 (7)：27-29.
[152] 张孝义. 农产品可拓物流理论方法及实证研究[D]. 吉林：吉林大学，2011.
[153] 刘海飞. 深化改革，加快农产品物流业发展[J]. 农业经济问题，1992 (4)：10-13.
[154] 秦代红，刘学. 加快发展农产品物流业，提高农业竞争力——以四川省成都市为例[J]. 农村经济，2002(12)：22-24.
[155] 丁俊发. 农产品物流要处理好六大矛盾[J]. 经济研究参考，2002(63)：38.
[156] 章胜勇，杨菁，吴春梅. 以现代物流促进农产品流通[J]. 农村经济，2003(1)：9-10.
[157] 梁绍基. 黑龙江农产品竞争力提升与现代物流[J]. 北方论丛，2003(4)：31-33.
[158] 夏文汇. 电子商务平台下农产品物流运作模式研究[J]. 农村经济，2003(7)：5-6.
[159] 孙剑，李艳军. 基于一体化战略的农产品物流系统模式[J]. 商业时代，2003(17)：54-55.
[160] 丁华. 供应链管理理论及其在农产品物流企业中的应用[J]. 中国流通经济，2004(1)：17-21.
[161] 喻晓燕，黄立平. 供应链环境下我国农产品物流运作模式初探[J]. 物流技术，2004(11)：51-65.
[162] 王艳，杨伟. 试论我国农产品物流供应链管理[J]. 当代经济管理，2008(10)：39-41.
[163] 黄桂红，饶志伟. 基于供应链一体化的农产品物流整合探析[J]. 中国流通经济，2011(2)：46-48.
[164] 王凯. 农产品供应链物流整合实证研究[D]. 江苏：南京农业大学，2004.
[165] 王宁，黄立平. 基于信息网络的农产品物流供应链管理模式研究[J]. 农业现代化研究，2005(2)：126-130.
[166] 黄福华，周敏. 封闭供应链环境的绿色农产品共同物流模式研究[J]. 管理世界，2009(10)：172-173.
[167] 李晓宇，张明玉. 农产品物流供应链风险生成机制及预警模式[J]. 管理现代化，2009(4)：47-49.
[168] 韩松. 河南省大宗农产品绿色物流与供应链系统构建研究[J]. 中国流通经济，2009(8)：21-24.
[169] 严余松. 绿色农产品封闭供应链物流网络优化研究[D]. 成都：西南交通大学，2010.
[170] 王静. 我国农产品物流电子商务供应链网络结构与运行机制[J]. 学术论坛，2012(2)：32-36.
[171] 王浩徽. 供应链环境下 BSC-SCOR 联合模型在农产品物流绩效评价中的应用[J]. 物流技术，2014(10)：42-46.
[172] 马林，张旸. 基于供应链的农产品物流重构研究[J]. 管理现代化，2015(4)：106-108.
[173] 田刚，罗建强，庄晋财，等. 集群供应链视角下农产品加工业与物流业共生演化研

究——以漯河农产品加工集群为例[J]. 商业经济与管理，2015(9)：5-12.
[174] 贺盛瑜，董一平. 供应链环境下四川农产品物流运作模式探讨[J]. 农村经济，2006(6)：89-92.
[175] 贾平. 于供应链动态联盟的农产品物流组织设计[J]. 农村经济，2007(10)：34-36.
[176] 张倩，李崇光. 农产品物流发展的供应链管理模式及对策[J]. 软科学，2008(1)：91-93.
[177] 方威. 供应链环境下农产品物流联盟研究[D]. 武汉：中南林业科研大学，2011.
[178] 李创. 基于DEA的河南省农产品批发市场和第三方物流模式的效率评价研究[J]. 现代管理科学，2012(12)：98-100.
[179] 徐良培，李淑华. 农产品物流效率及其影响因素研究——基于中国2000—2011年省际面板数据的实证分析[J]. 华中农业大学学报（社会科学版），2013(6)：71-79.
[180] 陈玲. 基于改进DEA模型的中国省域农产品物流效率测度[J]. 物流技术，2014(11)：288-291.
[181] 杨军，王厚俊，杨春. 我国城镇化对农产品物流效率的影响[J]. 农业技术经济，2011(10)：63-68.
[182] 杨馥榕. 农产品物流能力对其流通效率影响实证分析[J]. 商业时代，2013(10)：38-39.
[183] 王家旭. 我国农产品物流效率的实证分析——基于农产品主产区的省级面板数据[J]. 物流技术，2013(6)：147-150.
[184] 崔振洪，王家旭，华振. 我国农产品物流效率评价及影响因素分析[J]. 物流技术，2014(5)：114-116.
[185] 李耀华. 基于生态经济视角下的农产品冷链物流效率评价研究[J]. 商业经济研究，2015(12)：31-32.
[186] 陈卫洪. 贵州农产品供应链及物流效率问题分析[J]. 中国市场，2007(5)：78-80.
[187] 韩云昊. 提升我国农产品物流效率对策研究[J]. 价格月刊，2014(8)：72-75.
[188] 韩松. 新时期我国农产品物流技术与装备发展探析[J]. 中国流通经济，2008(5)：31-33.
[189] 屈晓辉，庄大方，邱东升. 蔬果农产品可追溯物流实现技术研究[J]. 2008(12)：70-71.
[190] 张旭东. QRcode技术及其在农产品可追溯物流中的应用研究[J]. 合肥：合肥工业大学，2009.
[191] 周向明，钱建平，杨信廷，等. 农产品物流配送过程信息技术应用研究进展[J]. 中国农学通报，2010(8)：323-327.
[192] 付雄新，周受钦，谢小鹏. 农产品物流运输装备智能监测与跟踪技术[J]. 农机化研究，2010(8)：166-169.
[193] 钟聪儿，邱荣祖. 基于免疫算法与GIS技术的农产品物流配送中心选址[J]. 江南大学学报（自然科学版），2011(2)：162-167.
[194] 邱荣祖，钟聪儿，修晓虎. 基于GIS和禁忌搜索集成技术的农产品物流配送路径优化[J]. 数学的实践与认识，2011(5)：145-152.

[195] 刘成华，贺盛瑜．基于RFID技术的农产品物流体系研究[J]．农村经济，2012(10)：91-94.
[196] 董君成．基于ZigBee技术的农产品冷链物流可追溯系统研究[J]．物流技术，2014(6)：85-88.
[197] 龚宇平，张瑜，蒋国平，等．基于WEBGIS技术的农产品物流信息管理平台[J]．农机化研究，2009(4)：230-233.
[198] 李莉．新疆农产品外销物流平台配套技术方案研究[J]．铁道运输与经济，2010(9)：65-67.
[199] 王晓思，孙静，林峰，等．基于云计算和RFID技术的农产品物流信息系统研究[J]．安徽农业科学，2013(7)：3201-3202.
[200] 孙宏岭，刘亚鑫．云物流支撑下鲜活农产品供应链的优化升级[J]．价格月刊，2013(7)：80-82.
[201] 李海燕．基于物联网技术的农产品冷链物流园区信息平台研究[J]．物流技术，2014(1)：102-104.
[202] 朱先月．物联网技术在吉林省农产品冷链物流中的应用研究[D]．吉林：长春工业大学，2015.
[203] 叶伟媛．发展浙西南山区农产品绿色物流的思考[J]．物流科技，2008(5)：57-59.
[204] 李春香．论农产品绿色物流推广策略[J]．湖北社会科学，2009(5)：94-97.
[205] 许红莲．发达国家农产品绿色物流发展及其经验借鉴[J]．中央财经大学学报，2011(12)：70-74.
[206] 孙曦，杨为民．农产品绿色物流体系的构建与实现途径[J]．江苏农业科学，2014(7)：454-457.
[207] 吴锋．基于绿色供应链管理的农产品物流探讨[J]．企业经济，2009(12)：46-48.
[208] 廖明山，王江．绿色农产品供应链与物流问题研究[J]．现代化农业，2012(3)：49-51.
[209] 孙小会．农产品物流中绿色供应链理论的应用[J]．物流技术，2013(3)：124-126.
[210] 刘玉，叶泽川．集成供应链运作与绿色农产品物流管理创新[J]．人民论坛，2013(4)：106-107.
[211] 许红莲，邓超．现代农产品绿色物流金融发展及其制约因素分析[J]．湖南大学学报(社会科学版)，2008(7)：69-72.
[212] 许红莲．现代农产品绿色物流金融发展的绩效及风险分析[J]．湖南社会科学，2008(4)：210-213.
[213] 许红莲．农产品绿色物流金融运营的帕累托最优状态分析[J]．系统工程，2010(3)：123-126.
[214] 许红莲．现代农产品绿色物流金融运作模式设计[J]．中央财经大学学报，2009(11)：82-86.
[215] 许红莲．农产品绿色物流银行模式的创建与发展——以长株潭“两型”试验区为例[J]．中央财经大学学报，2012(11)：50-55.
[216] 邓昂．绿色农产品物流金融风险控制策略探析[J]．商业时代，2013(11)：55-56.
[217] 刘刚，张旺明，刘红萍．基于中部崛起的湖北城乡物流衔接模式研究[J]．商品储运与

养护，2008，30(2)：6-9.
[218] 唐红涛，唐红帆．基于城乡发展视角的第三方物流体系建设[J]．交通企业管理，2008(3)：52-54.
[219] 白晋湘．湘西城乡物流一体化研究[J]．湖南农业大学学报（社会科学版），2008，9(2)：62-65.
[220] 王晓洋．基于城乡一体化优化餐饮连锁企业原料配送外包业务[J]．物流技术，2014(19)：65-67.
[221] 陈代芬，郑红军．我国农产品物流园区发展模式与对策研究[J]．广东农业科学，2007(6)：91-94.
[222] 王婧，陈旭．考虑流通损耗的生鲜农产品零售商期权订货策略[J]．系统工程理论与实践，2012，32(7)：1408-1414.
[223] 孙旭，杨印生，郭鸿鹏．近场通信物联网技术在农产品供应链信息系统中应用[J]．农业工程学报，2014，30(19)：325-331.
[224] 王勇，邓旭东．农产品供应链信息系统集成管理——“菜联网”工程的实践[J]．中国流通经济，2014(1)：47-51.
[225] 白杨．航空物流系统分析及优化[D]．南京：南京航空航天大学，2010.
[226] 王姣娥，王涵，焦敬娟．“一带一路”与中国对外航空运输联系[J]．地理科学进展，2015，34(5)：554-562.
[227] 李程．航空货物运输优化运营若干问题研究[D]．上海：东华大学，2015.
[228] 黄宇慧．四川省国际航空物流发展策略研究[D]．成都：西南财经大学，2008.
[229] 高强．航空物流服务商评价与选择研究[D]．南京：南京航空航天大学，2008.
[230] 赵国丽．中国与东盟国际物流便利化问题研究[D]．南宁：广西大学，2014.
[231] 孔乐．河北省航空物流发展分析[D]．石家庄：河北师范大学，2014.
[232] 何涛．基于机场的我国航空物流发展战略[D]．武汉：武汉理工大学，2002.
[233] 何颖川．现代航空物流业形成机理与发展策略研究[D]．南宁：广西大学，2006.
[234] 王琛，刘志学．面向东盟的广西航空物流中心构建分析[J]．物流技术，2007，26(2)：72-75.
[235] 张晶．中国-东盟航空运输合作概况[J]．中国民用航空，2009(6)：36-37.
[236] 刁伟民．中国与东盟航空运输自由化的发展趋势及对策[J]．北京航空航天大学学报（社会科学版），2008，21(3)：40-44.

作者简介

张立国，男，副教授，河北阜平人，南京航空航天大学博士研究生，桂林航天工业学院发展规划处处长。近年来，主持国家社科基金一般项目1项、广西新世纪教学改革项目1项、广西教育科学规划课题1项、广西教育厅科研项目2项，在《系统工程》、《资源科学》等期刊上发表论文30余篇，出版学术专著1部，获得广西社会科学成果奖2项、广西教学成果奖1项。

程国辉，男，讲师，河北石家庄人，国家网络规划设计师，桂林航天工业学院管理学院教师。研究方向为物流管理、电子商务。近年来，主持或参与各类科研项目8项，在《情报杂志》、《物流科技》等学术期刊发表论文10余篇，获得软件专利2项，参编教材3本，曾获全国多媒体教学软件大赛二等奖等荣誉。

何　勇，男，副教授，湖南益阳人，马来西亚精英大学在读博士，桂林航天工业学院管理学院教师。近年来，参与国家社科基金项目2项、主持广西新世纪教学改革项目1项、广西教育厅科研项目1项，在《广西社会科学》、《世界农业》等期刊上发表论文10余篇。

